エッセンシャル

経営史

生産システムの歴史的分析

Essentials of Business History

中瀬哲史［著］
Akifumi NAKASE

中央経済社

はしがき

本書は，筆者の問題意識に従って「出会った」数多くの重要だと考える研究を踏まえた経営史のテキストである。

ここ最近，企業経営にとっては暗中模索しないといけない情勢のため指針を示すことを意図してか，特定の分野に偏らない，経営史に関わる著書の刊行が相次いでいる。それらの研究には，重要な経営史としての情報が掲載されており，貴重なものである。

ただし，そうした興味深い研究において，そもそもなぜ経営史を学ばなければならないのか，経営史とは経営学にとってどのような意義を有するのか，何よりも経営史とは何なのかを明らかにしてくれるものは，いわば，経営史の哲学を議論するものは，管見の限り，見当たらない。

そこで，本書では，まず，経営史とは何か，経営史を学ぶ意義は何か，経営学にとって経営史はどのような意味を有しているのかを議論する。

次に，以上のように，経営史の哲学を議論したうえで，その問題意識にしたがって，具体的なテーマを検討する。というのは，その経営史の方法を具体的に議論するほうが有益だと考えたからである。

その際のテーマは，生産システムの歴史的な分析である。日本の生産システムに関する議論，いわばものづくり論は近年盛んに行われているが，日本の状況は変わっていない。特に，2011年３月の東日本大震災以降，現在ほど，日本の生産システムのあり方が問われているときはないと考えるからである。

なお，本書における生産システムの歴史的分析の出発点を，イギリス産業革命からとした。現在の問題の深刻さを考えるにあたり，そこから検討する必要があると考えたのである。

経営史を学ぶにあたり，また生産システムを学ぶにあたり，本書が１つの位置を占めることができれば幸いである。

2016年８月

中瀬　哲史

目　次

第2章 イギリス産業革命の生んだ自立分散型生産システム

第3章 アメリカ大量生産・大量販売体制を生んだ垂直統合型生産システム

第5章　アメリカを再生するとともに新興国で展開する分散型生産システム

第6章　今後の日本の生産システムの方向

第 1 章 なぜ，今，歴史を学ぶのか，経営史とは何か

本章の目標

本章では，経営史を学ぶ意義を明らかにするとともに，次章以降で，なぜ，生産システムの歴史的な分析を行うのかを明らかにする。その際，第1に，現在の企業経営が危機的状況にあり，その要因の解明にとって歴史的な分析が重要であること，第2に，「歴史とは何か」を意識して，その歴史的な分析について議論すること，第3に，最近の歴史学で注目されているグローバル・ヒストリーは何に挑戦するのかを検討し，第4に，経営史はどのように生まれ，今日まで取り組まれてきたのか，を明らかにする。

第1節　現在の企業経営に対する評価

「危機の時代」の企業経営か，企業経営の「危機」の時代か

2013年9月に関西学院大学で開催された，日本経営学会第87回大会では「経営学の学問性を問う」を統一論題に掲げ，具体的に「多様化する企業経営」，「危機の時代の企業経営」，「経営学の可能性と存在意義」がサブテーマとして設定されて議論された。このうち，2つ目のサブテーマであった「危機の時代の企業経営」において筆者は報告する機会をいただいた。

その際，筆者は同大会のプログラム委員会から，「時間軸的視点から，昨今の『危機（crisis）の時代』にスポットライトを当て」，世界金融危機，ユーロ危機，エネルギー危機，自然災害に伴う危機という「さまざまな危機の時代に，個々の企業はどのような対応をなし，また経営学は，こうした危機に対しどういった対策を導出できるのか」を議論するための話題提供を依頼された。現在

はどのような時代なのかを検討しようとする，こうした方向性は，時間軸，つまり過去，現在，未来という時間の流れの中で企業経営を捉えようとするものであり（渓内，1995），大変重要な提起だと考えた。

しかし，経営史を専門とする筆者には企業経営が「危機の時代」にあるのではなく，企業経営そのものが「危機」にあるのではないかと報告した（中瀬，2014）。確かにリーマン・ショック後，世界的に不況となり，BRICs諸国など新興国における経済発展がみられるものの，日本では東日本大震災「3.11」をも受けてまだまだ混沌としている。とはいえ，「世界金融危機，ユーロ危機，エネルギー危機，自然災害に伴う危機というさまざまな危機」は企業経営にとっての「外部条件の悪化」であり，そのこと自体は問題ではないと，まずは考えたからである。

というのは，企業経営は，主体として，外部条件を客観的諸条件として認識してマネジメントするものであり，この大変な状況でも，うまく乗り切った企業は経済的に成功し，できない企業は落ち込む。そのため，「外部条件の悪化」は即座に企業経営を苦境に陥れはしないと考えるのである。

また，より大きな視点では，これまでにも競争の結果勝者と敗者が登場し，勝者と敗者が入れ替わることもあった。パックス・ブリタニカといわれた時期の勝者はイギリスやイギリスの企業であった。パックス・アメリカーナといわれた時期にはアメリカは勝者として繁栄を謳歌し，それ以外，例えばその前の勝者だったイギリスは落ち込んだ。1980年代は日本の時代とされ，日本経済や日本企業のあり方は世界から注目され，モデルとなったが，それ以外，たとえばその前に勝者だったアメリカは落ち込んだとされた。パックス・チャイメリカと形容されたり，BRICsの時代とされる現在では，中国をはじめとする新興国や経済的な位置を回復したアメリカが勝者で，それ以外，例えば日本はバブル経済の破たん以降2010年代半ばの現在まで「失われた20年」などと形容された。

敗者にとっては「危機」とはなっても，勝者にとっては「成功」となる。同一の事態であっても，このように勝者と敗者という異なる立場が示される以上，「危機の時代」とは呼べないと考える[1]。それでは，そもそも「危機」とは何だろうか。

企業経営の「危機」とは何か

筆者にとって「危機」とは，イギリスの歴史家であるE.H.カーの『危機の二十年』で描かれた世界をイメージする。同書で，カーは，第１次世界大戦と第２次世界大戦の20年間にみられた国家間の調和をめぐる争いに注目し，ユートピアとリアリティがせめぎ合いながら何とか２度目の世界大戦，いわば当時の世界の存亡にもつながる世界戦争という「危機」を回避する道はないのかと模索する点を描いた（Carr,1939）。つまり，「危機」とは，内的な要因によって，その主体自らの存在が危うくなる，ギリギリの状態だと考えるのである。

とすると，企業経営にとっての「危機」とは何だろうか。それは，「ゴーイング・コンサーン」たる企業経営が事業継続できなくなる状況にあること，あるいは事業継続が難しい状況に陥る恐れにあることだと考える。そうした意味で現代の企業経営は「危機」にあるだろうか。

この点は，まず原子力発電所事故を起こし，その後の対応のまずさ，そして原発再稼働への執着から，日本社会は東電をはじめとする９電力に対して厳しく接する。公益事業というものへの不信すら募らせて，従来のあり方を見直させる電力自由化論を支持している点で，現代の企業経営は「危機」的状況にあることを確認できよう。

実は，今回事故を起こした原子力発電所を有する東電はこれまでにもその対応が問題だと考えられてきた。たとえば，2001年新潟県刈羽村におけるプルサーマルをめぐる住民投票での対応である。本住民投票では，プルサーマルに対する反対表明を，東電や当時の日本政府は，自らの「説明不足」，住民の「理解不足」だとした。

しかし，賛成にせよ，反対にせよ，住民側は少なくない説明会，学習会を積み重ねた結果，すでに導入している軽水炉については受容するものの，プルサーマルには反対との態度を示したのである（中瀬，2005）。直後の2002年には炉心シュラウドに関する自主点検活動において不正な記載のあったことが判明し，あわせて1991年，92年の格納容器漏えい率検査において不正な行為があったことまでが判明してしまった。

以上の流れのもと，東電福島第１原子力発電所事故とは，東電が「電力ベストミックス」[2]政策に立脚し，不況下にもかかわらずオール電化の推進により電力需要はそれほど下がらず，中越沖地震後の電力供給のために巨大津波対策への備えが不十分となったことが要因で起こった（中瀬，2013）。

そして，ミドルピークとして活用してきた火力発電の調整能力をさらに高めることで，再生可能エネルギーの利用を進め，ひいては原子力発電を「ゼロ」へと導きつつ，燃料費高騰を回避する事業の進め方をも構想できるまでになっている。それにもかかわらず，東電をはじめとして9電力会社は，再生可能エネルギーの拡大には慎重である一方，原子力発電所の存続を狙い，これまでの「電力ベストミックス」体制の維持を図ろうとしている。9電力が革新的な経営行動を追求しようとしないように映るのである。

次に，現在の日本のエレクトロニクス産業におけるリストラの嵐は日本メーカーに対する失望を高め，期待感を低めている点からも「危機」的な状況にあるといえる[3]。ただし，電力会社とは異なり，エレクトロニクスメーカーはグローバルに展開する競争に対して，いかにして勝ち残るのかを目指して戦略を立て，行動を起こしている。

それにもかかわらず，セットメーカーは現在のグローバル競争において厳しい状況となり，生産機能の海外立地を進めて，産業の空洞化は一定程度起こってしまい，地域経済の落ち込み，地域コミュニティの崩壊へと立ち至っている。安心，安全の日本のものづくりに対する期待は高まりこそしても，以前ほどの存在感を示すことはできなくなっている。

この点で求められるのは，なぜ，以上のような事態となったのか，その歴史的経緯が明らかにされる必要がある。そこで，まずは歴史とは何か，歴史的経緯を明らかにすることの意義について議論しておこう。

第2節　なぜ，今，歴史なのか

歴史の目的

なぜ，今，歴史を学ぶ必要があるのだろうか。上述してきたように，なぜ，現在はこうした問題を抱えてしまっているのか，その問題の解決に向かうためにどうすればいいのか，と教訓を得たいと考えるからである。

「歴史の目的は，過去の『事実』の発掘にあるのではなく，時代が提起する『問題』の解明にある，あるいは，『過去の事実の記憶』にあるのではなく，

『現在の問題の解決』にあ」る。しかし，「現在の問題の解決といっても，当面の個別的問題にたいする具体的解決策を示すことが現代史の課題ではありません。現代史の役割は，医学にたとえますと臨床でなく病理学のそれに近いといえます。病理学には治療の処方箋を書く実用性は求められないのですが，病理発生のメカニズムの解明はそれにまつほかありません。病理が出番になるのは，臨床では診断・治療できない難病・奇病においてです。現代史も，個々の問題にたいする処方箋を書くことはできません。それがなしうることは，現代の病理の解剖，その発生のメカニズムの解明に役立つことです。現代史への関心は，時代が経験則や既成の枠組みでは説明不可能な変化を経験する，しかもそれを例外的にでないと実感するとき，とりわけ高まる」のである。「価値体系，制度原理のような基本的枠組みの安定性が揺らいでいるという感覚がひろくひとをとらえるとき，私たちは過去にむけて，あるいは，これまで自明とみなしてきたものの歴史的根源に向けて，『なぜ』という問いを発するのです。『既知』が『未知』に転化する」のである（渓内，1995，30頁）。

そして，「本当の意味の歴史というものは，歴史そのものにおける方向感覚を見出し，これを信じている人々にだけ書けるもの」である。というのは，「私たちがどこから来たのかという信仰は，私たちがどこへ行くのかという信仰と離れ難く結ばれております。未来へ向かって進歩するという能力に自信を失った社会は，やがて，過去におけるみずからの進歩にも無関心になってしまう」（Carr，1961，邦訳197頁）からである。しっかりとした未来志向を持って初めて過去の歴史にも目を向けようとする。だからこそ，私たちは過去の事例から教訓を得ようとしたり，「現在」までのプロセスを丹念に探ることで，なぜ「現在」のようになったのかをつかもうとするのである。

それゆえ，歴史の叙述は，単なる「編年史的」な記述では許されない。また静止画像的な叙述であってはならない。なぜそうした出来事が起こったのかを生き生きと明らかにし，この現在に，その出来事の歴史的な要因を明らかにすることにどのような意味があるのか，を歴史家は明示する必要がある。

歴史とは，製作者である歴史家がその現状に接して「発見」し，「感じた」ことを，意味あるものとして示した，未来への展望をも含み込んだ，適切な流れを持った「歴史的事実」，ストーリーだといえる。「歴史とは過去の諸事件を次第に現れて来る未来の諸目的との間の対話と呼ぶべきであ」り，「過去に対する歴史家の解釈も，重要なもの，意味あるものの選択も，新しいゴールが次第に現れるに伴って進化して行」くものなのである（Carr，1961，邦訳184頁）。

異なる歴史のストーリーの並存

とすれば，製作者の違いによって同じ場面に対して異なるストーリーが存在することになる。いわば，製作者（=歴史家）同士の，彼らの主観と主観の争いとなる。かつてみられたVTRをめぐる企業間競争においては，関係企業間において異なるストーリーが語られた。例えば，**図1-1**にあるように，世にVHS対ベータマックスの争いといわれたVTR戦争をめぐるものがそれにあたる。

ソニーによって「ベータマックス」が発売されたとき，ソニーは図1-1にあるとおり，60%近くを占めるという圧倒的なシェアを誇っていた。その後，日本ビクターがVHSを開発し，日立，シャープ，三菱電機，松下電器などとアライアンスを組むファミリー戦略を進めて多数派を形成してソニーを逆転したと伝えられるとき，日本ビクターにとっては「逆転」のストーリーだとして

図1-1●主要メーカー VTRシェア推移

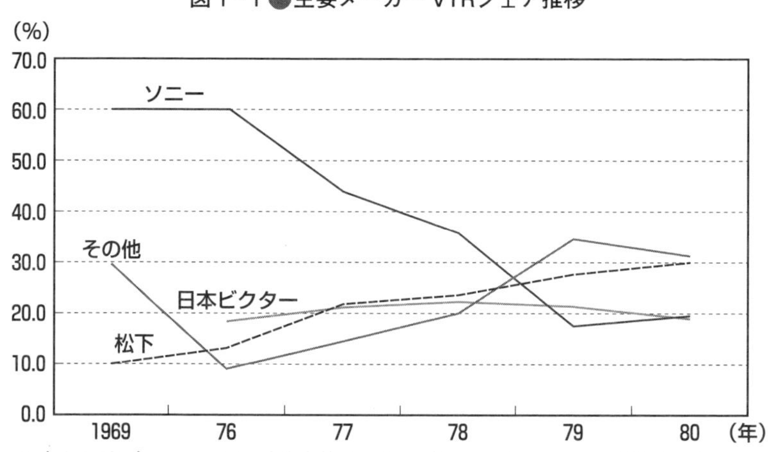

注）1969年および76年のデータは，生産台数ベース。77年以降のデータは，生産額ベース。
原典）富士通マーチャンダイジングセンター『VTRの総調査』（1969年データ），矢野経済研究所『マーケットシェア事典』（76年から80年までのデータ）。
出所）林（2000），29頁。

描かれる（NHKプロジェクトX製作班，2008）。

これに対して，ソニーにとっては，いったん，「敗北」したものの，その後の1980年代半ばに，この技術を利用して「ハンディカム」という8ミリビデオカメラ一体型VTRレコーダーを開発して，1989年のパスポートサイズ「CCD-TR55」へと結びついてビデオカメラ一体型VTRレコーダーの市場シェアの多くを押さえた。そこでソニーにとっては「再生」のストーリーとして描かれる（ソニー，2015）。

実は，最終的に「勝った」のは図1-1でも示されているように松下電器となる。これは，当時の松下電器がアメリカにVTR機器を販売する際，VHSビデオ機器の部品設計の合理化により部品点数の削減，ビデオのサイズ，重量のコンパクト化，消費電力の削減，という生産合理化を進めた結果，小型化，コスト低下を実現しえたこと，主要なOEM輸出先であるRCAの要望に応じてアメリカの国民的行事ともいえるスーパーボウルの録画時間に対応できる長時間録画（4時間）を可能としたこと，で達成されたものだった（大貝，1998）。松下電器にとってはファーストムーバーではなかった市場において，どのようにして市場シェアを押さえるのかのモデルを示すものとなる。

以上のように，語り手の立場の違いによって事実への接近のあり方が異なり，解釈の違いが生まれる。それでは，このように，製作者の「主観」で左右される歴史とは，科学だと考えられるのだろうか。

この議論に対して，過去の経験から教訓を得て未来に生かそうとすることは，若干他の科学とは異なるところではあるものの，過去の経験を現在に生かそうと一般化しようとすることであることから，歴史は科学たりうるといえる（Carr，1961）。

歴史の科学性の担保

とはいえ，歴史の科学性をどのように担保するのかはやはり問われる。この場合，対象との間にいかに知的・心理的距離をもって向き合えるかが重要となる。なぜなら，知的・心理的距離を保つことができないと理性的に対象と向き合えず，自らの主張に合う情報のみを収集し，そうした情報によってのみ論理を構成することになるからである。

まず，求められるのは，「思考の出発点でありまた終着点でもある出来事を，たとえ歴史家の党派的・道徳的観点から見て到底容認できないものであっても，一応完結したものとして（それは宿命論に陥ることでは毛頭ありませんが）受け入れる用意がなければなりません。もし決着がついたものとして受け入れないなら，あるいは対象である出来事を客観化できないなら，その因果関係の客観的な分析はできなくなるからです」。つまり，「歴史家は因果関係の客観的分析という次元では『決定論者』たらざるをえない」のである（渓内，1995，213-214，217-218頁）[4]。

もっとも，聡明な読者は，その歴史的事実が知的・心理的距離を保たれておらず，相対化された論理ではない場合，すぐに見抜いてしまうだろう。

以上のように，歴史においては，取り上げようとする出来事に対して，いかにして「相対化」した態度を保持しうるのかを意識することが必要となる。

有意味の因果の連鎖

立場の異なるものによる歴史的事実は異なると前述した。それでは，同じ立場からの歴史的事実の優劣はどのようにして決められるのだろうか。それは，「歴史的に有意味の因果の連鎖」（Carr，1961，邦訳155頁）を取り出して，読者の多くが最も適切な論理だと判断した歴史的事実であろう。「歴史家は過去の経験から，それも，彼の手の届く限りの過去の経験から，合理的な説明や解釈の手に負えると認めた部分を取り出し，そこから行為の指針として役立つような結論を導き出す」（Carr，1961，邦訳152頁）のである。

その際，「偶然の連鎖」，運命といった「急場を救う神」を想定することは許されない。というのは，「あることを不運として描くのは，その原因を極めるという面倒な義務を免れようとするときに好んで用いられる方法」だからである（Carr，1961，邦訳150頁）。

以上のように，歴史家は理性を働かせてストーリーを作り上げ，読者は理性を働かせて理解するのである。それゆえ，同じ出来事に対して，複数の歴史家によって描かれた歴史的事実の優劣は，どれほど適切で，合理的なストーリー展開となっているのかで決まってくる。

歴史を学ぶ意義

なお，歴史の叙述にあたっては社会における緊張関係を背景に持つものでもあることを忘れることはできない。「世界は見通しをぼやかす2つの力に直面している。歴史の教訓がなかなか傾聴されない理由の1つがそこにある。その力の1つは，すでに述べたことである。つまり，機械的なモデルと装置を使う非歴史的で，工学的で，問題解決的方法である。それはいくつかの分野ですばらしい成果をあげているが，全体的な展望がない。そのモデルなり装置なりに，はじめに入力されなかった他のものは，何も説明できない。そして変数のすべてがそのモデルに入力されたわけではないことを，歴史家は知っている。しかも入力されていないその他の条件は，決して常に等しいわけではない。もう1つの力のことも私は先に述べた。それは，非合理的な目的のために，歴史を体系的に歪曲することである。前に指摘した点に戻ると，すべての体制が学校で青年に歴史を教えるのは，なぜであろうか。その目的は，彼らに自分たちの社会とその社会の変化とを理解させることではなく，自国の社会を受け入れさせ，それを誇りに思わせ，アメリカ合衆国，スペイン，ホンジェラス，イラクのよい国民とすることである。そして同じことが，社会的な主義主張や運動についても当てはまる。インスピレーションおよびイデオロギーとしての歴史は，自己を正当化する作り話になる傾向を内蔵している。これほど危険な目隠しはない。それは，近代の国家と民族主義とが示すとおりである。この目隠しを取り除こうとしてみることこそ，あるいは，ともかく僅かでも，おりに触れてでも，目隠しをずらそうとしてみることこそ，歴史家の務めである」(Hobsbawm, 1997, 邦訳50-51頁)。歴史の前衛性とでも言い得るものだろう。

いずれにせよ，先の見えない現在において，歴史は，現在進行している「変化」の歴史的意味を与えることが重要となる。「この大きな変化の流れのなかに日々身を委ねていると，その変化の大きさ，速さ，意味は必ずしも認識できない。それは，たとえば高速道路に乗ると，やがて自分の移動距離がよく判らなくなるのと似ている。流れから一歩離れてみると，自分の位置を確かめ，自分と人の走って来た速度を認識できる。そのことがあって初めて次の行動を定められよう。我々が社会をみるときの歴史的思考の意味と役割もそこにある」。「生じつつある変化の歴史的意味を理解し，逃れることのできない歴史の流れの中でわれわれは何を成すべきか，その認識を得るための一助となるよう努めること，それが『講義』の役割だと思う」（大河内，2001，序iii-iv頁）。

第3節　グローバル・ヒストリーの挑戦

「相対化」の歴史の登場

近年，グローバル・ヒストリーという一国史を超える歴史学が注目を集めている。このグローバル・ヒストリーは以下の特徴があるという。①有史以前の人類誕生から議論されるように，扱う時間が長い。②対象となるテーマがユーラシア大陸やインド洋世界というように，幅広く，その空間が広い。③異なる諸地域間の相互連関，相互の影響に留意する[5]。④疾病，環境，人口，生活水準など日常に近く，しかし社会全体，歴史変動のあり方全般に関するものというように，従来の歴史学では扱われてこなかった対象，テーマが多い。⑤従来の歴史叙述の中心にあったヨーロッパ世界の相対化，近代以降の歴史の相対化を意識している（秋田，2013）。

図1-2では，当時の地球大での商品取引と，輸入に見合うだけの輸出商品が十分にない場合の決済手段として銀が使われていた点を矢印を使って表現している（Frank，1998）。

図1-2●1400年から1800年の主要な環地球交易ルート

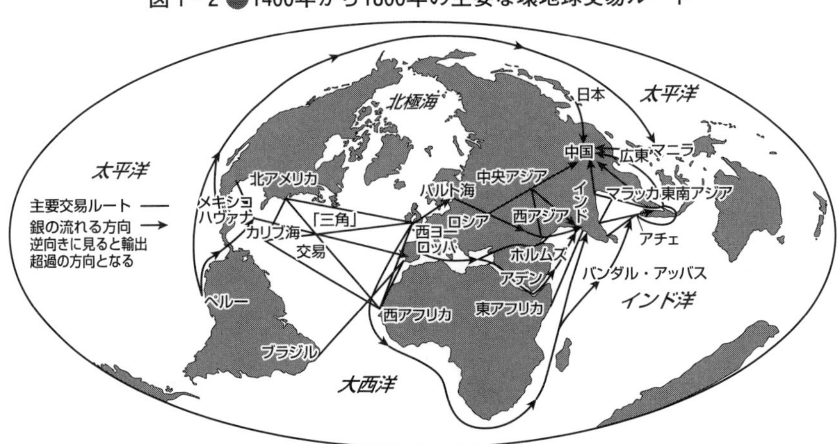

注）ノルディック投影法による。
出所）Frank（1998），邦訳147頁。

図１－３●世界のGDPの比重の変化

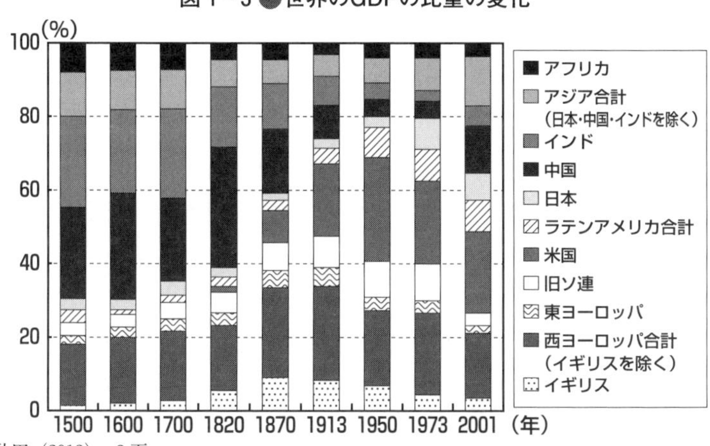

出所）秋田（2013），３頁。

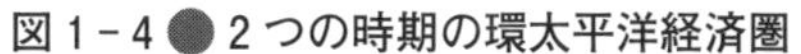
図１－４●２つの時期の環太平洋経済圏

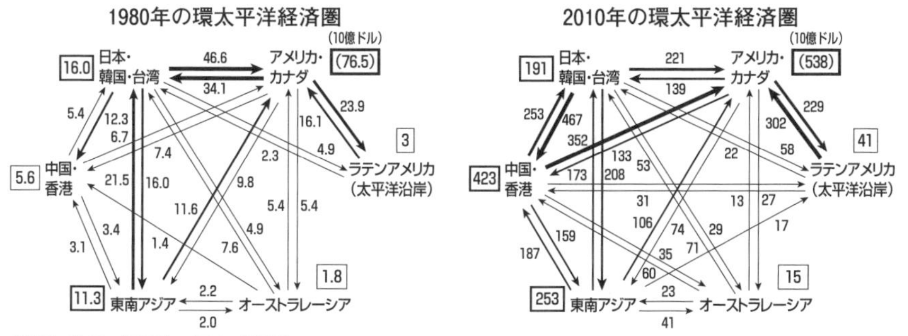

出所）秋田（2013），292，303頁。

以上の点は，「東アジアの奇跡」，特に中国，インドの経済的な台頭，ただし，この場合，**図１－３**，**図１－４**を掲げて，「経済的再興」（economic resurgence）として理解しようとする視点が出発点となっている。そこでは，ヨーロッパの発展は単なる「ユニーク」なものとの扱いになっている（クロスリー，2008）。

グローバル・ヒストリーの意義

それでは，なぜ，グローバル・ヒストリーが求められたのだろうか。それは，アメリカにおいて多様なあり方を理解しようとしたことからその必要が高まった。「グローバル・ヒストリーへの動きが最初に登場したのは，皮肉なことに，自国以外の地域の歴史に関心を持って世界史教育をしてこなかったアメリカにおいてである」。それは，「現在のグローバル・ヒストリーの旗手の一人であるマクニールが『西洋の勃興―人類の歴史』を出版し，それがベストセラーとなった1963年からのことであるという。マクニールに加えて地域間の歴史の重要性を示したホジソンや，アナール学派を代表するブローデルらの影響を受けた歴史を教える教師や研究者たちは，地球上の空間を分断してしまうことによって歴史の動きが見えなくなってしまうことの問題点に気づき」，「公民権運動がさかんになり，非白人移民が大量にアメリカ社会にはいり込み，あるいはアメリカがアジアをはじめとした非欧米世界の政治により深くかかわるようになるなかで，さまざまなかたちでの異文化接触と文化衝突の体験からでてきた動きと関連した事態であった」（水島，2010，80-81頁）。

つまり，長い時間の中で，先入観なく多様な現在の世界の動きをつかむために，グローバル・ヒストリーが求められたのだろう。現実の多様性，現状認識から，世界史の新たな捉え方が問われてきた。

この点は，従来求められてきた資本集約型工業に対して，「雇用創出を前面に出し，従来の工業化戦略（筆者注；輸入代替工業化戦略のこと）ではなく，農村の発展をベースとした戦略が見直されるようになるとともに，労働集約型工業の促進，資本の不足に対処する経済環境の創出，中小企業のより積極的な活用がしだいに強調されるようになった」（秋田，2013，298頁）点にも表れている。

労働集約型工業は東アジアで取り組まれた形態であり，従来だと労働集約型工業から資本集約型工業へという流れを「進歩」と捉えていた。現在では，地域によって活用される工業形態は異なるのではないかと考えられている[6]。

以上のように，グローバル・ヒストリーは多様な現実を踏まえ，現状の認識に従って新たな視点を提示して活発に研究されている。このような興味深い新たな視点を提示した歴史学に対して，残念ながら，現在の経営史は大変危うい状態にあるとされる。ここ最近，大学教育における経営史の「地位低下」がみられ，経営史に対する学生らの関心が低下していると，経営史研究者が危惧する現実があるからである[7]。

なぜこうした事態となっているのだろうか，節を改めて検討しよう。

第4節　経営史とは何か

経営史の成り立ちと発展

経営史の成り立ちにおいて，まず，ドイツにおいて，ドイツ歴史学派がイギリスと比較してドイツの後進性を強調しようと経済発展段階説を主張したのが出発である。歴史学派のうち，ピュッシャーは産業経営の発展史的研究を進めた。ちょうどそのころ，アメリカの若手研究者はアメリカ国内の独占資本を抑制するための，そして急進化する労働攻勢を緩和するための国家権力の介入のあり方を検討しようとドイツを訪れていた。彼らアメリカの若手研究者はドイツ歴史学派の経営発展段階説を受け継いでアメリカへと帰った（三島，1965）。

その後，アメリカにおいて企業が大規模化するなか，新たなタイプの経営者の養成機関としての高等教育機関（ハーバード大学，スタンフォード大学等）が設けられ，そのアメリカに誕生した大企業からの要請で，経営管理の研究が行われた。

つまり，「一般にこの時代の大企業は差し迫った企業経営上の問題として次の3点を抱えていたといわれる。第1は管理組織の整備であり，これをもっとも痛切に感じとっていたのはペンシルヴァニア鉄道などの幹線鉄道であった。第2はいわゆる作業の『科学化』に対する要請であり，下部管理を担当する技師を結集した『アメリカ機械技師協会』（ASME）がその推進母胎となっていた。第3は原価算出に対する適切な方法である。これはその運動母胎を特に擁しなかったが，作業を統制する技術としてそれを利用しようとする考え方が萌芽的に見られる点で注目に値する。既述した経営に関する高等教育機関は，史上初の大企業のこれら管理的諸問題に答えうる新たなタイプの経営者の養成機関として誕生したのである」（米川，1973，6－7頁）。

そして，1927年ハーバード大学経営大学院の経営史講座がグラースによって開始され，経営管理史の研究が進められる一方[8]，1948年に開設されたハーバード大学企業家史研究センターにおいて才能ある研究者が活発な研究交流を行った。そこではコクランとチャンドラーが研究を行っていた。そのセンターの中心的なパラダイムは，シュンペーター流の企業家の機能という，明確な駆動輪を有する資本家による革命というダイナミックな理論（"a dynamic theory of capitalist evolution"）であった（Galambos, 2003, p.15）。

チャンドラー・パラダイムの誕生

1958年には上述の企業家史研究センターは閉鎖されたものの，その後，チャンドラーが中心となって議論が積み重ねられ，研究の焦点を組織へと移して，チャンドラー・パラダイムが成立した（ジェレミー，2000，41-42頁）。

そのパラダイムにおいて，チャンドラーは，原材料調達から生産，流通に至る機能を内部化した，垂直統合型の大企業を析出した。それは，**図1－5**にあるように，トップ，ミドル，ローワーの3層からなる経営階層を有し，それらは俸給経営者によって運営されるものだった。

また，イノベーションの主体については，シュンペーターとは異なって（Langlois，2007），チャンドラーは大企業をその主体とみた。また，戦略の転換によって多角化が推進されるに従い，**図1－6**にあるように，職能制組織から事業部制組織へと転化したと考えた。

図1－5●近代企業における基本的な階層構造

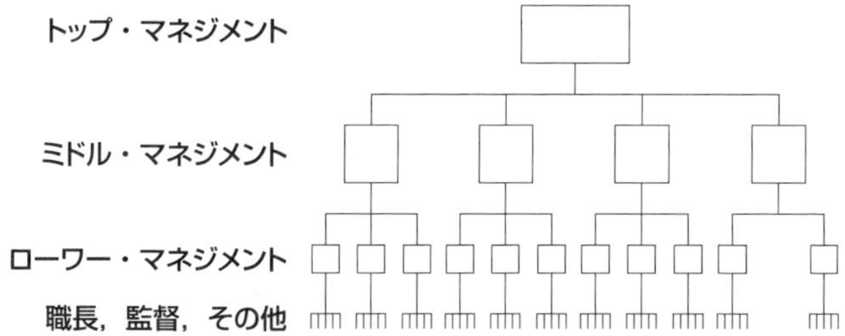

トップ・マネジメント
ミドル・マネジメント
ローワー・マネジメント
職長，監督，その他

注）各枠内はそれぞれ統制のための職務を示す。
出所）中瀬（2003），2頁。

図1－6●職能制組織と事業部制組織

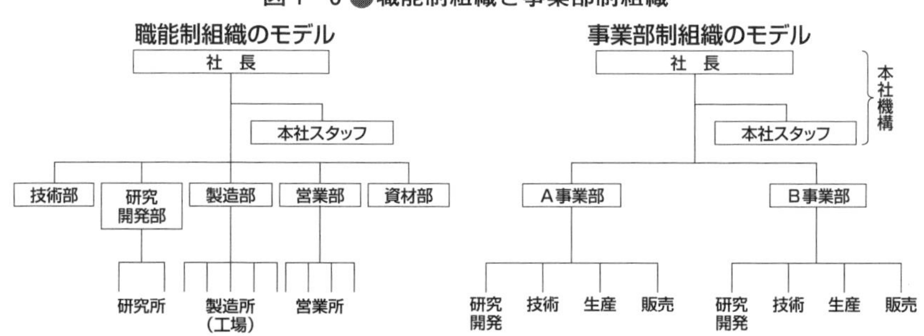

出所）東北大学経営学グループ（2008），75頁。

その際，オリバー・ウイリアムソンが，従来の経済学者とは異なってチャンドラー・パラダイムに注目し[9]，経営史と取引コスト論という経済理論のコラボレーションが実現した（Galambos, 2003）。そのことは，チャンドラー・パラダイムが取引コスト論によって理論的な正当性を確保したことを意味した（米倉，1998）。

こうして，チャンドラー・パラダイムは隣接する，他の学問体系にも広がりを見せた。この点はチャンドラーの『経営者の時代』がピューリッツァー賞を受賞したことでも確認できる。1980年代後半には，経営史の論文にチャンドラーの著作を引用しないものがないくらい，経営史の主流として，チャンドラー・パラダイムは位置づけられた（Galambos, 2003）。

第2次世界大戦後，アメリカ大企業は西側世界を席捲し，アメリカのコンサルタント会社がチャンドラー・パラダイムに沿ったアメリカ企業のあり方を喧伝したことから，そのパラダイムは世界に拡散した。こうして，企業経営はチャンドラー・パラダイムに収れんするものと考えられた。これは，かつての歴史学が「すべての国が，いずれはイギリスと同じ段階を経て，発展していくはずだという『一国史観』と『発展段階説』と」（川北，2014，47頁）に立っていたことと同じ発想であろう。

しかし，第2次世界大戦後のアメリカは「特殊な経験」をする。「その経験とは，アメリカが自由主義圏諸国に経済復興援助を行った際，計算された復興計画と実際の復興とが誤差の範囲とはなし得ない差異を示し，とくにイタリアやフランスなど先進国と看做される国においてさえ，アメリカの予期したものとは異なった復興をしたという事実である。投資と産出のアメリカ的尺度がヨーロッパの先進国にさえ必ずしも当てはまらないことに直面して，その原因を経済主体の経営行動の差異に求め，さらに進んで地域による経営行動の類型化が試みられるに及んだ」。「この結果，現状の政策と効果に関する問題関心は，こうした類型的差異を生み出す原因を追究して，それぞれの国や地域の歴史的文化的条件にまで遡るに至ったのである」（大河内，2001，9頁）。

つまり，近代企業にみられた多様性は，その企業が位置する歴史的，文化的な条件がもたらしたものと判断された。この時点では，チャンドラー・パラダイム自体を疑われることはなかった。

その後，オイルショックを過ぎて1990年代に入ると，チャンドラー・パラダイムをめぐって活発な議論が展開された。ここには，1970年代後半以降，多くのアメリカ企業が他国企業との競争に苦しんでいることが背景にある。

ラゾニックは，アメリカ企業は官僚制的で，日本企業の行った生産現場における革新（innovation from the shop floor）を見出せず，そのことが落ち込んだ主要な理由の１つであると主張した。まさにチャンドラー・パラダイムはトップダウン的な研究内容で，その生産現場における革新に触れていなかったという。ガランボスは，ハイテク企業において革新を維持させる際に，公，民，非営利の組織のネットワーク（networks of public, private, and nonprofit institutions that sustain innovation in those science-based, high-tech companies）が重要だと強調した。さらに，スクラントンとザイトリンは19世紀後半から20世紀にかけての事業発展に果たした中小企業の役割を強調して"historical alternative"説をリードした[10]（Galambos, 2003）。

現在，「第３のイタリア」と称される地域では，**図１－７**のような，大企業化，垂直統合，経営階層制度等のチャンドラー・パラダイムとは異なる企業のあり方が指摘されており，彼らの議論は説得力をもって受け止められている。

こうした流れを受けて，ガランボスは，アメリカ型の近代大規模企業に関するチャンドラー・パラダイムという単一のパラダイムでは，異なった企業経営のあり方をすべて包摂することは難しいと強調している（Galambos, 2003）。

以上のように，経営史の議論は混とんとしてしまった[11]。中川（1981）が指摘したように，そもそも企業を構成するのは生身の人間であること，企業の経営行動とは，大河内（1979）が指摘するように，経営者の「経営構想力」に裏付けられている以上，個別性，多様性は免れないのである。

というのは，第１に，経営者は自らを取り巻く「経営の客観的諸条件から，自己の目的達成上の，したがって経営行為の遂行に係わる，さまざまの刺激や問題を知覚」し，第２に，「多様な知覚を統一して，そこから自己にとっての問題を主体的に認識」し，第３に，以上のように「経営行為に係わる経営諸変数について知覚し認識した多様な問題を，自己の目的に照らして，変数の値の選択に反映させ，経営行為の形の総体の枠組みのなかに組み込む」という「綜合」を行い，第４に，その「綜合」とは「現在の経営行為の形を理解するため

図1-7●コンバーター社を中心とした分業連鎖

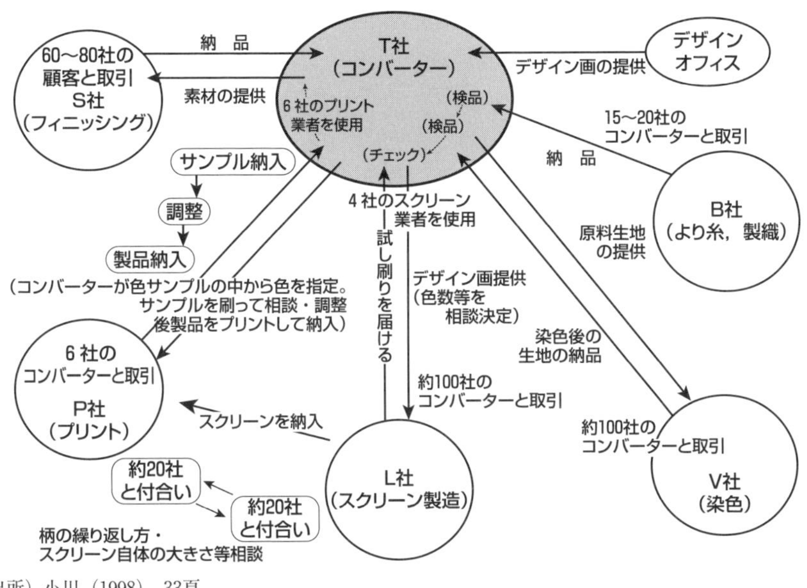

出所）小川（1998），33頁。

ではなく，現在の経営諸条件が含む事象が，未来において発現するであろう，その可能性や問題や意味を先見して」，第5に，「経験を想起しつつ，自己の目的を達成するために，未来における可能な経営行為の形を求めて，具体的な見取り図を構想する」ものである。なお，以上のような「構想」に結集する企業者の諸能力，すなわち，知覚，認識，綜合，先見，構想の諸力を包括して大河内は「経営構想力」と呼んだ。企業者によって，「企業の進路を定めるごとき，非日常的，戦略的意思決定は，すべて，かかる経営構想力に媒介されて行なわれる」（大河内，1979，31-38頁）のである。

そもそも，経営とは，企業が営む基本的な活動である事業を適切に管理運営する仕組みであり，経営学はそれを探求する学問である。その目標は事業活動の継続性の向上とステークホルダーの便益の最大化である（田中，2011）。片や，歴史とは，前述したように，「製作者である歴史家がその現状に接して『発見』し，『感じた』ことを，意味あるものとして示した，適切な流れをもった『歴史的事実』，ストーリーだ」とした。

とすれば，多様性を有する「経営史は，現在の企業経営に関わる課題を意識して，企業の経営行動を歴史的に検証，検討すること」であり，「つまり，経営史の役割とは現代の企業経営の課題に応えるものと考える」（中瀬, 2011, 126頁）ことが適当ではないだろうか。また，企業の革新的な経営行動をその歴史的な文脈の中で捉えることができれば，それを参考にして他の企業の継続事業性を高め，ステークホルダーの便益を拡大することができよう。

この点で応用経営史を主張する橘川の議論と重なり合う。橘川によれば，応用経営史とは，特定の産業や企業が直面する問題の根本的な解決に当たり，その産業や企業の内包する発展のダイナミズムを「長期間にわたる変遷を濃密に観察」して把握し，「それに準拠して問題解決に必要な活力を獲得する道筋」をつかみ，その活力を歴史的文脈に当てはめ，「適切な理念や理論と結びつけて，問題解決を現実化する道筋も展望しうる」方法である（橘川，2013）[12]。

改めて，経営史とは，「当該企業の事業継続性を高めるために，ステークホルダーの便益を最大化するために，現在の企業経営に関わる課題を意識して，企業の経営行動を歴史的に検証，検討する」ものと捉えていきたい[13]。こうした取り組みによって，経営史は，グローバル・ヒストリーが起こしたように，新たな地平を拓けるのではないだろうか。

具体的な生産システムの歴史的検討

ここで，本章第１節の最後で触れた点に立ち戻ろう。前述したように，日本の電力会社による革新的企業行動に対する消極性，日本エレクトロニクスメーカーによる連続的なリストラ策の採用によって，日本社会は日本企業の経営に対して失望し，事業継続を根幹とする企業経営の存在を否定しかねないという「危機」的な状況に陥っている[14]。特に後者のエレクトロニクスメーカーの場合，前者の電力会社とは異なって，グローバル競争に打ち勝つために積極的に活動していたにもかかわらず，事業成績を落とすこととなったことから，その要因を歴史的に分析することは重要である。

そこで，企業の経営活動を歴史的に分析するにあたり，新たな価値を創造するという生産活動を取り上げる。この点で，藤本（2015）の議論は興味深い。「なぜ多くのものづくり論が，かくも毎回混乱するのか。１つには，長期的な

『現場視点の歴史観』が欠けているからではないかと筆者は考える。現場には現場の歴史観があるはずだ。それは，1国の経済史とも，1企業の社史とも，1産業の盛衰史とも視点が異なる。産業経済の基底部分の歴史である。そうした，下から見上げる形での，ぶれない歴史観を持たないかぎり，ものづくり論の右往左往は今後も続くのではないかと筆者は懸念する」（藤本，2015，8頁）。

ただし，藤本の議論では，たかだか，第2次世界大戦後から70年間というスパンで日本の現場のみを取り上げている。こうした分析で問題点を明らかにすることはできるのだろうか。そこで，生産活動は，その構造が複雑化し，大規模化し，グローバルに展開するとともに，歴史的に諸要因の有機的連関性として理解するべき対象ともなっていることから，生産システムとして捉えて（坂本,1998），第2章から第5章まで，システムとしての生産活動が，産業革命から現在に至るまでにどのように歴史的に推移してきて，現在に至っているのか，どのような課題を持っているのかを議論する。それらの叙述を受けて，第6章では，今後の日本の生産システムを展望する議論を展開したい。

なお，生産システムを議論するにあたって，坂本（1998），（2009）を批判的に継承する。というのは，坂本（1998）では，まずは生産活動をシステムとして捉え，第1に，生産要素の側面，つまり，原材料，技術（生産設備・機械），労働力，情報，管理という生産と労働に関わる生産諸要素の結合システムとして，第2に，循環の側面，つまり，製品開発，受注，調達，製造，流通，販売という経営循環過程における諸機能，いわば生産過程・流通過程の循環システムとして，第3に，構造として生産活動を検討する側面，つまり，第1・第2の主体的側面，いわば「機能」が現実に「展開」する客体的条件を規定するシステムとして，市場，産業，労働，社会という4種の構造から捉えようとするからである。

しかも，特定の生産システムが創造・展開される空間性，すなわち，その生産システムが作り出される地域性，およびその生産システムが展開される地域性と，特定の生産システムが技術を中核として創造・展開される時代性，すなわち，その生産システムが作り出された歴史的条件，およびその生産システムが展開される歴史的役割を検討する歴史性を扱うからである。

そこから，坂本（2009）が自立分散型生産システム，垂直統合型生産システム，柔軟統合型生産システム，分散統合型生産システムという生産システムの発展モデルを示した点は大変興味深いからである。そして，この取り組みは個別の経営史をいかにして一般化していくかという作業にもなりうるからである。

◉注

1 トヨタ自動車のJIT，自働化のシステムや川鉄千葉の製鉄所におけるコンパクト設計などは日本という制限のある地域だからこそ生まれたものであろう。

2 東電は高度経済成長期から低成長期に至る時期において電力ベストミックス体制を構築してきた。この体制は，原子力発電，LNG火力をベースロードに，揚水式水力発電をピークロードに，ベースロードとピークロードの中間的なミドルロードにコンバインドサイクル火力発電を合わせるものである。これはいかにして電気事業経営において当座の燃料費を引き下げるかを目指し，ベースロードとして原子力発電の活用を目指すものであった。というのは，オイルショック時に明確となったように，電気事業経営には，燃料費高騰が企業経営の収益を圧迫して減価償却費への計画的な積み上げを困難にさせることで，膨大な固定資産建設のために自己資金を十分に活用できず，多額の借入金調達，有利子負債額の増大となってしまう傾向を持つ。だからこそ，当座の燃料費の引き下げのためにベースロードとして火力発電から原子力発電に転換してきた経過がある（中瀬，2016b）。

3 立石（2011）では，ソニーの迷走ぶり，それによる同社従業員のあきらめと戸惑い，消費者の戸惑いが描かれている。

4 この点は「歴史認識」の問題としても取り上げられる。例えば，「東京裁判史観」とされる考え方では，東京裁判による裁きは「勝者の裁き」だとされる。もちろん，「勝者の裁き」であることは確かであるが，この当時の「勝者」とは日本，ドイツ，イタリアの枢軸国の相手であったそれ以外の国々，つまり国際社会全体でもあった。そして，明らかに日本，ドイツによる侵攻から第2次世界大戦が始まった以上，受け入れざるを得ない「事実」であろう（大沼，2015）。

5 グローバル・ヒストリーでは，同時代の国，地域は，まさに同じ時間を共有していると考えるからである。そのグローバル・ヒストリーの議論に連なる世界システム論の議論とはなるが，例えばイギリスとカリブ海域については，「産業革命の始点となった綿工業は，当初はカリブ海域での，次いでアメリカ大陸南部での奴隷制綿花プランテーションが成立して初めて，本格的に展開することができた。また，初期の綿製品の国外市場が，奴隷貿易そのものにあったことも知られている。リヴァプールの奴隷貿易こそが，その後背地マンチェスターの綿工業の生みの母だったのである。つまり，本国の『自由主義の時代』は，地球の裏側における奴隷貿易や奴隷制度を基盤としていたのである。ここで重要なことは，この場合も，『イギリスが進んで』おり，『カリブ海域が遅れて』いたなどとは言えないことである。両者は，統合された単一の『世界システム』の時間を共有していたのである」(川北，2014，49頁)。

6　後発国の工業化について，従来の経済史では「ガーシェンクロン・モデル」が議論されてきた。中川（1981）のまとめでは，ガーシェンクロン（2005）は，後発国の工業化は当該国の政府，社会などによる支援によって，当該時点での最新技術を導入することから先発工業国よりも急速に進むこと，重工業部門の早期発展が意識されること，大規模に進められること，目覚ましい企業家精神が求められて発現すること，ただしそのために社会的に緊張をもたらすことなどを明らかにした。この「ガーシェンクロン・モデル」に対して，「今日では，ガーシュンクロン・モデルでは見失われてきた問題，すなわち，人口・技術・エネルギーの側面に焦点をあてられるようになっている。さらにいえば，ヨーロッパの工業化をイギリスの模範にならった一枚岩的なプロセスをとるものというより，資源の存在や政治的ならびに文化的条件によって規定される独自の工業化への道をたどるという多元的な経路の存在が強調されている」(長谷川，2012，83頁)。

7　2000年9月成城大学で開催された経営史学会第36回全国大会では，統一論題として「経営史教育の現状と課題」がテーマとして掲げられ，議論された。その後も，経営史研究者は，問題意識として持ち続けていると考えられる。

8　鈴木によれば，グラース等は「因果の連鎖からなる歴史を，事後的にではなく—経過中のこととして，あるいは事前に—説明する」(鈴木，2015，6頁）という視点を持っていたという。

9　なお，そもそも，ウィリアムソンは組織革新（organizational innovation）という問題意識で議論を展開した（Williamson, 1981）。ウィリアムソンによると，財やサービスの生産に関して頻繁に取引関係が展開するようになると不確実性を減らすため，その取引相手との間で特定の関係資産が形成され（asset specificity principle)，生産された財やサービスを，自らの意思のもとに流通させるために前方へと組織を統合することになり（externality principle; forward integration)，以上の活動を可能ならしめるために，半自律的に機能するように内部構造が工夫されたとして（hierarchical decomposition principle)，チャンドラーの議論を読み替えた。特にウィリアムソンは，チャンドラーの示した事業部制組織（M-form）に注目した。

10　谷本による「小経営」モデルの重要性，生存性の強調（谷本，2015）は，この研究の流れにも位置づけられる。

11　例えば，鈴木は，「経営史は現代の企業の論理を解明する。歴史は理論とは異なって多様である。その多様性にまとまりを与える説明枠組みが『制度』である。しかしそれを一元的に説明するのではなく，多様性のなかに働くいくつかの異なった論理をたどることが歴史の方法である」(鈴木，2015，11頁)。企業の多様性を是認する一方で，一般的な「現代の企業の論理」を示すとする。個別と一般の難しい関係を議論している。

12　当初，筆者は橘川のいう応用経営史を理解できなかった。しかし，橘川の応用経営史研究が進展し筆者の認識が深まって，さらに検討した結果，その意味を理解することができるようになった。なお，こうした議論に対して，応用経営史は政策科学的な研究となるから，事実を示すべき役割を担う経営史ではなくなるのではないかとの議論がある。

13　すでに，ジェレミーは「したがって経営史の課題は，過去と現在の経営手法について，有益な対比を可能にすることである」（ジェレミー，2000，32頁）点を指摘している。

14　例えば，一連の池井戸潤の企業小説，企業の抱える「必要悪」的な側面を受け入れつつ，そこで働く社員の奮闘を描く作品，に対する人気の高さは，日本企業に対する日本社会の「冷静」な捉え方を表現しているのではないだろうか。

第2章 イギリス産業革命の生んだ自立分散型生産システム

本章の目標

本章では，産業革命とはどのようなものだったのか，なぜイギリスで産業革命が起こったのか，現在イギリス産業革命を取り上げる意義とは何かを明らかにする。そこで，第1に，近年の研究で産業革命はなかったとする議論を紹介し，第2に，産業革命に至るまでにイギリスはどのような状況にあったのかを扱い，第3に，イギリスで起こった産業革命はどのようなものだったのかを議論する。

第1節 「産業革命はなかった」のか

従来の産業革命についての評価

近年，イギリスにおいて産業革命に関して盛んな議論が展開されている。特に，1980年代後半から，産業革命の「革命」性に対して疑問を呈する新たな推計が登場し，「革命」というほどの変化があったのかという研究が示されてから活発な議論が行われている。

図2－1は産業革命期のグラスゴー旧市街地を写した貴重な写真である。その産業革命に対する評価は，以下のように推移してきた。まず，19世紀初頭のフランス人経済学者ジェローム・アドルフ・ブランキが「同時代人が経験する巨大なる社会経済的転換」を表現しようと「産業革命」という用語を初めて使った。その際，18世紀後半に「革命」という言葉の意味の変化，つまりそれまでの「輪廻・再生」から「断絶」を意味するものへと変化したことを受けてのものだった（長谷川，2012，7頁）。

その後，1840年代には，穀物法廃止が議論されたり，チャーチスト運動が起

図2-1●産業革命期のグラスゴーの様子

出所）Griffin（2010），p.158.

こるなか，エンゲルスの『イングランドにおける労働者階級の状態』で産業革命が取り上げられるなど，その用語は一般的に使われ出し，1884年のアーノルド・トインビーの『英国産業革命講義』の後に定着した。トインビーをはじめとしてウェッブ夫妻，ハモンド夫妻ら社会改良家たちは政府の自由放任主義を批判し政府による経済介入を主張するなかで取り上げており，トインビーは産業革命を急激な変化，つまり「断絶」と捉えるとともに，産業革命のもたらした悲惨な状況を強調した。

この後，産業革命に対する評価は二転三転する。アカデミズムの世界では，20世紀に入ってからのジョセフ・シュンペーター，戦間期イギリスの経済史家ジョン・クラパムは産業革命の革命性に対して懐疑的で「トインビーの『断絶』=『悲観』説にかわる『連続』=『楽観』説の登場となる。このように，歴史家は複数の産業革命の存在を語るようになり，また産業革命は決定的な分水嶺というよりは，緩慢とした変化を意味するようになった」（長谷川，2012，13頁）。

逆に，第2次世界大戦後には産業革命に対する評価が一変した。ルイス，そしてウォルト・ロストウの『経済成長の諸段階』（1960年）において，産業革命という現象は資本形成比率，つまり国民総生産における固定資本投資の比率が，５％未満だったものから10％以上にまで急上昇し，結果的に製造業が発展する過程だったこと，その産業革命がイギリスで最初に起こったこと，そしてその現象が近代史における重要な転換だったことを強調した。ロストウは「社会主義的工業化にかわる第３世界の開発モデルを探ろうとして考案」したもので，「産業革命とは，工業化に向けての『離陸』の時期であり，それは1783年から1802年の時期に到来し，その後に経済成長が持続した」（長谷川，2012，14頁）と考えた。

以上のロストウの問題提起を受けたディーン=コールが研究を行い，**表２－１**に示されているディーン=コール（1962年）という推計を行った。「1700-1760年」「1760-1780年」の国内総生産成長率が0.6％台と緩慢だったものが「1780-1801年」には2.06％，「1801-1831年」には3.06％になったとする。ただし，資本形成率の値は18世紀初めから1780年代までは５－６％，19世紀初頭まででも７％と期待したほど高いものではなかった。そこで，「この程度の資本形成比率の水準ではルイスとロストウの基準に合格しないかもしれないが，しかし，その変化の年代記は従来の経済史と産業革命論の想定してきたところと必ずしも矛盾するものではなかった…1780年以降の経済成長率が高まった時期に集中している」ように，ミュール紡績機の登場が1780年，カートライトの力織機が1784年，後出のボウルトン=ワット商会のソーホー鋳造所の登場が1795年，トレヴィシックの蒸気機関車の登場が1804年と，「この時期に固定資本の役割が高まったことが伺われる」（斎藤，2008，231-232頁）。

表２－１■英国の国内総生産成長率と人口増加率（1700-1831年）

（年率，％）

期　間	国内総生産（GDP）成長率諸推計			人口増加
	クラフツ=ハーリィ（1992年）	クラフツ（1985年）	ディーン=コール（1962年）	
1700-1760年	0.69	0.69	0.66	0.38
1760-1780年	0.64	0.70	0.65	0.69
1780-1801年	1.38	1.32	2.06	0.97
1801-1831年	1.90	1.97	3.06	1.45

出所）斎藤（2008），231頁。

クラフツの異論

これに対して，修正主義者といわれるニック・クラフツが，表2－1のクラフツ（1985年）にあるように，「1780-1801年」に1.32％，「1801-1831年」には1.97％という数値を示すことで産業革命期間中の成長率を大幅に下方修正する結論を導いて異論を唱え，その後のクラフツ＝ハーリィ（1992年）では同時期をそれぞれ1.38％，1.90％として，これではとても国内総生産の「革命」的な成長だとはいえないと主張した。産業革命の「革命」性に疑問が示された。

そして，**表2－2**にあるとおり，国内総生産の要因を分解して，国内生産成長率の伸びに寄与した要素を検討する。それによると，「1760-1801年」について「資本投入増加率」「労働投入増加率」が0.5％，0.4％に対して，機械設備などの「総要素生産性上昇率」は0.1％であり，「1801-1831年」では「資本投入増加率」0.85％，「労働投入増加率」0.7％で，「総要素生産性上昇率」は0.35％となっている。

「革命性を強調した伝統的な見解の根拠は，この時期に活発となった固定資本投資には蒸気機関の工場への導入といった新しい技術が体化しており，その成長促進効果が革新的であったということがある。…しかし，人口増加率が加速したことを背景に労働投入もまた同様の速度で増大したのであって，全体としては生産要素投入の寄与が圧倒的に大きい。いいかえれば，最後の欄に示された総要素生産性（TFP）の貢献はあまり高くなかったということである」。そこで，「その後の研究史では，この新推計値（筆者注；クラフツの推計のこと）に依拠して産業革命という概念自体を歴史叙述から追放しようという動きすら生じたのであった」（斎藤，2008，235頁）。

以上の研究からは，いわば，産業革命の「相対化」が導き出されよう。もち

表2－2 英国の国内総生産成長の要因分解（1700-1831年）

（年率，％）

期　間	国内総生産成長率	投入増加率		総要素生産性上昇率
		資本	労働	
1700-1760年	0.7	0.35	0.15	0.2
1760-1801年	1.0	0.5	0.4	0.1
1801-1831年	1.9	0.85	0.7	0.35

出所）斎藤（2008），234頁。

ろん，産業革命の有無を議論する研究はこれからも継続される必要があろうが，石炭，鉄の活用，蒸気機関，紡績機械，織機などの発明，そしてそれを背景としたイギリス経済力の増大は事実であり，後述するように，その後の技術の発展，社会の変化は否定できない。事実，この後イギリスでは，産業革命論のリハビリテーションと呼ばれたように，産業革命概念の革新として扱われてその再検討は1990年代の終わりまで続いた[1]。

第１章で述べたように，この時期のイギリスにおける変化をまずは受け取ったうえで，なぜそうした産業革命がイギリスで起こったのか，どのような内容だったのかと問うべきではないだろうか。そして，現在，こうした産業革命を取り上げる意義は何かを示す必要があろう。

第２節　産業革命以前のイギリス

産業革命につながる前提条件

まず，産業革命の世界が展開するための大前提は，何よりも私有財産権と科学的合理主義の展開であった（Bernstein，2004）。

というのは，第１に，「発明家や貿易商が自分の労働の果実を，国家や犯罪者，あるいは独占商人に横取りされないことを確信」（Bernstein，2004，邦訳40頁）しうるように私有財産権が保証されないと，誰も事業活動には携わろうとはしなかったからである。「古代ローマでは，ごく少額を返済しそこねるだけで，債務者は全財産を没収され，それを競売にかけられかねなかった。極端な場合，債務者は借金を払い終えるまで牢屋に入れられた。西欧では，19世紀まで見られた債務者監獄の制度だ。つまり債務不履行のペナルティーは単なる法的な解決策ではなく，まさしく懲罰と呼ぶにふさわしいものだった…事業に失敗して自分の財産を失うのは災厄だが，そのうえ自由を奪われるとなると，そもそも誰でも事業を興すことに二の足を踏」（Bernstein，2004，邦訳119-120頁）んだのである。

13世紀のマグナ・カルタによって自由権の認知は広がり始めてはいたものの，限界づけられていた。債務者監獄制度がなくなり，特許制度が整えられて，「私的所有権の概念は劇的に前進し，それとともに個人が富を創出する動機も大きくなった」（Bernstein，2004，邦訳159頁）。

第２に，そうした私有財産につながるような新たなアイデアを思いつくことを保証する社会的なシステムが必要だったからである。「演繹的方法論に基づく知的枠組みを，事実を偏見なしに集めて分析する帰納的方法論に基づいたものに変え」(Bernstein, 2004, 邦訳185頁) ることで，技術進歩を支える実証的観察や数学的方法を用いることが可能となった。これらは天文学における研究の進展，コペルニクス，ブラーエ，ケプラー，ガリレオから，国を挙げてカトリックからプロテスタントに改宗したイギリスのニュートンとその助手ハレーに引き継がれ花開いた。1715年の「皆既日食の観測経路におけるハレーの予測の正確さを目の当たりにして，イギリス社会は電撃を打たれたようになった。まさに『観察し，仮説を立て，検証せよ』というベーコンの帰納法の勝利を知らせる，とどめの一撃だった。18世紀半ばともなると，新しい科学によって自然現象の解釈に関するカトリック教会の権威は完全に失われてしまっていた」(Bernstein, 2004, 邦訳214頁)。

以上のように，「この進歩の大半は17世紀に起こったわけだが，それによる人間と自然環境の関係の変化は革命的と言うほかないものである。慣習法によって有形無形の財産権を保証されたイギリスの科学者や職人が，いまや科学的方法という，技術革新をもたらすためのきちんとした知的ツールをも手に入れたのだ」(Bernstein, 2004, 邦訳219-220頁)。以上のもとで，次項で示すように，産業革命につながる大きな社会変化が起こった。

生態環境上の問題

17世紀のイギリス経済は，「食糧・原料・エネルギーのすべてが，国内の植物性生産物に依存していた」のである。「すなわち，テューダー様式として知られる木造漆喰の家屋や，海洋国家として急速に需要の増してきた船舶―戦争用であれ，商業・漁業用であれ―のような建造物は，木材を基礎的な素材としていた。道具の類いに鉄が使われることも多くなりつつあったが，そうしたタイプの鉄は，木炭をもってしか造れず，その生産には膨大な量の木炭を必要とした。16世紀のイギリスに『森林の枯渇』と呼ばれる現象が生じたのは，主としてこのためであった。木材は，後の鉄や石炭にも相当する基礎資材だったのである。また，当時の国民的工業であった毛織物工業は，その原料を国内の牧羊業に依存していたから，結局は，国内の牧草に依存していたことになる。しかし，これらの事実以上に重要だったのが，交通手段，農耕の動力としての馬の存在である。蒸気機関と鉄道の時代以前には，人間の移動にも，モノの運搬にも，馬こそが決定的な動力源となっていた。運河が重要な役割を果たすようになってからでも，運河に浮かべた船を曳航したのは馬であった。したがって，馬はいわば，この時代の自動車やトラックそのものだったのである。しかし，この馬もまた，イギリスの国土の表面に生える牧草に依存しており，馬1頭を育てるには，ヒト1人を養うよりはるかに広い面積の土地が不可欠であった。したがって，当時の経済は，いかにも狭いイギリスの国土が太陽エネルギーを利用して生み出す植物性生産物に，その成長の上限を決定的に画されていたのである」（川北，2014，69-70頁）。生態環境上の問題（Pomeranz，2000）にさらされていた。

1688年にオランダ公ウィリアムスとメアリがイギリスに上陸して名誉革命が起こり[2]，1689年の権利章典が成立して，国王の地位は「議会の中の国王」であること，王位継承におけるカトリック排除の原則が決まった。

また，このとき，イギリスはオランダ財政を学んで，1694年にイングランド銀行を創設し，証券市場を成立させるという財政改革を実行した。この財政改革において，イギリス議会が元利を保証したイギリス政府発行の国債は国際的信用を高め，当時の金融センターだったアムステルダムから資金を引き付けることにつながり，戦費に充当することで対外戦争に勝利することとなった。1702年のスペイン継承戦争に勝利して1713年のユトレヒト講和条約においてイギリスはジブラルタル，ミノルカという地中海の2つの戦略的拠点，カナダのニューファンドランド，ノヴァ・スコシアとスペイン領アメリカ植民地への黒人奴隷供給権（アシエイトという）を獲得した。1763年のパリ条約によって，長期間続いたフランスとの争いに勝利して世界的な商業に関する覇権を握った。カナダ，ミシシッピ以東のルイジアナ，インドのほぼ全域でイギリスが優位を勝ち取った。

なお，フランスに対するイギリスの軍事的優位性を可能にした，イングランド銀行発行の国債に信用を与えたのが当時の議会であった。そこで，「財政軍事国家論では，イギリスが『議会』という合意調達機構を保持することによって，当時のヨーロッパ諸国と比較しても租税負担の大きな『重税国家』を実現することができたのだという。租税は，地主の負担となる地租から大衆課税となる関税・消費税へと重心を移していったが，近代的な徴税機構を確立していったイギリスは，効率的な資源の動員に成功したというのである」（長谷川，2012，41頁）。**図2－2**が18世紀のイギリスの財政状況である。対外戦争時にあわせて軍事費増加，歳出増加がうかがわれる。

また，イングランド銀行はイングランド国債だけではなく，東インド会社や南海会社[3]をも引き受けて，国債，抵当証書の本格的な取引市場がロンドンのシティに成立した。その結果，土地ではなく，金融・証券に基礎を置く「証券ジェントルマン」というべき人々を大量に生み出したのである[4]。

図2－2●18世紀イギリスの財政状況

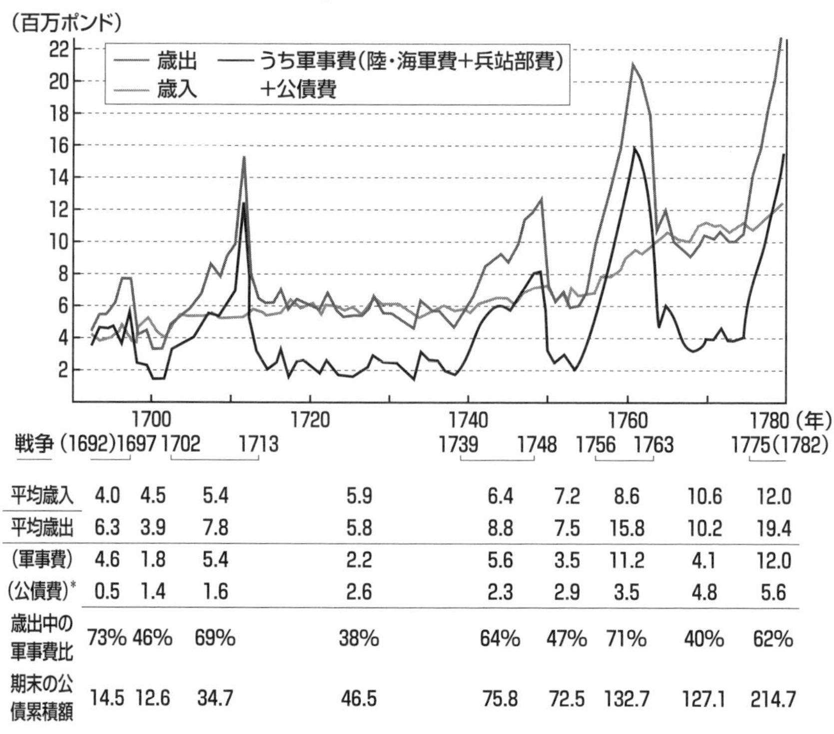

平均歳入	4.0	4.5	5.4	5.9	6.4	7.2	8.6	10.6	12.0
平均歳出	6.3	3.9	7.8	5.8	8.8	7.5	15.8	10.2	19.4
(軍事費)	4.6	1.8	5.4	2.2	5.6	3.5	11.2	4.1	12.0
(公債費)*	0.5	1.4	1.6	2.6	2.3	2.9	3.5	4.8	5.6
歳出中の軍事費比	73%	46%	69%	38%	64%	47%	71%	40%	62%
期末の公債累積額	14.5	12.6	34.7	46.5	75.8	72.5	132.7	127.1	214.7

注）＊「公債費」とは公債利子および元金償還費のこと。年代と％以外の数値は百万ポンド単位。
出所）川北（1998），233頁。

三角貿易による解決

イギリスの覇権のもと，**図2－3**に示した三角貿易[5]がその生態環境上の問題を解決した。「イギリスの土地をあまり使わずにつくれる工業製品と交換に，土地集約的な食品や繊維原料（さらにのちには木材）を，手頃な（ときには低下していく）価格で，いくらでも獲得でき」(Pomeranz，2000，邦訳277頁）るとともに，新世界の銀の獲得によって，インド，東南アジアから中近東の一部，さらには東欧にいたる多様な地域から実物資源を，中国から金，陶磁器，絹を獲得した（Pomeranz，2000，邦訳281頁）からである。

新大陸はイギリスにとって市場ともなった。「イギリスは，未完成毛織物の輸出だけに頼る不安定な経済構造から，雑多な工業をもつ，より安定したそれへ移行することができた。しかし，このような新興産業の製品はあまり国際競争力がなかったから，コルベールの指導するフランスなどには売れず，もっぱら植民地の保護市場に依存したのである。他方，黒人奴隷を使って砂糖プランテーションを展開した西インド諸島にしても，また年季奉公人とよばれた白人の強制労働力によって煙草を栽培したヴァージニア―ここでもまもなく黒人奴隷が導入される―などの北米植民地にしても，その生産物が本国や本国を経由

図2－3●三角貿易の構造

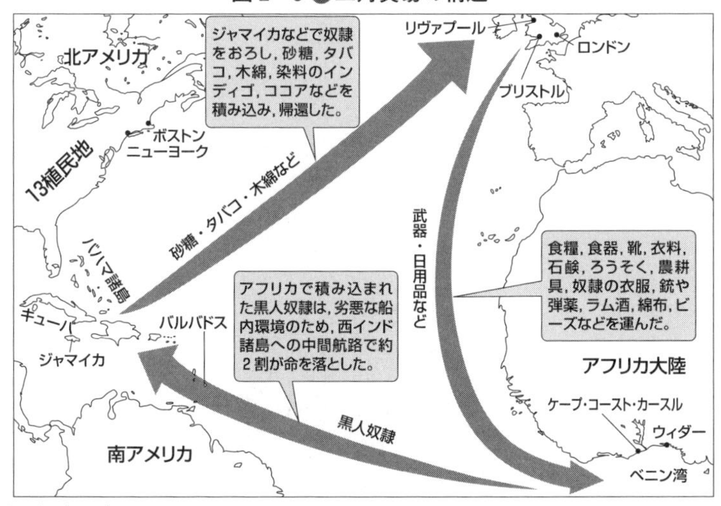

出所）井野瀬（2007)，143頁。

してヨーロッパに売れることで，イギリスの製品を買うことができたのである。植民地経済が成立するためには，また労働力としての奴隷の供給も不可欠であったから，西アフリカから奴隷を西インド諸島などに供給し，砂糖を持ちかえる『三角貿易』は，ロンドンやブリストル，リヴァプールなどが急成長を遂げる一因ともなった」(村岡・川北，1986，48-49頁)。

商業革命の勃興と輸入代替工業化

また，イギリスには上述のように，西インド諸島から，コーヒーや紅茶，タバコや木綿という非ヨーロッパ産品が入り込んだことから，商業革命の時代とされた。そして，例えば，紅茶を飲むというイギリス国内の消費生活，ライフスタイルの変化につながる生活革命にもなった。生活革命の1つとして，「ティー・コンプレックス」と総称される，茶と砂糖を中心としたワン・セットの食品群を生んだ。これによって，「冷たいパンを，一瞬にして『温かい食事』に変え，朝から労働意欲をかきたてる砂糖入り紅茶」によって，「週末は飲んだくれて，二日酔いの月曜日は仕事をしないという，伝統的な職人たちの『セント・マンディ』(聖月曜日)」という習慣は打破されて，労働者は働いたのである（川北，2014，42，44頁)。

こうして，イギリスでは，商業革命，生活革命の結果，特にロンドンにおいて都市化が進み[6]，消費競争が巻き起こった。こうした消費競争が輸入代替産業の発展を促し，産業革命が引き起こされた。「あれほど憧れの的であったイ

図2-4●インドのコロマンデル海岸地方で織られたキャラコ素材のペチコート

出所）Lemire（2011），Plate10.

ンドのコットンでさえ，後には完全に「輸入代替」に成功した―それこそが，産業革命である―」（川北，2014，136頁）。いわば，イギリス国内市場を目的として輸入代替化が進み，その後，輸出されることとなった。なお，輸入代替化の対象となったものが前ページの**図2－4**のキャラコである。

さて，以上のような点から，「世界で最初の産業革命に成功したイギリスが，その力で帝国を造った，というような古いイメージにとらわれていると，ここでの議論は理解できない。イギリスは成功したから帝国になったのではなく，帝国になったから成功したのである」（川北，2014，35頁）。このあと，イギリスは重商主義から自由放任主義へと転換してゆく。アメリカを失いながらも，奴隷貿易を廃止し，砂糖や綿花の自由な輸入を進めることで発展していくのである。

第3節　イギリスにおける産業革命の進展

イギリス人の生活費の増加

イギリス産業革命では，機械が発明され導入された。なぜ，イギリスにおいてこうした事態が起こったのだろうか。**図2－5**に明らかなように，17世紀後半以降，労働者の生存費に対する所得比が高い。これは，上述した商業革命，生活革命による，イギリスにおける都市化が生活費を高め，労賃が上昇したことが要因だと考えられる。つまり，「アムステルダムやロンドンの労働者はそれでも必要最低限の4倍も稼いでいた。しかし，…1750年のロンドンの労働者は4倍の量のオート麦を食べていたわけではない。その代わりに，労働者は白パンや牛肉を食べたり，ビールを飲んだりして，ワンランク上の食生活をしていた。オート麦を食べていたのは，ケルトの辺境においてのみだった。かの有名なジョンソン博士の辞書によれば，オート麦とは『イングランドでは馬に与えるが，スコットランドでは人間が食べるもの』なのである。イギリス南部では，ちょっとした本や鏡，砂糖や紅茶などの18世紀の贅沢品さえも労働者の手に届くものであったのだ」（Allen，2011，邦訳14-15頁）。

この点については，ヤン・ド・フリースによって，産業革命に先立つプロト工業化[7]の時代の「勤勉革命」として指摘されている。つまり「第1に，消費の面において，市場にもたらされた消費財を大量に購入するようになった。民

図２－５●労働者の生存費に対する所得比

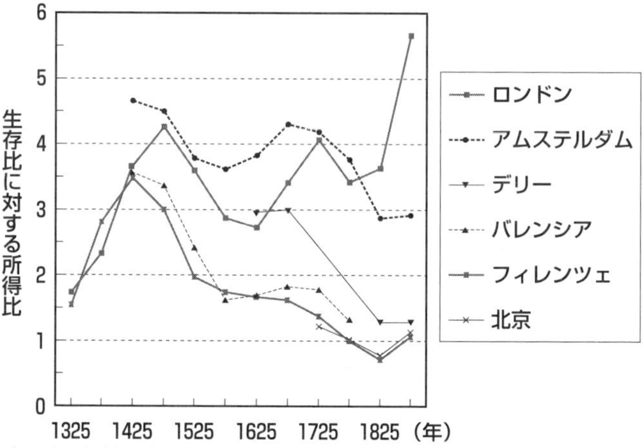

出所）Allen（2011），邦訳14頁。

衆は，庭で野菜を栽培したり，衣服を自宅でつくろったりしていたが，家庭内で消費するものを市場での取引で購入することを好むようになり，自家生産をやめてしまう。第２に，伝統的に労働者は，財の購入よりも余暇の時間の娯楽を優先していた。しかし，こうした伝統的なパターンは衰退し，贅沢品を購入する賃金を獲得するために，個人が長時間の労働をおこなうようになった」（長谷川，2012，74頁）。消費と家計における２つの変化において労働者の心性の変化を表す指摘である。

石炭がもたらしたエネルギー革命

他方で，イギリスでは豊富に石炭が存在していたことから，その利用が図られて石炭産業は発展した。**図２－６**にあるように，石炭産業の発展によってイギリス（ロンドン）のエネルギー価格は安かった。その結果，大量の石炭を安く手に入れることができて，石炭を利用する蒸気機関の採用が広がった。当初，石炭を利用した蒸気機関は古くから銅や錫の採掘が行われていたコーンウォール地方の高山地帯で求められていた。というのは，採掘現場が深くなるにしたがって地下から湧水が増加し，採掘は困難な状況におかれており，排水には人や動物の力，水流のあるところでは水車が利用されていたが，その能力には限

図2－6●エネルギー価格

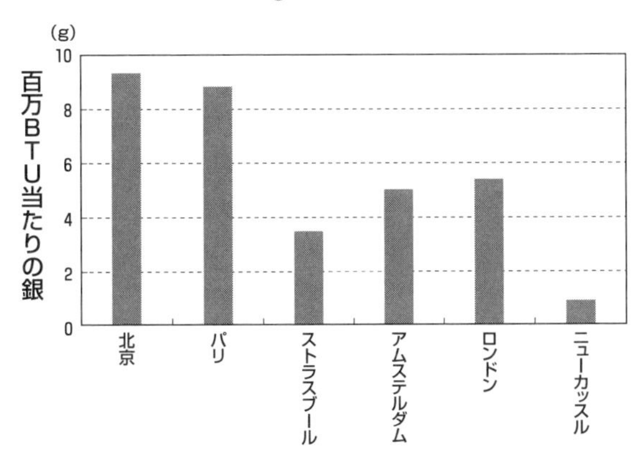

出所）Allen（2011），邦訳32頁。

図2－7●イギリス1人当たりのエネルギー消費量

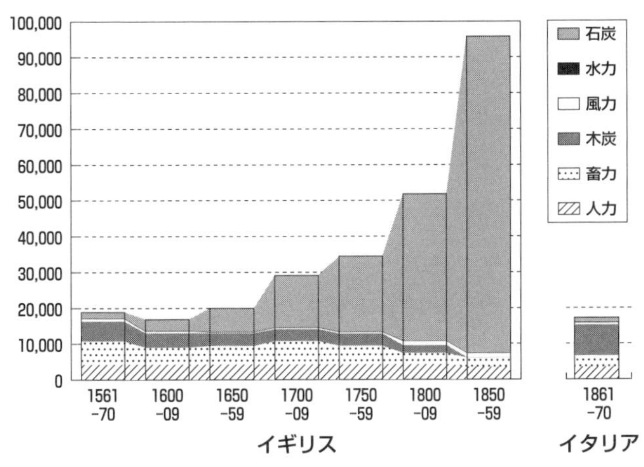

出所）Wrigley（2010），p.95.

界があったからである。石炭を産出しないイギリス西端部のコーンウォール地方では，石炭が割高であったため，燃費の良い蒸気機関の開発競争が生じた（湯沢，2014，51-52頁）。こうして，場所を制限する水車とは異なり，場所を特定しない蒸気機関は，動力としての役割を担うようになったのである。

そして，**図2－7**にあるように，イギリスの1人当たりエネルギーは本格的に産業革命が進行していくなかで激増していった。このエネルギー激増の中心は石炭であり，石炭という「鉱物依存経済」に移行することで，前述した生態環境上の問題からの脱却，つまり土地をめぐって衣食住，燃料，動力の基本的要素を競合させていた，それまでの「有機物依存経済」からの「解放」を可能にした（長谷川,2012）。なお，この「鉱物依存経済」が環境に対しても，また地域内の価値循環にとっても問題となってくるのである。

機械化による繊維工業の発展

以上のような条件のもとで，イギリスではインドからの綿製品に対抗しようとする動きが起こってきた。1733年のジョン・ケイによって飛び杼（ひ）が発明されて織布が増産された結果，今度は綿糸が足りなくなってその生産量を増やそうと，**図2－8**にあるような紡績機が発明された。1760年代に，一方でハーグリーヴスが緯糸生産を改革するジェニー紡績を発明し，他方でリチャード・アークライトが経糸生産に適した水力紡績機を発明した。1790年代になってクロンプトンがジェニー紡績機と水力紡績機の長所をかけあわせたミュール紡績機を発明して，モスリンのような高級製品も生産できるようになった。綿糸の大量生

図2－8●産業革命期の紡績機

ジェニー紡績機

水力紡績機

ミュール紡績機

出所）長谷川（2012），51頁。

産は，今度は織布部門の改良を求めることとなり，1785年にエドモンド・カートライトの力織機を生んだ。このように，次々と機械が発明された。道具，機械がこの時の生産システムの技術的基盤である点を示している。

経営的冒険家の登場とその試行錯誤

一連のビジネス展開には，ビジネス上のリスクをいとわない経営的冒険家の登場が重要であった。その経営冒険家の代表としては，蒸気機関製造にかかわった，1775年に設立されたボウルトン＝ウォット商会がある。ボウルトンはバーミンガム出身で，親の代からのバックル製造業に携わっており，水車を利用して1,000人雇用するような大作業場を経営していた。水不足から水車に水を送る蒸気ポンプに注目することになった。

その際，グラスゴー大学からやってきたウォットと出会い，自家用蒸気ポンプを製作し，販売することにした。ボウルトンは，蒸気機関製造開始時の1776年には自らの製造所で一貫量産を進める方針を立てたものの，蒸気機関製造に関わる部品の多さ，製造に関する熟練不足，シリンダーの中ぐり工程に関する技術不足等で蒸気機関の設計，ノズル等小型精密加工部品の生産のみに限り，それ以外はいったん外注に任せた。1781年には技術開発によって，蒸気機関から直接回転運動を取り出して原動機として売り出すことが可能となり，製品の馬力に応じて標準化し完成品を納入すること，補修への即応できる体制を取る必要に迫られたこと，から部品を規格化し，そのために外注から再び内製化へと転換することとした。

バーミンガム運河に面したところに，**図2－9**のようなソーホー工場において一貫生産化を果たした（大河内，2001）。この工場は，穴あけ工場，重旋盤工場，弁室組立工場，仕上げ工場，平行運動装置工場，弁装置工場，軽仕上げ工場，鋳造工場，鍛造工場からなる世界最初の大型工作機械工場を有する，まったく新しい形の集中生産工場だった（Rolt，1965）。

なお，「ウォットの功績は，彼が純粋科学で用いられていた体系的な実験方法をはじめて工業に応用した一人だという点だけではない。他の人々の着想を総合し，複雑な機械装置を作り出すに必要な，様々な熟練を統一したということも，彼の功績の一つである」（アシュトン，1973，82頁）。大発明ではないが，

図 2-9 ● ソーホー工場

注）ボウルトンの経営する工場。
出所）長谷川（2012），48頁。

図 2-10 ● ソーホー工場の横中ぐり盤

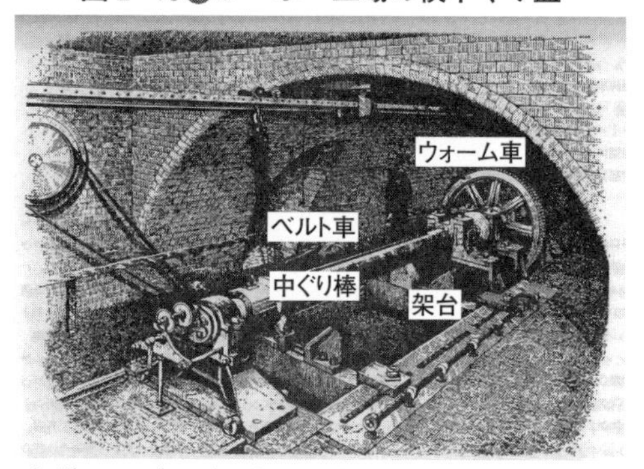

出所）Rolt（1965），邦訳83頁。

図 2-11 ● ウォットの回転式蒸気機関

出所）大河内（2001），40頁。

試行錯誤の繰り返しで一朝一夕に成し遂げられたものではなかった。

例えば，前述のシリンダーの中ぐり工程を確立するため，ジョン・ウィルキンソンの技術に注目した。1760年代のはじめに鉄工所を設立したウィルキンソンは，いち早く燃料を石炭からコークスに切り替え，高品質の鋳鉄の生産を行っていた。1774年には砲身の中ぐり工法の特許を取得して名をあげていた。高い精度を誇る砲身を作る技術がシリンダーの製作にも活かせると考えたウォットらはウィルキンソンと提携した。高品質の鉄材の供給をもとめ，より精度の高い蒸気機関の製造を考案してその製造の多くをウィルキンソンの工場に委託した。その後ウィルキンソンはボウルトン=ウォット商会に参加した（湯沢，2014,62頁）。こうして，**図2-10**のような横中ぐり盤を利用して，**図2-11**のような蒸気機関を製作したのである。

以上のように，工場生産体制は，産業革命という社会的試行錯誤の上で到達したという漸進的なものだった。

生産過程を支えた要因

当時のイギリスには，経営的冒険家の活躍をサポートする既存の社会的な制度が存在していた。

第1に，生産現場においてである。まずは，工場現場では，内部請負制という工場支配人，下位の管理者によるサポートが存在していた。「内部請負制は，生産工程の全部または一部について，特定の熟練工に一定の金額で作業を請け負わせ，これを請け負った職工は自分の危険負担で労働者を雇い，経営者の工場で生産し，製品を経営者に納入するという経営形態である」（大河内，2001，46頁）。後述のように，当時の市場は多様化しており，そうした多様性，いわば顧客の嗜好にあわせての柔軟な対応を行うためにも，経営的冒険家である経営者は，現場管理を内部請負制にゆだねた[8]。

次に，企業外部との関係においてである。試行錯誤をしながら産業革命が進んだことから，それほど大規模な企業を生まずに産業集積を形成して，工程分業，機能分業を伴っていた。以下のように，綿工業，製鉄業，金属製品製造業で展開した。

「ランカシャーを中心に発展した綿工業では，ランカシャーという地域的集中性は存在したが，その中では工程分業・機能分業が極端に進展し，統合型の大企業は発達しなかった。綿工業ではまず，紡績と織布は別個の企業で行われた。紡績を行う企業は概ねランカシャー南部に，織布は北部にという地域的分業も出現した。また紡績内部でも各企業は特定の番手に特化した。すなわちある企業は低番手，ある企業は中番手，またある企業は高番手という具合である。それに応じて，織布企業も扱う糸の太さによって製品の質が異なった。染色などの仕上げも織布業者によって兼営されることは少なく，またそうした製品の販売は独立した専門の商人が担っていた。他方で，原料の綿花は，アメリカやエジプトから運ばれたが，それも専門の商人によって運ばれていた。そうした綿花はリヴァプールの取引所で売買され，しかる後，綿花取引商によって紡績業者に販売された。このように，個々の企業家の活動範囲はかなり限定されており，そうした活動が商人や取引所によって媒介されるといった体制が確固としてでき上がっていた。したがって，個々の企業の規模は小さく，また綿工業全体では19世紀中葉には2,000を越える企業が存在した」（安部，1997，54-55頁）。

また，「製鉄業では，南ウェールズ，スタッフォドーシャー，スコットランド，後にはクリーブランド（北東部），カンバーランド（北西部）などが主要な製鉄地域となった。このように，製鉄業には綿工業と異なり地域的分散性が見られた。地域の中では原料から完成品までかなり統合した大企業もあったが―特に南ウェールズやクリーブランド―全体的には，小規模企業の分離が顕著であった。また銑鉄と錬鉄の大統合企業は，錬鉄需要が減少する中で統合の解体という現象に直面した。錬鉄に代って鋼が主要な製品として登場してきたが，銑鉄と鋼の統合は若干は進展したが，銑錬の統合の解体を埋め合わせるほどではなかった。結局，イギリス製鉄業は統合の解体という方向に進むことになった」（安部，1997，55-6頁）[9]。

以上の点は，バーミンガム=ブラックカントリー地域における金属製品製造業でもみられた。ここでは工場組織によって生産が行われることは例外的であり，零細な経営体による生産が支配的だった。**図2-12**にあるように，小親方が，自分の家かそれに接する仕事場で，自分の家族や数人の徒弟や職人とともに働いており，彼等はその原料の配給，製品の売捌き，製造過程に必要な資金を問屋に依存しているというのが普通であった。

図2-12●バーミンガムの銃身生産の様子

注）銃身の溶接（右）と研磨（左）
出所）Griffin（2010），p.102.

このように零細家内経営や古い生産組織が19世紀後半に至るまで，この地方の金属製品製造業において根強く存在し得た理由は，第1に，金属製品製造業の多くにおいて大規模生産による利益があまりなかったことに求められる。すなわち，金属製品の型や種類が非常に多様で標準化生産が困難であった。そのような製品の性格からの制約のために，小規模生産単位が必然的に選ばれた。第2に，そのためにこの産業への機械の導入が困難であり，ほとんどの生産工程が手労働によってなされており，僅かな資本で生産を行うことができた。第3に，下請業者が，小規模生産による不利益，問屋からの圧迫，需要や景気の変動による危険を労働者に負担させることができたのである（外地，1959，205-207頁）。

上述のような産業集積において，技術革新が進行した。鉄道機関車を生み出したウィラムでは，当時，1つの問題であったレールについて，「木製レールが耐えられる重さはせいぜい2トンであったが，蒸気機関車は4トンないし5トンを超え，さらにテンダー（炭水車）も載せなければならなかったのだから，レールの改良が必要なことは明らかであった」ので，「ヘドレーは1813年に4両の蒸気機関車を製造したことになっている。なかでも有名なのが，パッフィング・ビリー（パフパフ・ウィリアム）である。これには機械工のジョナサン・フォスター，鍛冶職工のハックワースも協力した。ウィラムの技術者の結晶といえよう」（湯沢，2014，119頁）。

流通面の整備

第２の社会的な制度とは，上述のように商業革命が発展してきた結果，流通網が整備されていたことである。イギリスには国内向けにも，輸出向けにも，専門化した流通組織が存在していた。そのため，市況変動に対して迅速な対応がなされ，危険が回避された。このことは，イギリスをして，最初の大衆消費社会へと変貌させた。「こうした都市型市場では，工業地帯で製造された製品が都市のハイストリートである様々のチェーンストアや百貨店で販売されるようになった」のである。しかし，「こうした都市市場の消費者志向は決して画一的ではなかったので，商品はある程度のバラエティー，すなわち製品差別化が行われていることが必要であった。その意味では量産型の標準品は受け入れられない傾向があった。例えば自動車にしても，フォードのモデルTがイギリス市場の首位であった時期もあるが，同時にイギリスは，ダイムラー，ロールス・ロイス，MG，トライアムス，ジャガー，モーガンなどの個性的な車を生み出し，長く存続させている。つまり，アメリカの量産型標準品市場とは異なり，消費者嗜好の多様性があり，農村型市場に対する都市型市場の特徴を示している」(安部，1997，84頁)。

ただし，こうした工場経営者の小生産者的な発展傾向は逆にデメリットを生んだ。市場と工場経営者の間には，既存の流通組織がしっかりと張り巡らされたため，結果的に工場経営者は市場から遮断され，市場を，つまり消費者を意識することのない状態だった。「製品の販売についてはもちろんのこと，どのような製品をいつ生産するかといった製品政策や，さらには市場開拓などについて，自分で方針を立てて経営活動を展開することを疎んじるようになった」(大河内，2001，61頁)[10]。

金融面からのサポート

第３に，商業の発展が金融業の発展をも促したことである。為替手形の決済，割引の円滑化による資金の供給，ロンドン金融市場と地方銀行との間の盛んな信用取引といった商業信用が充実した。南海会社の問題により，1720年に泡沫会社条例が発効して株式会社制度が未発達だったため，こうした商業信用によるサポートは重要だった。

そして，何よりも，シティの準備できる資金は，当時としては世界最大であった。1873年のウォルター・バジェットの『ロンバート街』では，主だった金融都市の資金量について，パリで1,300万ポンド，ニューヨークで4,000万ポンド，ドイツ帝国で800万ポンドだったのに対して，ロンドンでは1億2,000万ポンドだったという。「最も衝撃的なのは，当時イギリスのGDPはフランスのそれよりも28パーセント大きいだけだったにもかかわらず，ロンドンとパリの金融市場の規模に，実に9倍もの開きが存在したという点である」(Bernstein, 2004, 邦訳272頁)。

また，敷地，建物，生産設備等といった工業金融面も充実していた。「市民革命以前の作業場の賃貸借制は，企業者のもとへの蓄積を封じるような，高額かつ恣意的な賃貸料，生産量制限など厳しい付帯条件，短期賃借という特徴をもって，ほぼ15世紀頃から広く行われていたが，16世紀の末頃に至ると，賃貸借の内容に変化が現われ始め，それとともに右のごとき特徴は次第に消失することになった。この点でとくに注目すべきは，修道院解散および私権喪失によって，絶対王制のもとに，優秀な鉱山炭鉱ならびに精錬所が集中されたという事実で，このことは，その後の作業場等賃貸借一般の動向に，大きな影響を及ぼすことになった。それと言うのも，最大の地主たる国王が，財政の危急に迫られて，明日の一両よりは今日の一文とばかり，僅かの上納金ほしさに，国王財産として掌中に収めた鉱山や精錬所を，極めて緩やかな条件をもって，あい次いで賃借に出し始めたからである。…このように賃借期間が長期化し，生産量の制限も無くなれば，それだけでも，作業場を賃借する企業者にとっては，長期的な経営拡大意欲を刺激されるわけで，たとえば炭鉱における大規模な坑道の掘削などは，こうした条件があって初めて可能なことであった。…すなわち，精錬所や鉱山炭鉱等の賃借にあたっては，通例，賃借期間終了時に，その作業場等が良好な状態に保持されていることを条件としていたが，17世紀ころになると，この条件さえ守れば，賃借者が期中に建物を建てたり水路を設けたりすることは自由となり，そうした追加投資物を撤去することも，賃借者の権利として，認められはじめたのである」(大河内，1978，178-181頁)。

第4節　イギリス自律分散型生産システムの評価

社会的な試行錯誤のなかでの成立

前述したように，クラフツらの研究が示した産業革命期の緩慢な成長率とは，国民経済レベルでの指標の総計であって，綿業や機械工業等の成長部門の立地する急激に発展する地域が存在する一方，伝統産業の立地する地域の衰退とをまとめた平均だった（長谷川，2012）。つまり，産業革命とは，社会的な試行錯誤の過程で，イギリス全土が同じように発展したわけではなく，産業的な差異，地域的な差異を持ちながら進行していった。だからこそ前出のクラフツ推計のように劇的な変化を示し得なかったのであろう。

そして，当時のイギリスは個々の要素が分散していてシステムを構成しているものと認識できる。つまり，坂本（2009）の示したように，生産システムとして「自立分散型」だといいうるのである。産業革命を社会的な試行錯誤の上に進めてきた結果がこうしたあり方を生んだともいえよう。

さて，以上のような「自律分散型生産システム」，特に，現在では分散型生産組織として重視されている。これらは，現在の経営史研究において，第1章で述べたPiore，Sabel，Zeitlinのhistorical alternative論のなかで扱われている。「多様で，かつ変化する需要への対応力が『柔軟な専門化』の競争力の源泉であり，そのような需要構造に見合った特性をもつ製品にこそ，その利点は発揮されることになる。製造過程において，それを担うのが『クラフト』的な技能を備えた熟練労働者であった。『柔軟な専門化』論では，このクラフト的技能の存在が要となっており，技能者の維持と再生産が，競争制限や賃金維持政策，学校設立を含む技能育成策を通じて重視される。製品特性に応じたクラフト的技能の組み換えが容易であれば，『専門化』と『柔軟性』の両立が可能となり，市場対応力が高められると見なされるのである。『柔軟な専門化』論は，このように非大量生産とクラフト的技能との結びつきに着目することで，工業化過程の中での，固有の産業発展経路の摘出に成功した」（谷本，2015，27頁）ものである。

イギリス産業革命時代以降も，引き続いて，この自律分散型生産システムは継続して存在してきた。それは，市場の「気まぐれ」への柔軟な対応として意味のあるものだからであろう。

以上のことは，成熟化した現代においても，この自立分散型生産システムは1つの生産システムのあり方を示唆しているといえる。というのも，試行錯誤を続けながら産業革命を成し遂げたあり方であり，生産システムが行われる過程で，当該企業にとっては資本循環を成しうるとともに，産業集積地域としては価値循環を実現して，革新を生み出した点を具体的に示した例だからである[11]。このイギリスの社会的な試行錯誤の過程は大変参考になるのではないだろうか。

なぜイギリスでは大量生産，大量販売体制ができなかったのか

イギリスは19世紀当時，世界最大の国家として，**図2－13**のように展開していた。アダム・スミスが，分業の広がりと市場の大きさには相関関係があり，相当の経済発展がなければ分業が進まないこと，分業が進めば進むほど生産量が大幅に増加して発展につながること，を強調している（Smith, 1791）。それゆえ，イギリスの分業の広がりから，その経済発展は相当進んでいたものと考えられる。とはいえ，その後の大量生産，大量販売の体制はアメリカにおいて

図2－13●イギリスを中心とする世界

出所）山根（2010），58頁。

誕生した。本書でも，第3章においてアメリカにおける大量生産，大量販売体制を扱うが，なぜ，工場制生産体制の成立したイギリスでは，大量生産，大量販売体制が起こらなかったのだろうか。

それは，第1に，新技術採用にあたっての躊躇がみられたからである。つまり，新技術開発に際しては，経験主義への「盲信」が存在していた。例えば，蒸気機関車の発明者であるスチーブンソン（父）は学歴コンプレックスを抱いていた。そのため，一層の発展を図るために，新しい学問を学んだ技術者の活用が必要だったものの，十分に利用することはできなかった。高度な計画性を必要とする大量生産，大量販売体制へは発展しなかったのである。

「産業革命期に出現した新技術とそれを実現した新熟練は，いずれも企業経営上の日常の必要に迫られて，それへの対応として経験の積重ねのなかから工夫発見され，要請されたものであった。この当時，科学はいまだ技術開発の基礎をなすには至っておらず，また技術の組織的な研究開発が行われることもなかった。技術開発はもっぱら並み外れた職人的技術者の現場経験と才能とに依存していたのである。たとえば蒸気機関の開発にしても，熱力学に負うことはなく，かえって熱力学は蒸気機関の性能を向上させた技術的経験のなかから発達した。しかも，繊維機械にせよ蒸気機関にせよ，経験的職人技術によって開発された新技術が工業的成功をもたらし，企業活動を躍進させたということは厳然たる事実であった。そしてこの事実は当の経営者たちが誰よりもよく体験しており，それ故に工業技術における強固な経験主義を生み出すことになった。それは同時に他面で，自分の経験に基づかない技術に対しては，それを受け入れようとしないという熟練工の態度を醸成することになったのである」（大河内，2001，49頁）。

第2に，経営者の社会的地位は低く，彼らの究極の目標は貴族，ジェントルマンへの成りこみだったからである。**図2-14**は19世紀後半のイギリス社会の構成を表したものである。前述のように，平民身分から支配階級への「上向」はイギリス社会にダイナミックな流動化をもたらしたものの，この図にあるように「上向」して貴族になることができればそれ以上の出世は望まず，それ以上のビジネス上の発展とはならなかった。

というのは，「結局は，『生産』活動に価値を認めず，巨大な財産所得によっ

図2-14●19世紀後半のイギリス社会の構成の様子

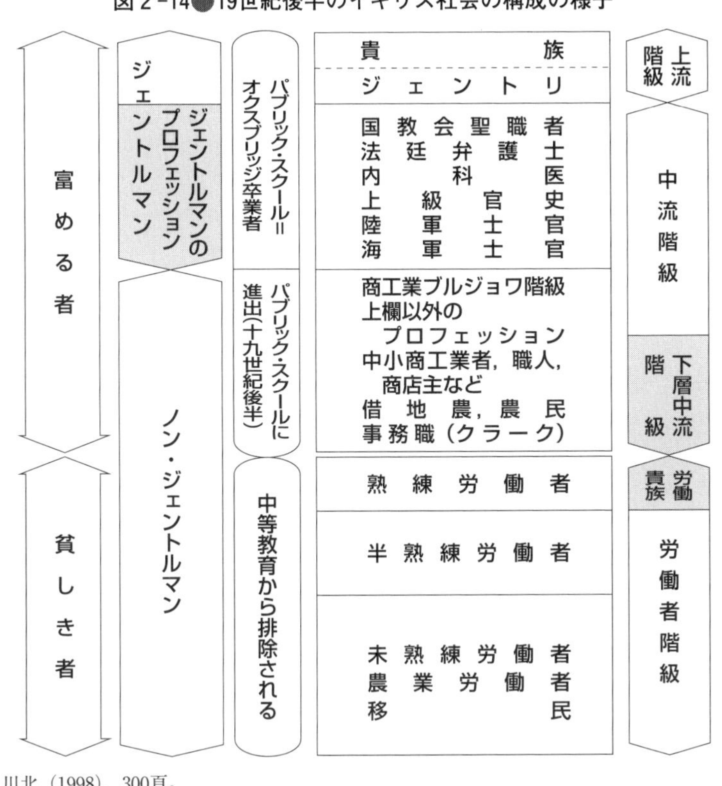

出所）川北（1998），300頁。

て，上流の生活を送るジェントルマンは，アマチュアリズムをこととし，家父長的で，ウェットな—親方･子方的な—影響力を，他の人びとに及ぼした。シェイクスピアやエリザベス一世の時代以来，20世紀になっても，こうしたジェントルマンこそは，イギリス人にとって『期待される人間像』でありつづけたため，成功した実業家は，こぞって息子に『ジェントルマン教育』を受けさせた。」「これこそが，イギリス人のあいだに『産業精神』が衰微した原因であり，『イギリスの没落』の根本原因である。実業家が尊敬され，経営学の盛んなアメリカやドイツとは，この点に違いがあるのだし，ここにこそ，イギリスの経済的没落の原因がある」（川北，2014，21-22頁）。

第3に，イギリス工場制生産は綿工業，製鉄業の工業素材，中間生産物を中心としたこと，そして，前述のように，イギリスを含む欧州市場のあり方が大量生産，大量販売とはならない，多様な嗜好の存在するものだったからである。イギリス産業革命後のヨーロッパ市場は相互補完，差別化の進むものだったのである。

イギリスについての「現実の市場は，製品別・産業別に分断され，錬鉄や，とりわけ鋼の時代に入ってからは製品による市場の細分化（水平分業）が起こり，その結果，鋼材の市場はたとえ企業数が100社（平炉の場合）を越えても，決して同質的な市場を形成したわけではなかった。綿業の場合はさらに極端で，垂直的かつ水平的分業が進行したのである。また価格による競争ではなく，技術・品質面での競争は，寡占体制の場合の方がむしろ激化する可能性がある。これに対して，イギリスの企業家の競争観は，いわば『棲み分け』とも言える。互いのテリトリーに侵入しないジェントルマン的な観念であった。数百社の鉄鋼企業が同質的な製品で鎬を削るのではなく，通常は特定の需要家との緊密な関係を通じて，地域ごと，製品ごとに，それぞれのテリトリーを確保したのであった」（安部，1997，57-58頁）。

ヨーロッパのレベルとなると，「ヨーロッパの大半が今日の低開発国や植民地とは違うという点である。一人当たり国民所得，資本の蓄積とその利用における長い歴史，その法律や文化の伝統，工業技術などは，いずれもイギリスが18世紀の後半に工業化を開始したとき，イギリスに比べてけっして遅れてはいなかった。これらの諸地域では，わずかの指導と引き金があれば発展は進んだのである。ヨーロッパの農業に提供されたイギリス市場も，その意義をこうした観点から考える必要がある。ヨーロッパの農業は，市場向け余剰生産物を増加させることによって，この市場的機会に対応することができたのである。ヨーロッパのどの国においても，産業革命とともに，あるいは産業革命に先行して農業革命が起こっている。この時期の農業革命の主要な原因となったのは，国内における人口増加とイギリスへの輸出であった。…ヨーロッパの経済発展の特徴はそれだけではない。それは相互補完的なひとつの体系のうえに進行した。そしてその体系は，資源と比較生産費とに応じて絶えず変化し，その変化に適応していった。1815-50年におけるイギリスの工業化は，プロシアの農業に影響を与え，それによってプロシアにおける港湾や鉄道など交通の発展を促した。それだけではなくイギリス産の安価な綿糸は，プロシアにおける綿織物業の発展を促進した。綿織物業においてはイギリス技術の優位性はきわだったものではなく，ドイツの低賃金のほうがコスト面で重要な要因となったからである。そのためイギリスはドイツ関税同盟諸国への織物の輸出を減らし，糸の輸出を増やすことになった。…イギリス産の安価な綿糸を使った，プロシアやスイスの織布工，ザクセンのメリヤス・レース編工，ロシア，イタリア，ドイツの他の地域に市場を確保していった。これらの地域は，コスト面で有利なものを輸入し輸出するという基礎の上にその経済を発展させるよう，資源を利用したのである。やがてドイツの工場で綿糸の生産が可能となると，イギリスは糸を生産する機械を，そしてその次には機械製作のための機械を売ろうとした。そしてその両国とも繊維製品と綿糸の両者を，より発展の遅れた地域に売ることになると，そこでも同じような発展の過程が始まった」(Pollard，1974，邦訳16-19頁)。上述の例として，製品，デザイン，材料等イギリス産業革命とは異質の技術革新として進展したジャガード織機をあげることができる。

このように，イギリス産業革命期の生産システムは，試行錯誤の中で産業革命が進行し，既存組織も加わったものであることから，自立分散型生産システムと呼べるものである。企業家，生産現場の独立したあり方から，その性格は個別性だと考えられよう。そして，その生産システムは，現代にも生き続ける，大変「生命力のある」システムである。そして，この自立分散型生産システムは，アメリカにおいて，大量生産，大量販売を実現する垂直統合型生産システムへと転化，発展するのである。

◉注

1　クラフツによる修正主義は大きな論争を呼んだものの，現在では1つのコンセンサスが生まれつつあるという。「つまり，成長率という統計的手法は産業革命という複雑な社会現象をとらえるには不十分であること，したがって，成長率の測定それ自体は重要なものでないということである。クラフツが統計的数字を用いたのは，産業革命という現象を再定義するためであった。そこで発見されたのは，国民的な経済成長の緩慢性だけではなく，労働力構成における重要な再編の発生であった。すなわち，労働者が農業部門から製造業部門へと移動していることであり，この構造変化こそが『産業革命』の名に値するというのである」(長谷川，

2012，16頁)。前章で取り上げたグローバルヒストリーという潮流において，産業革命論のリハビリテーションは位置づけられ，改めて産業革命が画期的な意義あるものとして位置づけられたのである。

2　16世紀のイングランド宗教改革（1534年のイングランド国教会成立）が，当時のヘンリ8世の離婚問題に端を発した政治的なものだったものの，その後のイングランド国教会内の改革の積み重ね，スペイン，フランスというカトリック強国の脅威やローマ教皇，イエズス会からの圧力という国際的な条件の上に，チャールズ1世により，議会の同意を経ない外交政策，国内における臨時課税の強行という専制政治が進んだため，イギリス国内では反カトリック意識，親ピューリタン意識が高まり，ヨーロッパのプロテスタントのネットワークと結びついていた。そこで1642年のピューリタン革命を迎えたものの，クロムウェルの共和政を経たのち，再び，王政復古し，チャールズ2世，ジェイムズ2世と，イギリスは再びカトリック化，絶対王政への復帰という危機に直面した。それで，イギリス議会のホイッグ，トーリ両派の指導者は提携して武力による解放の招請状を，同じプロテスタント勢力のオランダの提督ウィリアムス（彼の妻はジェイムズ2世の娘）に送ったところ，ウィリアムスはプロテスタントの宗教の擁護に限定してイギリスにやってきた。大きな武力衝突もないままイギリス議会とプロテスタンティズムを守る「革命」が達成されたことから，「名誉革命」と呼ばれた（川北，1998)。

3　1980年代末の日本経済を指す言葉となった「バブル経済」とはこのときのイギリスの状況から採用されている。この南海会社とは，スペイン領中・南米への奴隷や工業製品の供給を目指して1711年に設立されたもので，実際にはほとんど貿易活動ができなかったものの，当時の株式ブームにのって異常な人気を博するとともに投機熱をあおった。しかし1720年に暴落が起こって大恐慌を引き起こした。同時に実体のなかった「泡沫会社」も倒産した。泡のように脹れあがった信用が一挙にはじけ飛んだという意味で，「南海泡沫事件」と呼ばれた。その後イギリスでは「株式会社禁止法」が成立して，株式会社形態の企業は19世紀初頭まで禁止された（川北，1998)。

4　後述の18世紀前半の「商業革命」期には，これらのロンドン・シティの「金融利害関係者」以外に，大海外貿易商，西インド諸島の植民地プランター，インド帰りの「ネイボップ」らが経済的に成功して富を蓄積し，田舎に土地を購入してカントリ・ジェントルマン（地主）に転化した（川北，1998)。支配階級であるジェントルマンの大半が，このように平民身分であったことはイギリス社会にダイナミックな流動化をもたらした。この点で，「硬直的な身分制度のもとになったアンシャン・レジーム下のフランスとの決定的な違いがあった」（川北，1998，236-237頁)。

5　三角貿易とは，図2-3にあるように，「ブリストル（あるいはロンドン，後にはリヴァプール）から出航した船には，植民地向けの多種多様の日用品，食糧や食器，靴や衣料，石鹸やろうそく，農耕具，さらには奴隷の衣服などが満載された。船は途中，西アフリカ沿岸に立ち寄り，仲介にあたる現地アフリカ人商人との間で，銃や弾薬，ラム酒，綿布やビーズなどと交換で，彼らが内陸部から調達してきた奴隷を船内に詰め込む。その後，船は西インド諸島に向かい，ジャマイカやバルバドスなどで奴隷をおろし，代わりに現地で生産された砂糖（茶色の原糖）やタバコ，木綿，染料のインディゴ，ココアなどを大量に積み込むと，ブリストルへと帰還」（井野瀬，2007，143-144頁）するものだった。

6　長距離の移動は比較的少なかったが，ロンドンのみはつねに全国から多くの人々を集めていたという。18世紀を通じて平均して年間に約8千人がロンドンに流入していた計算になる。「都市―農村の二重生活者化しはじめていた貴族・ジェントリの家内奉公人は，主人とともに都市生活を経験した。すでに工業化以前に，社会の水平の流動性（移動）はかなり活発であったといわねばならない。そしてそこにはつねに，垂直の流動性（社会的上昇）への期待や野心がついてまわっていたと考えられるのである。と同時に，人びとの移動は，都市の文化と農村の文化，上位の文化と民衆の文化の相互浸透を媒介としていた…チャップブック（筆者注；小出版物のこと）の読み物の中に，『徒弟物』とよばれる，無一文の少年が創意と企業心で富豪化する成功物語のジャンルがあったことが注目される…同時代の民衆文芸の中にこのテーマを見出すことができるのはヨーロッパではイギリスのみである」（村岡・川北，1986，104-105頁）。

7　プロト工業化とは，産業革命による本格的な工業化に先立って，都市という商業，交通ネットワークからそれほど遠くない農村部において，都市商人が組織した小農による問屋制家内工業のことであり，この議論は農民層を分化させ事実上の工場労働者群をつくり出した力に注目する人口学的な視点からなされている（斎藤，1985）。

8　当時の経営管理技術の未発達もあり，生産性を向上させるためには賃金制度を軸とする生産システムが実践されていた。経営者は生産現場とは一定の距離を保っていたのである（岡山，1997）。

9　イギリスの製鉄業は目覚ましく発展した。1735年にアブラハム・ダービーがコークス高炉法を発明した。これによって硫黄の少ない石炭を蒸し焼きにしてコークスとすることで不純物を取り除いて，原料を木炭から石炭へと転換させた。その後，18世紀後半には，ウォットの蒸気機関によって力強い送風機を実現できて銑鉄生産を飛躍的に拡大させた。そして，1784年にヘンリー・コートが反射炉を利用したパドル法を開発して可鍛鉄を生産させるとともに，ここでも蒸気機関を利用した圧延機を組み合わせることで，製鉄生産を飛躍的に増加させたのである（中沢，1987）。

10　この例外として，ウェッジウッドといった一部の大企業は，王室，貴族に対する売り込みによって，庶民への日用品の販売拡大につなげるといった流通革新を行っていた。

11　ここでの価値循環にかかわる議論とは次のものである。産業集積に存在する企業が原材料を購入し生産活動を通じて製品に付加価値を加え，その製品を商品として販売しその利益を回収して，次の生産活動を行う際の原資として活用するという資本循環を行う。その際，当該企業によって生み出された価値に注目すると，産業集積内部で付加価値を加えて価値自体は増大し，蓄積されていく。その結果，産業集積地域は発展する。このように，産業集積という経済圏で価値が循環すると考えるものである。

第3章

アメリカ大量生産・大量販売体制を生んだ垂直統合型生産システム

本章の目標

本章では，アメリカにおいてどのようにして大量生産，大量販売体制が生み出されたのか，その体制はどのような仕組みだったのか，それはどのような問題点を持つことになったのかを明らかにする。そこで，第1に，まずはアメリカはどのような社会であり，どのようにしてビジネスが発展してきたのかを明らかにし，第2に，大量生産，大量販売体制はどのようにして生まれてきたのかを議論し，第3に，その大量生産，大量販売を支えるシステムはどのような内容であったのかを明らかにする。

第1節　アメリカ社会の状況とビジネスの推移

アメリカの建国とその理念

1607年，イギリス人により，ヴァージニアのジェームズタウンに開かれたのが北米における最初の植民地であった。ニューイングランドには宗教的な動機によって植民地が築かれるなど，「ピューリタンの信仰に基づく北部，黒人奴隷制を基盤にした南部，多様な宗派や民族が混じる中部と，性格の異なる地域が形成され，それらはイギリス本国の干渉をほとんど受けることなく独自の経済的・政治的発展を続けた」（有賀・油井，2003，4頁）。

イギリスは1763年にフレンチ・インディアン戦争によってフランス勢力を一掃して世界的に覇権を確立したものの，その過程で多額の債務を抱えたため，それまではあまり行ってこなかったアメリカ植民地に対する課税を実施するなど植民地への管理を強化した[1]。1775年独立戦争の勃発，1776年の独立宣言，1783年パリ講和条約の締結で，アメリカは正式に独立が認められた。そして，図

3－1のように，各州は合衆国憲法を批准した。

アメリカ合衆国の理念は，自由主義と，それまでの王制に代わる共和国思想，すなわち「平等な市民と自立した小生産者という共和主義的理念に基づいた労働者と農民の運動」（有賀・油井，2003，81頁）に裏打ちされたものであった。

以上のようなアメリカの建国によって，ビジネス・システムが得た遺産とは，第1に，世界で最大の国内市場が次第に形成されたことである。18世紀末，アメリカはすでに世界の基準からすれば豊かな国になっていたが，ヨーロッパ諸国と違ってアメリカは，地理的に巨大な領域を抱えていた。そして，1790年代には国内市場のまだ手のつけられていない，すばらしい可能性を秘めていた未開拓地が存在していた。第2に，個人投資を促進する政治制度を形成したことである。新政府のもとでは，アメリカ人は投機のための土地や財産を所有することが認められていた。第3に，職業上の自由を認められていた。豊かな商人や大農園主は社会の最高の地位を占めたが，古代から厳密に規定され中世の慣習や偏見を引き継いだヨーロッパに比べると，アメリカでは上流階級というも

図3－1●アメリカ50州の地域区分

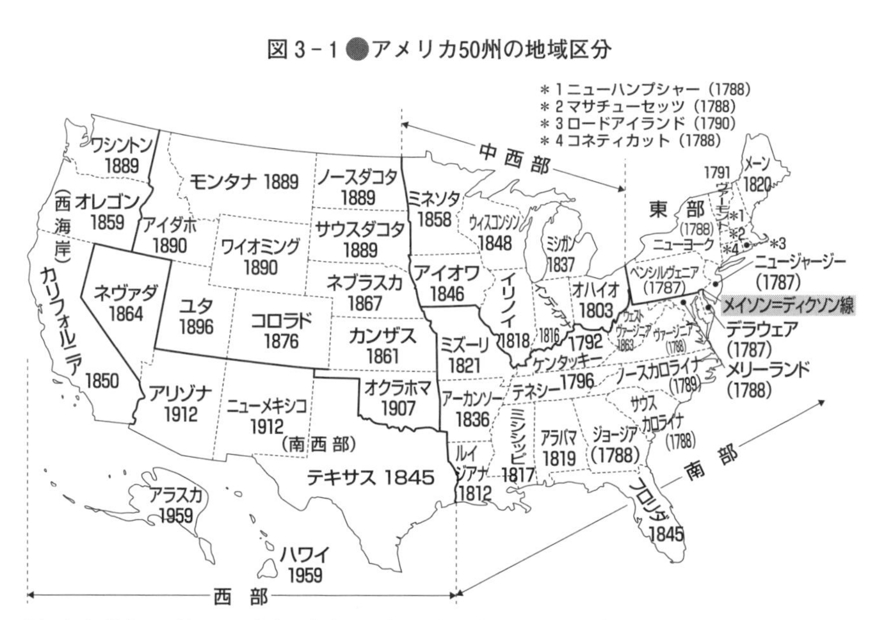

注）（　）数字は13植民地が合衆国憲法を批准した年。数字は州成立の年。
出所）有賀・油井（2003），26頁。

のはあまり明確には規定されなかった。アメリカでは，自分の得た富によって社会階層を上昇（あるいは没落）することができた。白人男性は1つの職業から他の職業へ自由に移動することが可能であった。この地理的・職業的移動の自由は，すべての政治党派が同意した基本方針であり，ビジネスを遂行する人的資源の流動性をもたらしたのである。「しかしながら，黒人に職業の自由と政党の自由が与えられなかったことは，次第にアメリカの良心を破滅させ政治的活動を分裂させた」(Blackford & Karr，1986，邦訳72-73頁)。

独立後のビジネスの状況

植民地時代のアメリカでは，通信施設や輸送施設は不十分であり，金融サービスも不十分だったため，最も豊かだった商人とは多種の活動に投資したゼネラル・マーチャントであった。というのは，「第1に，商人が専門化したビジネスから大きな利益を得ることができるには，市場はあまりにも小さく，輸送手段の不備であまりに離れすぎていた。そのため，彼らを多種のビジネスを行うことへと駆り立てたのである。第2に，広範な専門化を可能にするほどには金融機構がいまだ十分に発達していなかった。信用機関は未発達であり，そのため大規模に専門化した活動を育てるために必要な資金を商人が手に入れるのに制約があった」(Blackford & Karr，1986，邦訳36頁）からである。

他方で，メリーランドからヴァージニアの沿岸地方には裕福な大農園主がいて，彼らはイギリス帝国内で販売される主要作物を生産するビジネスマンだった。ただし，「自分が生産する主要作物の価格についても市場についても統制することができず，欲しいと思う工業製品や信用をイギリスからの供給に頼っていた。結果として，いつもぜいたく品を輸入品に頼っていた最も大きな，最も裕福な大農園主たちは日常品を自給自足する戦略をとり，各種の企業家活動を通じて利益を追求した」(Blackford & Karr，1986，邦訳39-40頁)。

アメリカ独立以後，少しずつビジネスが広がり始めた。1793年にホイットニーが綿繰機を発明して，それまでのアメリカ産綿花の短所，つまり，その綿毛が短く，種子からそれを手で取り除こうとすると手間がかかってコストが高くつくことを解決したのである。これによって原綿を作るコストは大きく下がり，綿花栽培で利益が上がるようになった。綿花生産の発展は，その供給，保管，保険，資金調達等それにかかわる新たなビジネス機会を生み出した（Blackford & Karr，1986，邦訳88頁）。

なお，アメリカ本国においても，18世紀末頃にサミュエル・スレーターが，イギリスより法の網をかいくぐってアメリカにジェニー紡績機を持ち込んだことから綿紡績業が発展した。アメリカの綿花生産の拡大には黒人奴隷が利用された。

インフラの整備とビジネスマインドの変容

アメリカ国内における有料道路の建設，エリー運河をはじめとする運河の整備と蒸気船の運行，鉄道網の整備が進むとともに，1812年の米英戦争におけるイギリス製品の輸入禁止等で輸入代替をめざして国内産業は発展し出した。

1830年代に，軍の将校と民間人によって測量が行われ設立したウエスタン鉄道は1841年の大事故[2]を受けて「同社の官僚制組織は急速に発展し，その組織は３つの地域管区から構成され，マサチューセッツ州スプリングフィールドにある本社によって各地域管区からの業務が調整された。それぞれの管区には，運転副部長，保線区長，上級技師が配置され，彼らすべてが本社にその業務を報告」（Blackford & Karr，1986，邦訳144頁）するようなシステムを構築した。このシステムは後述するようにアメリカにおけるビッグビジネス化の際に他産業に普及した。

こうして，「国内市場と輸送網の拡大によって引き起こされた，複雑なビジネス取引網が発達し，専門化したビジネス・サービスの機会を多く提供した。それに応じて，専門化した企業の数が増えた。1840年代までには，ゼネラル・マーチャントはほとんど姿を消し，植民地時代に比べ，ずっと狭い範囲の仕事に従事する会社がとって代わ」った。「1800年代半ばまでには，何千もの専門化した商業組織がアメリカのビジネス・システムの中で活動していた。大半は比較的小規模で，ひとつの会社でそのビジネス分野を支配することはなかった。工業化の過程で得られた進歩にもかかわらず，工業製品の生産は，商人が自分で直接扱える程僅かな量だった。そのうえ，初期の工業製品は技術的に単純であったので，商人は自分で実物宣伝したり，販売したり，修理することができた。市場の力―アダム・スミスの言う『見えざる手』―が，アメリカで製造され，供給される商品の価格や量を決める適切な指針であった」(Blackford & Karr, 1986，邦訳98頁)。アメリカで資本主義が発展すると，前章で扱ったイギリスと同じように，専門化，自立分散化が進んだ。

その後，アメリカ内陸部の発展が，アメリカ人を変えていった。「植民地時代の商人や大農園主は，比較的秩序だった密着力のある社会に住み，そのなかで果たすべき役割を担ってもよいと考えていた。1800年以降，この明確に定まった社会は崩れ分解していった。国を発展させ，その富を増してくれると思われる人物とは，利益を求めて自分の財産を賭ける個人の企業家であった。この国が現在差し出しているビジネス機会の本質は，強い意志を持った個人企業家を要求し，機会の拡大は期待できる資本家から構成される国家を生み出しつつあるように思えた。…多分，一部にはこの国で得られる無限とも思える経済機会によって引き起こされて，個人的に富を得たい欲望が，共同体に属しているという認識をしのぎ始めたからであろう。農業，商業，製造業の機会が，アメリカの新しいタイプの人間を創造するのを助けた。つまり，それは1800年代半ばの独立独行の人間である」(Blackford & Karr, 1986，邦訳107-108頁)。こうして，アメリカは経済的な拡大にまい進することになる。1840年代までにアメリカの1人当たり所得はイギリスに次いで2位にまで上昇した。

南北戦争後のビッグビジネスの登場

1854年の共和党成立，57年のドレッド・スコット判決で，アメリカの北部と南部の対立は深まり，60年エイブラハム・リンカーンが大統領に選出された結果，サウスカロライナは連邦から離脱し，1861年他の南部諸州との南部連合を結成した。ここにおいてついに南北戦争が勃発した。1863年，リンカーンは奴隷解放宣言を出し[3]，65年には北部の勝利で南北戦争は終わったものの，南部諸州の反抗も予想されて67年より77年まで南部に軍政がしかれた（この時期は「再建時代」と呼ばれた)。そして，連邦軍による南部軍政が終わった1877年から世紀末までを，「急速な経済発展の中で金持ちが富をひけらかした『金ピカ時代』といわれ」た。というのは，「この時代は，電気や化学をはじめとするさまざまな分野での技術発展が著しく，これらの技術を利用したり，経営の合理化を進めたりした企業が成長し，また大企業による独占が進行し」（有賀・

油井，2003，8頁）たように，アメリカ経済が発展したからである。

典型的な例は，1901年にアメリカの最も有力な投資銀行家であるJ・P・モルガンがカーネギー製鋼会社を買収し，他の製鋼会社と合併して資本金14億ドル以上のU・S・スティール社を設立したことである。これは，「最初カーネギー製鋼会社は，鉄鉱石，粘結炭，石炭石といった多くの原料を他社から供給してもらっていた。しかしこの状況は，カーネギーにとって喜ばしいものではなかった。何故なら，彼は原料費がかかりすぎると思っていたし，さらに重要な問題点は，生産が最高潮に達している時はいつも，十分な原料を得られないということであった。原価を下げ，十分な供給を確保するために，カーネギーは原材料の支配に乗り出した。1880年代と1890年代初頭に，カーネギーは粘結炭を生産していたフリック・コーク社，メサビ鉄鋼山脈，その他多くの石炭石の採石場の支配権を獲得した。さらに，原料をピッツバーグ近郊にある精錬所に輸送するために，カーネギーは五大湖の鉱石船の一隊を入手し，それを100マイルにおよぶ鉄道網と結びつけた。彼はまた，鉄鋼製品の製造と販売を統制するためにいくつかの手段を講じた。1890年代には会社設立当初よりずっと多い様々な完成品を生産し始め，アメリカとカナダの主要都市に自社の販売事務所を建設した」（Blackford & Karr, 1986，邦訳156-157頁）。垂直的に統合しながら内部化し，企業規模は大規模化した。

以上の垂直的統合に対して，水平的統合という生産あるいは販売の1つの段階を支配する力を結合するものがあった。「不安定で競争の激しいビジネスに秩序をもたら」し，「とくに水平的統合は競争を和らげ，それによってアメリカの新しい産業企業に対する資本投資のリスクを減少しようとするものであった」（Blackford & Karr, 1986，邦訳159頁）。この典型はスタンダード石油トラストである。

以上のように，この時期に進んだ集中合併によってビッグ・ビジネスが登場したことを，**図3－2**は示している[4]。全国的な路線網を形成した鉄道事業については，**図3－3**にあるように，19世紀末頃にモーガン系とロックフェラー系にまとめられた。輸送網は整備されて輸送面においてもアメリカのビジネス基盤は確立した。

図3－2 ●アメリカにおける第1次集中合併運動の推移

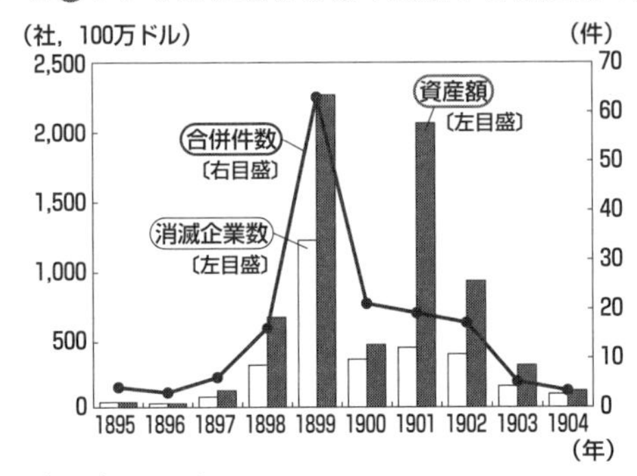

出所）鈴木・大東・武田（2004），104頁。

図3－3 ●再建期のアメリカ幹線鉄道（1893年頃）

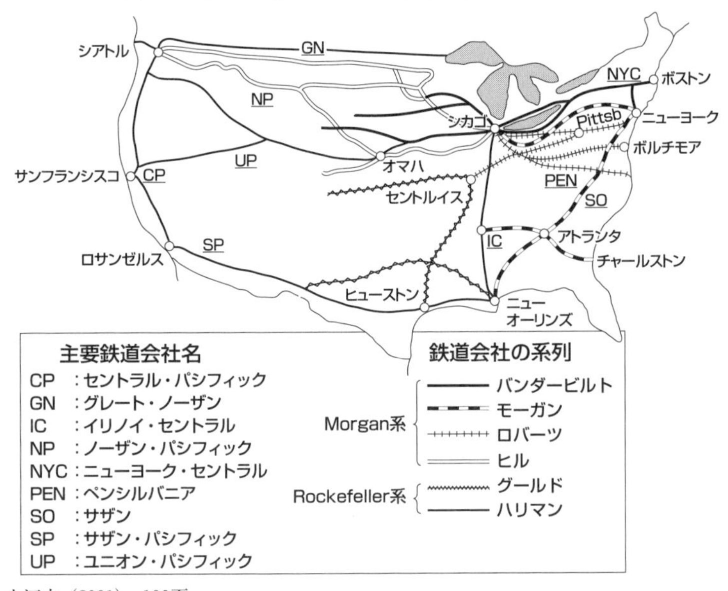

出所）大河内（2001），100頁。

富めるものと貧しいものへの分化

ただし，ビッグ・ビジネスが多く誕生した一方で，経済の繁栄は富める者と貧しい者との格差を広げた。**図3－4**はアメリカへの移民数の推移を表したものである。アメリカの人口推移は1850年には2,000万人に，1880年には5,000万人に，1900年には7,600万人に増加し，1920年を過ぎるとついに1億人を突破した。その移民の出身地を表した**図3－5**によると，20世紀に入ってから，南欧，東欧からの移民の割合が多い点が明らかとなる。

前述の貧しい者とは労働者と農民であり，その労働者は，上述した20世紀前後に南欧・東欧からきたその「新移民」たちであった。**図3－6**はこの時期の少年労働者たちの様子である。少年たちが賃上げと通学時間の確保を主張していた。農民は西部の荒野を大農業地帯に変えたが，そのために借金を抱え込ん

図3－4●アメリカの移民数および総人口（1850～1903年）

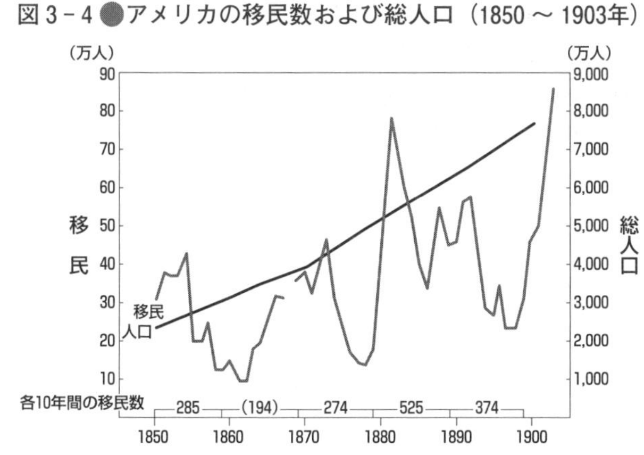

出所）大河内（2001），144頁。

図3－5●アメリカ移民の国別割合

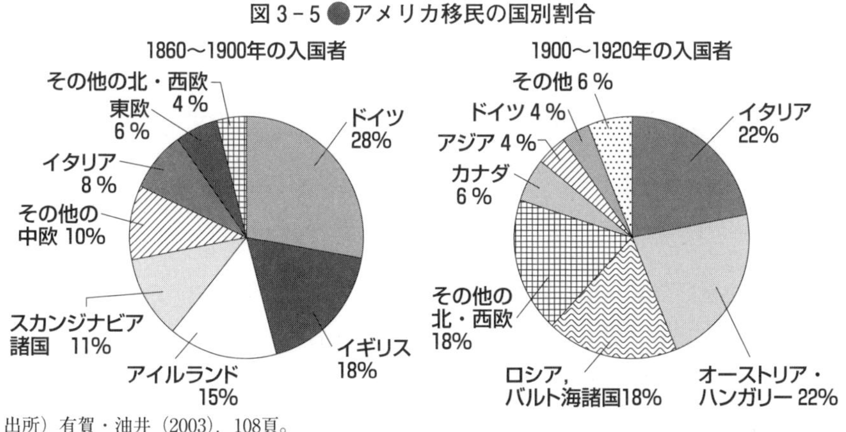

出所）有賀・油井（2003），108頁。

図3－6●ストライキをする少年たち

出所）Bettmann（1974），邦訳104頁。

だうえ，農産物価格の下落に苦しんだ。

「貧富の差は社会進化論（能力のある者が成功するのは自然の摂理であり，社会はそれによって進歩するという考え方）によって正当化され，政府は経済にはいっさい介入しない自由放任主義を採」ったことから，「労働者は労働組合を組織しストライキなどで抵抗し，農民は第3政党であるポピュリスト党結成に至る運動を起こし，政府に対して救済を求めた」（有賀・油井，2003，8頁）。前述したアメリカ内陸部の発展がもたらしたアメリカ人気質，特に自由主義性が，南北戦争後のアメリカ国家の「統一」によってますます進んだ。

革新主義としてのゆり戻し

以上の推移は，アメリカ独立時の2つの理念，自由主義と共和主義は「分離」し，自由主義が大いに発展するものだった。そこで，共和主義の思想を盛り返そうとした。「世紀転換期の急速な経済発展による混乱，農民・労働者の反抗に，中産階級からなる企業家や政治家，改革運動家たちはアメリカ社会崩壊の危機感を抱き，社会の合理的・効率的な新しい秩序を模索した。そして，スラムの貧困，政治の腐敗，大企業間の無秩序な競争などの問題に関して，さまざまな局面で民間や政府による改革的な運動ないし政策が展開された。これらの運動，政策，思想の総体をアメリカ史では革新主義と呼ぶ。革新主義は，国民経済を19世紀の自由放任から政府の統制下に置く20世紀のシステムをつくり上げていくことになる」（有賀・油井，2003，８－９頁）のである。このもとで，反トラスト運動が展開した。

というのは，「トラストに伴う富の蓄積は，自由で独立した個人の行動の伝統を脅かす権力の集中を生み出すというものであった。そうした集中した権力は，アメリカ人の社会的特性に望ましくない方法で影響を与えた。市場という見えざる手の利点は，それが広く行きわたり，いかなる特定の場所にも偏在せず，すべてのアメリカ人に経済的成功の平等の機会を与えるように公平に機能したことにあると考えられていた。競争は社会的特性と国家道徳の守護神のように見え，そのため企業合同はますます脅威であった」（Blackford & Karr, 1986，邦訳207-208頁）。

反トラストの方向があったこと，次項で展開するように，アメリカは巨大な市場の姿を現わそうとしていたこと，から，企業は競争の統制よりも会社内部に目を向けた方策をとることになった。ナショナル・ビスケット社によると，「大規模な産業企業の経営者は，企業が成功するためには競争を統制するか，制御することが必要であると考えていた。したがって当社も発足当時，競争を統制すべきであり，そのためには競争企業と闘うか，あるいは買収しなければならないと信じていた。第１の方法は，破滅的な価格競争と巨額の利益の喪失を意味し，第２の方法は，絶えざる資本の増大を意味していた。経験によってまもなく，もしこのいずれかが起こり，それが継続するならば，それは成功をもたらすかわりに，当社を悲惨な状態に追い込むことが明らかとなった。このことから当社は，競争を制御することがはたして必要であるかどうかの再考を迫られるに至った…やがて当社は，会社それ自体の内部に成功を求めなければならない，と信じるに至った。そこで当社は，事業の内部管理を改善し，原材料を大量に買い付けることで利益を得，販売部門の体系化と効率化を図り，そしてとりわけ当社の製品の品質の向上を図るとともに，それが消費者に渡るまでの品質の保全に万全を期することに注意と精力を傾けることにしたのである」（Chandler，1977，邦訳581-582頁）。大規模化してきた企業は，その内部管理の整備へと向かった。内部管理のあり方については後述する。

中産階級の成立と巨大なアメリカ市場の登場

上述のように，アメリカ経済の発展，アメリカ企業の大規模化は，多くの移民の参入によって巨大な市場と化したアメリカを背景とするものだった。そして，その移民の多くは労働者階級を形成し，それは中産階級の形成をも伴った。

「19世紀中頃に北部で形成される中産階級は，自己修養や礼節，競争，社会的上昇などの価値を重視し，北東部の製造業者や企業家親方，小売商店主，中西部の商業的農民や食品加工業者，そして事務専門職（クラーク）や法律家，牧師らで構成されていた。プロテスタントでアメリカ生まれであるがゆえに移民に違和感と恐怖心を持ち，自立的で自由を尊ぶがゆえに浪費的で放縦な貴族的エリートとみずからを区別」（有賀・油井，2003，66頁）する存在だった。

20世紀へと転換する時期には新中産階級，「すなわち企業の会計・販売担当の事務職や管理職，企業の必要を満たす技術者，工業デザイナーや広告業者，地方公務員，法律家，さらには芸術家，教師，編集者らインテリ層が中産階級に加わった」。その際移民第2世代における社会的上昇によってその構成は多様なものとなったが，「人種の面では白人であった」（有賀・油井，2003，74頁）。「彼らは，その民族的・人種的偏見に従って，東・南欧系の不熟練新移民と黒人が集中し，売春や酒，賭博，低俗な娯楽が栄える都心部からできるだけ離れた郊外住宅地に，一戸建て住宅を建てた。もはや生産的財の所有が中産階級の特質ではなくなり，所得と消費財がそれに代わり，流行の家具やピアノ，自動車を購入してその階級的地位に『相応する』消費スタイルを保つことがその地位を表す印となった。この地位に必要とされる収入を保証するのはホワイトカラー職や専門職であるから，キャリアの階梯を上がっていくのに必要な高校・大学卒業の資格を取らなければならず，良い学校が良い近隣に不可欠の制度となった」（有賀・油井，2003，75頁）。

彼ら中産階級が「アメリカ人の浪費のあり方をリードした。その生活様式は時間の経過とともに，しだいに下層へ，そして労働者階級へと少なくとも表面的には模倣されていった」（有賀・油井，2003，50頁）から中産階級への盛んなマーケティング活動が行われた。

「広告はたんに買い手に対して製品の特質を紹介するばかりでなく，その製品の使用によって個人的満足が得られることをますます強調するようになった。

…消費者は，『見込み客』とされ，商品―必要のない商品でさえ―を購入するよう説得された。広告もまた，ビッグ・ビジネスの補助的役割を果たすものとして発展していったのである。価格競争が寡占産業で減少するにつれて，広告は企業が自分たちの製品を差別化する重要な手段となった」（Blackford & Karr，1986，邦訳257頁）。

他方で，以上の状況をみた経営者は，大衆市場が誕生したことを認識し，その大衆市場に対して商品を生産し，販売することを考えた。フォードは，「私は，自動車というものを大衆のために作ろうとしているのだ。それは，家族を乗せるのに十分な大きさがあり，かつ個人の趣味で乗るにも手ごろである。最良の材料と，最高の従業員と，近代技術による簡潔な設計に基づいて生産されるものである。ただ，その車の価格は大変安いものなので，高給を取っている人達には向いていないかも知れない。しかし我々の作る車で，大衆が大空の下，楽しい時間の恵みを家族で楽しむことが可能なのだ」（フォード，2000，59頁）。

以上のように広大な大衆市場に気がついたアメリカの大企業は，生産し，販売を進めた[5]。それでは，前述した企業内部の改善とはどのようなものだったのだろうか。イギリスの場合と異なってアメリカではどのような仕組みを持って展開したのだろうか。そして，それがどのようにして，垂直統合的生産システムと呼ばれるものとなったのだろうか。

第２節　大量生産･大量販売体制に対応した垂直統合型生産システム

組織的怠業と成行管理

前述したように，アメリカには多くの移民労働者がやってきた。職種によって，出身者が同一の職種に固まる傾向はあったという[6]。とはいえ，作業現場一般には移民としていろいろな国の出身者が不熟練工として入ってきて，労働運動は高揚し，生産現場は混乱した。産業革命期のイギリスでは，前述したように，内部請負制が機能した。アメリカでも当初はこうした内部請負制を利用したが，大規模化した生産現場では不十分なものとなり，企業による労働者の直接管理が必要となった。というのは，「監督や工場支配人や内部請負人は各自の判断と計算で現場の采配を振るったので，大企業の経営行動全体のなかで，それぞれの専門作業なり分野なりの均衡が必ずしも保てず，経営を円滑に維持できないという問題が生じることになった。このような状態を克服するためには，経営管理自体を組織化し，この組織の権限と指揮命令系統を明確にすることがまず必要であった」（大河内，2001，157-158頁）からである。

ここにおいて，フレデリック・W・テイラーの科学的管理法が生まれ，普及，拡大することになる。科学的管理法が登場する以前の生産現場では，**図3-7**に示されている出来高給制度が導入されたものの，テイラーが問題とした「組織的怠業」が蔓延していた。

なぜなら，作業内容については標準化されず，ひとまず，経営側で標準作業時間を定め，実際の労働者の作業時間がそれよりも短かった場合に節約賃金として，それに時間賃率を掛け合わせて支給し，労働者のモチベーションを向上させようとした[7]。労働者は精を出して働き，収入を増やそうとし，経営側は自らの取り分を増やそうとして時間賃率を下げてしまう。労働者ががんばって成果を上げるたびに，経営者が賃率切り下げを繰り返すため，労働者側は組織的怠業という故意に能率を上げない労働をして対抗した。「精出して働いた報

図3-7●出来高給制度

W　1労働日の賃金支給額
Rh　時間賃率（時給）
H　作業時間～Hs（標準作業時間），Ha（労働者の実際の作業時間）
W＝Hs*Rh＝Ha*Rh＋(Hs-Ha)*Rh

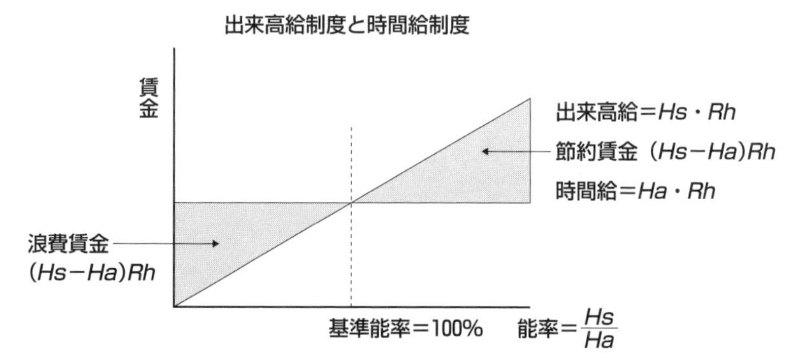

注）Hsとは労働者の仕上げた作業量を標準作業時間に換算したもので，Haは実際の作業時間のこと。
出所）一橋大学商学部経営学部門（1999），59頁。

酬として，請負値段の切り下げを二度も三度もやられたらどんなまぬけでも必ずそのやりくちに憤慨し，将来にそなえる救済策を求めるにちがいない。このようにして工員と管理者との間に闘争がはじまる。…管理者側はあらゆる手段を尽くして工員の生産高を上げさせるように努力する。これに反して工員側は仕事の速さを適当にはかって，賃金をある程度以上にはけっしてもうけないように加減」（テーラー，1969，11-12頁）していた。

以上の事態を改良しようと，経営側はハルシー制度という節約賃金の一部を労働者に支給する方法に改めたものの，これでも，あくまでも作業のペースは労働者任せという「成行き管理」であったことから，根本的に組織的怠業を防ぐことにはならなかった（大河内，2001，146頁）。

テイラー科学的管理法の登場

そこで，テイラーは現場作業者から職長にまでなった経験を生かし，作業ペースを管理者側が管理するために，以下を軸とする科学的管理法を導入した。

「a　大なる一日の課業─会社にいる人はその位置の上下にかかわらず毎日なすべき課業をはっきりしておかなければならない。この課業は絶対にばく然不定のものであってはならない。その内容と輪郭とをはっきりしておかなければならない。また課業の達成がやさしすぎてもいけない。

b　標準条件─各人にはその課業としてじゅうぶんな一日分の仕事を与える。同時に労働者のためには標準化した条件と用具とを与え，確実に課業の達成ができるようにしてやる。

c　成功したら多く払う─各工員が，課業を達成したら必ずたくさん払ってやらなければならない。

d　失敗すれば損する─失敗すれば早晩そのために損をうけなければならない。会社の組織がじゅうぶんに発達をとげたならば，多くの場合次のような第５の要素を追加するがよい。

e　課業は一流の工員でなければできないくらいむずかしいものにする。」（テーラー，1969，91-92頁）

上述した点を実現するために，まず，会社は計画部を設けてそこが中心となって，作業の時間研究を行い，用具を準備するとともに，作業指図表を作成して労働者に渡し，労働者にその指図表に従って課業を達成するように指示した。

次に，課業を達成するに当たり，標準作業を十分に行えない場合に備えて機能的職長制度を設けて，サポートしようとした。課業を達成した労働者には高い賃率で給料を支払い，できなかったものには低い賃率で給料を支払ったり，解雇したりした。このように経営側のリードのもとで，作業を「科学的」にとらえ，労働者側からも一定の「納得」を得る管理方法を生んだ。そこから，科学的管理法といわれた。

ただし，テイラーの科学的管理法は，経営側で作業の標準化を考え，それを労働者側に実行を迫るものであったから，労働者の主体性を抑えるものだった。労働者の主体性の喪失という点は，次項で議論するフォードシステムにおいて，極端なまでに実現してしまう。

互換性部品生産の実現

テイラーの科学的管理法によって，作業現場に作業の標準化が浸透する一方で，互換性部品を活用した機械化生産が広がっていった。

そもそも，互換性部品という思想は，トマス・ジェファーソンが駐仏アメリカ大使であった1785年の，フランスのル・ブラン工場での見学から始まった。ジェファーソンは，50個のマスケット銃について，「私は手当たり次第に部品を手に取り，いくつかを組み立ててみますと，非常にうまく組み付けができました。兵器の修理が必要な場合には，この利点は明白でありましょう」(Hounshell, 1984，邦訳173頁）という経験から，アメリカの小火器生産にも応用しようとした。これは，兵士を交替できるように兵器も互換可能なものにしたいという発想のものだった（Hounshell, 1984，邦訳36頁）[8]。小火器の生産現場から，この方法と思想がアメリカの民間企業に伝播した。

従来は，部品が１つ１つ手作りであったため，最終的にうまく組み合わせるために熟練を積んだ仕上げ工による擦り合わせの作業を必要とした。**図３－８**は，この当時のアメリカにおいては珍しく，仕上げ工を採用していたミシンメーカーのシンガー社のニューヨーク工場の様子である。工作機械が大変少ない様子がうかがえる。

そうした仕上げ工を不要としたのが**図３－９**に示したような公差内を判断す

図3－8●シンガー社の工場の様子

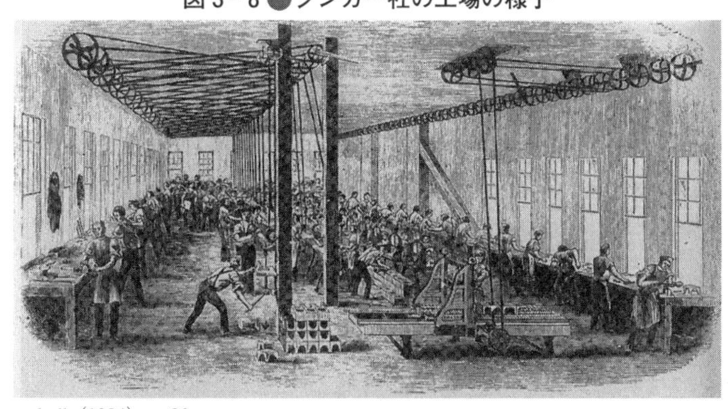

出所）Hounshell（1984），p.86.

図3－9●標準ゲージ

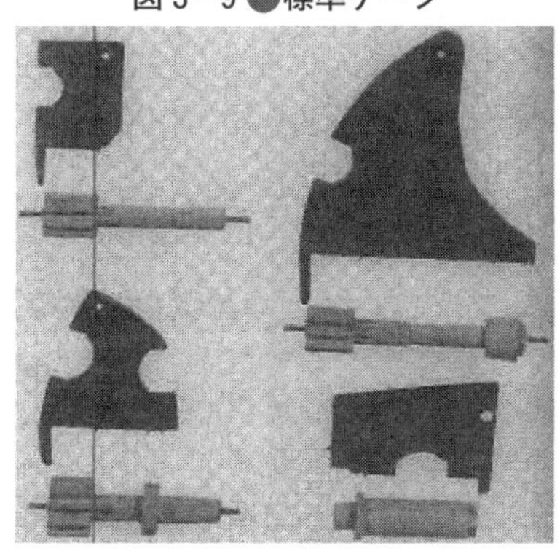

出所）Hounshell（1984），p.55.

る測定器の標準ゲージであった。この標準ゲージによって許容範囲と認められた誤差を含む互換性部品を利用することで，仕上げ工を不要なものにした。

そもそもアメリカでは熟練工が少なかったこと[9]，生産における精度の大幅な向上を図ろうと，「〈機械の中に熟練を組み込む〉という方法を，イギリスで行われていたより，あるいはその後長年にわたって行ったことより，はるかに進んで採用した」（Rolt，1965，邦訳185頁）ために，互換性部品を通じた機械化生産を内容とする生産システムが導入された。

この「〈アメリカ方式〉はフライス盤によって創りだされたといってよい」（Rolt, 1965，邦訳202頁）。互換性のある兵器を製作するためには多数の穴を迅

図３-10●ブラウン・アンド・シャープ製万能フライス盤（1862年）

出所）Rolt（1965），邦訳213頁。

速に正確にあける必要があったが，それに対する答えとして現在でもわれわれが目にするねじれドリルが開発された。ただし，熟練工が手作業で手間をかけてそのねじれドリルを製作していたことから，1862年にブラウン・アンド・シャープ社のジョゼフ・ブラウンが**図３-10**にあるような万能フライス盤を制作して，ねじれドリルを生産しえたのである（Rolt，1965，邦訳210-215頁）[10]。

同期化生産の達成

作業方法の標準化という流れのもと，作業工程を細分化し，流れを生むように作業工程を連続的に並べてそれぞれの工程に対応するために製作された専用機械を配置して一貫生産を実現した。

図３-11は，自転車部品のスプロケットの製作である。これは西部にあったウエスタン・ホイール・ワークス社で行われていた方法であり，互換性部品の生産は自転車部品製造において１つのレベルに達した。「最初のプレス作業で丸い平たい円盤状の鋼の淵を持ちあげ，円筒形にする。その円筒形の内側に，均一な環状の金属を置く。これがすぐに切断され歯の厚みになる。次のプレス作業で，円筒の縁を金属の環の上に押し曲げ，次の作業で環にしっかりと押しつける。このようにして，最初の円盤の円周部には（円盤の２倍の厚みを挿入された環の厚みを加えた）厚みのある環ができる。この後，円盤中心部から放射状に出ている５つのリブが円盤にプレスされ，スプロケット・アームの強度

図3-11●スプロケットの製作順序

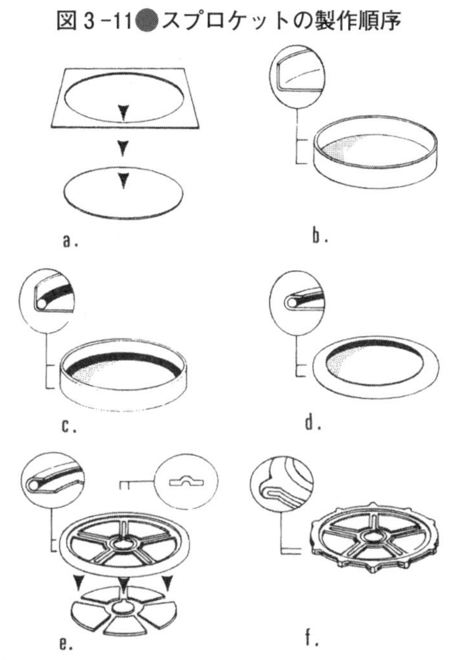

出所）Hounshell（1984），p.213.

を増す。このスプロケット・アームもプレスで打ち抜かれる。次の作業でセンター穴をプレスで打ち抜く。最後に，フライス盤（ウエスタン社工場で使用された数少ないニューイングランド工作機械のひとつ）でスプロケットの歯を切削する。フライス削りの後には，最初に円盤に挿入した環はバラバラになり，スプロケットには小さな断片が残る」（Hounshell，1984，邦訳269-270頁）。

フォードの自動車産業では，より複雑な部品を，例えば**図3-12**のような専用機械によって生産し，それら専用機械を活用する工程を連続的に結ぶことによって，低コストで高品質の部品を生産した。そして，**図3-13**の畜肉解体処理場の解体ラインにヒントを得て，**図3-14**にあるようなベルト・コンベアーを採用することで生産の同期化を実現した。この結果，**図3-15**のように生産量が増加するに従って劇的に生産コストは低下し，価格は低下し，販売量の増加につながった（坂本，2016）。

図3-12●エンジンブロックの穿孔・リーマ仕上げ工程の様子

出所）Hounshell（1984），p.233.

図3-13●畜肉解体処理場の「解体」ライン（1873年）

出所）Hounshell（1984），p.242.

図3-14●マグネットの組立ライン

出所）Hounshell（1984），p.246.

図３-15●フォードT型車の生産台数と価格の推移

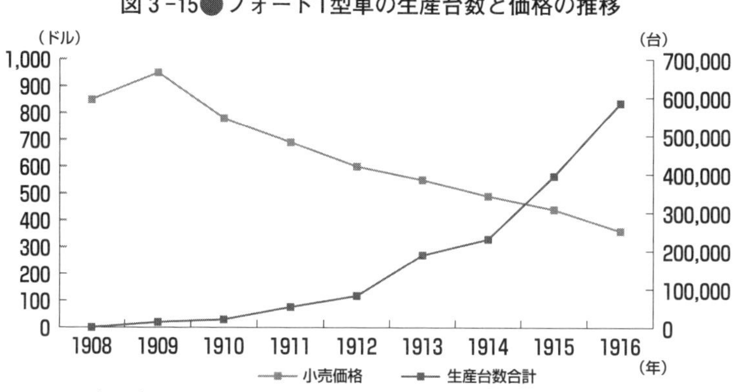

出所）Hounshell（1984），邦訳285頁より筆者作成。

垂直統合型生産システムとしての構築の意義

このように，「物的資源，人的資源を効率的に運用し，そこからいかに高品質の製品をより多く生産するかということが生産効率の課題である。フォードは，この生産効率化を，生産原理の革新に基づく生産システムの開発によっておし進め，これを投入量の極大化と産出量の最大化，すなわち生産の大規模化と結びつけることによって，コスト削減・価格低下に基づく大量供給体制を実現したのである。この生産原理の革新に基づく生産システムこそ，フォード・システムといわれる生産システムである。すなわち，投入量の内，労働力については，安全衛生や作業環境などの作業条件を整備し，可能な最高の賃金を支払うことによって労働者の労働意欲を高め，一方で単工程反復労働に忍従させるとともに，他方で労働者から節約の提案などの改善能力を引き出すことによって，労働力からその最高能率を引き出す。エネルギー・資材については，多様なエネルギー開発と資源リサイクル・システムの導入によって資源効率を高め，労働手段については，生産効率向上に有効な全ての作業の機械化とその精密化・専門化・連続化を進め，そしてこれら生産諸要素の最高機能を工程標準として，資材のジャストインタイム供給，品種別職場作業方式への作業原理の革新，ベルト・コンベアーをはじめとする搬送手段の導入による生産の同期化の推進など，全工程をシステム統合したのである。それは，原材料の供給体制と製造過程，それに消費までの輸送体制の全機能過程を統合するシステムとなり，この垂直統合化された生産システムを通じて，コストの削減と価格低下，高賃金と雇用の拡大，そして利益の拡大を実現したのである。換言すれば，革新的生産システムによるコスト削減効果と生産規模の拡大に伴う規模の経済効果とによって，大量需要と大量生産の循環から生みだされる利益をさらなる価格低下に結びつけたのである」(坂本，2016，39-40頁)。まさに以上がこの生産システムの技術的基盤である。

ただし，ベルト・コンベアーによる作業は，決まった時間で大量に生産をすることができたものの，労働者としての主体性を軽視するものだった。前述のテイラーシステムにおいては，計画部において課業を決定して，労働者に行わせたことで，労働者の主体性を一定程度制限した。それでも，労働者の作業的熟練機能は保持された。フォード・システムになると，労働者は単にベルト・コンベアーの前に立って黙々と作業を行う存在となり，機械の「付添人」(坂本，2016，123頁）にすぎなくなった[11]。この点をチャップリンの「モダンタイムス」という映画が痛烈に風刺していた。その映画の冒頭では，たくさんの豚が動いている場面から始まり，それが人間に切り替わるのである。

大量販売の体制づくり

資本回収のために大量生産された製品を販売する体制が整備された。アメリカの大量生産，大量販売の体制になってから，従来存在しなかった商品も生産され，販売された。

その際，「アメリカ商人の販売網を通じて商品を販売しようとした時に直面した問題を解決するために，垂直的統合を行った例もいくつか見られる。自社の工場で連続工程機械を使用していたビジネスマンたちは，アメリカの既存の問屋や小売商の販売網では，急速に増大し続ける自社の製品を適切に売り出すことができないということに気づき始めた。何故なら，問屋や小売商は南北戦争後の工場での劇的な成長率の影響に対応することができなかったからである。その結果，マッチ，煙草，小麦，缶詰製品といった製造分野では，必要に迫られて全国規模の販売代理店を設置した。また，ビール，食肉，柑橘類といった腐敗しやすい製品の取扱いを国内の既存の商人が拒絶したり，取扱う能力が無いと判明した場合にも，こうした商品を扱った企業は自社の販売制度を確立した。そして最後に，ミシンやエレベーターのような技術的に精巧な製品の製造業者も，自らの手で販売に乗り出した。というのは，問屋はこうした商品を実物宣伝し，取り付け，修理することなどができなかったからである。こうした様々な理由によって，産業家たちは垂直的統合によって製造と販売とを結合したのであった」(Blackford & Karr，1986，邦訳157-158頁)。

大量販売とは，そもそも単一の大規模近代企業がその中に大量の市場取引を内部化したことから可能となった。

まずは，大量流通業者が「一定の施設を用いる一定の労働者に，多数の分離した小規模な施設で同じ数の労働者が処理する場合と比較して，同一の期間内に，はるかに多数の取引を扱うことを可能とすることによって，商品流通における単位あたりの費用を低減させた。同時に高率の商品回転は，安定した現金の流れを保証したが，これによって企業は，現金でより大量の仕入れができ，さらに商品流通が，注意深く調整された時にのみ可能であった。内部取引は，それが外部市場で行われる場合よりも，いっそう迅速かつ大量に行われる必要があった。規模と流通の経済性は，大きさにではなく，速度のそれにかかっていた。またこうした経済性は，より大型の店舗を建設することから生じたのではなく，商品回転の増加から生じたものであった。大量の流通を維持し継続するためには，組織革新が必要であった。それは，多数の専従の俸給経営者によって運営される，管理階層を創出することによってのみ達成できたのである」(Chandler，1977，邦訳413-414頁)。

ただし，大量販売するにあたって以下のように考えられた。上述した大量生産された商品は，大量に販売されないと資金を回収できない。だからといって，市場シェアすべてを押さえてしまうと，不況時に売れ残りが生じてしまい，結局はシステムがうまく動くことにはならない。だからこそ，スタンスとしては，完全操業のための60%そこそこのシェアの確保が重要であると説かれた。「私はこれまで会社の人びとに，次のように説いてきました。すなわち，たとえわれわれが何らかの方法ですべての競争企業を買収し，完全な独占を達成したとしても，それによってわれわれが得るところはないでしょう。製造の本質は，安定的かつ十分な生産を行うことにあります。火薬の需要は変動しやすいものです。もしわれわれがすべてを所有した場合，景気後退とともに，需要の逓減に応じて生産を削減しなければならないでしょう。他方，もしわれわれが60％だけを支配し，そしてその60％を他企業より安く生産したとすれば，不景気になったとき，生産の減少に必要な部分を他の40％で埋め合わせることによって，われわれの資本を完全に利用し，また製品をさきに設定した60％に維持することができましょう。言い換えますと，安く生産しそして60％だけを支配しますと，いつでも完全操業を行うことができるのに対し，すべてを所有しますと，不景気となった場合，生産を縮小して操業しなくてはならないでしょう」(Chandler，1977，邦訳757-758頁)。こうして，大量生産，大量販売の体制が確立した[12]。

第3節　アメリカ大量生産・大量販売の体制を支えた管理組織

事業の内部化と大規模化

第1章で述べたように，大量生産，大量販売を現実化するために，企業全体の管理としては，生産から販売にいたるうえで重要な事業，つまり，原材料調達，生産，卸売，小売という複数の事業を内部化した。大量生産するために市場取引によって原材料を調達するのではなく，同じ企業内部の部門から原材料を調達することで，必要なときに，必要な量を確保するためである。また，生産したものを卸売りする部門を内部にもつことで，速やかに市場に供給する仕組みを整えた。

以上の記述は，**図3-16**にあるとおり，現代企業以前には，各々事業を担う企業同士による市場での取引が，現代企業時代には異なる事業を抱え込む企業に変化してきたというイメージである。

こうして，企業規模は大規模化することとなった。その大規模化の結果は組織的な対応を必要としたため，内部管理の整備が求められた。「経営規模が大きくなればなるほど，そしてとくに業務内容が複雑となり，多様化するにつれて，社長など少数の本部役員が多岐にわたる大量の意思決定をしなければならないという問題であった。しかも，命令系統を本部に集中し，権限を一元的に掌握したことは，本部と現業の齟齬を防止する効果を有したが，命令系統上位の権限を強化するとともに，現業下位は，あらゆる日常的問題まで上位の決定を求めるようになったのである。その結果は，意思決定の遅延と決済の遅滞と

図3-16●企業による事業範囲の拡大と内部化

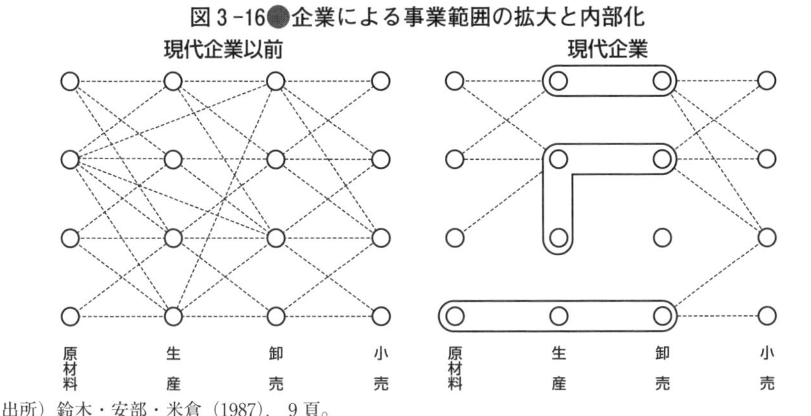

出所）鈴木・安部・米倉（1987），9頁。

なって現れた」（大河内，2001，159-160頁）。

効率化のための組織づくり

そこで，いかにして，大規模化する組織を効率的に運営するのかが検討された。こうして経営階層制度を備える構造へと「進化」した。具体的な組織図でみると，**図3-17**の①のように，大きくはライン組織という，トップから最下位まで単一の命令権限のラインで結ばれたものとファンクショナル組織という，専門家によるサポートを可能としたもの（テイラーの科学的管理法で示された機能的職長制度である）の2つである。そして，この2つが混在した②のライン・アンド・スタッフ組織という，命令の一元化と専門化を融合した組織が一

図3-17● 3つの経営組織

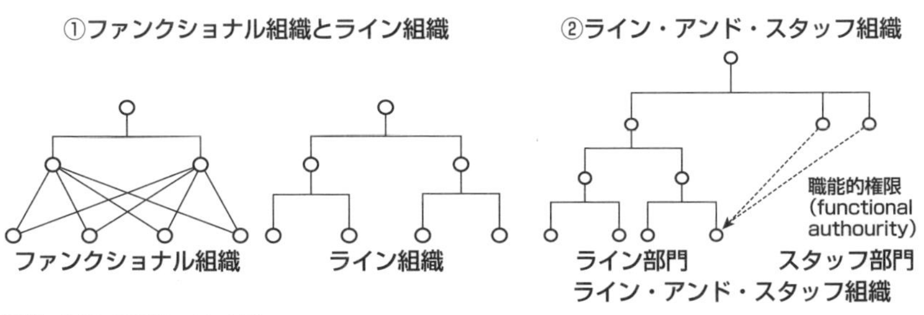

出所）今西（1988），41-42頁。

図３-18●スタンダード・オイル・トラストの委員会制度

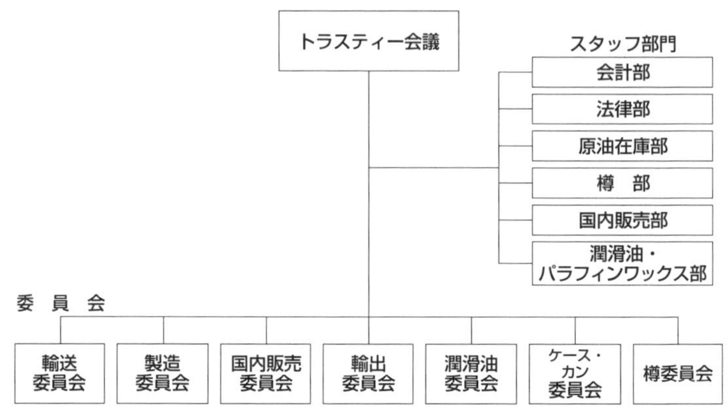

出所）東北大学経営学グループ（2008），56頁。

般的な管理組織となって活用されている。

ライン・アンド・スタッフ組織は，具体的には，まず，**図３-18**で示した職能制組織として整備されて，大量生産，大量販売の体制とされた。職能制組織とは，単一商品の生産，販売に関しては，大変効率的な仕組みといえるもので，図３-18にあるような石油業のロックフェラーの組織図がそれにあたる[13]。

そして，事業の多角化が避けられなくなり，トップ・マネジメントの役割が明確になるなかで，事業部制組織へと整備された[14]。この組織形態は，多角化に対応するため，各事業部を独立採算制度とし，その事業部に予算，人事を任せ，事業部ごとの原材料調達，生産，販売などを運営させ，利益管理の責任を負わせるとともに，投資責任をも担わせるものだった。米デュポン社においては，以下のように多角化が模索され，事業部制が採用されることとなった。

「多角化によって，まず各部の管理部局への要求が大幅に増大した。品種の異なる多数の工場・営業所・購買事務所・技術研究所などの調整・評価を行い，それらの方針・手続きをつくりあげねばならなくなった。もともと火薬しか知らない幹部たちが，ペイント・染料・化学薬品・ファブリコイドなどに関する計画の作成や業務活動の査定をしなければならなくなったが，異なる製品には，異なる標準・手続き・方針が必要であったから調整は複雑となった。さらに本社にはいっそうの重荷がかかった。各職能部がそれぞれ数品種にまたがる活動を遂行するため，それに適う広範な目標と方策を決定し，それぞれに経営資源を割り振る必要があった。そのためには数品種にまたがる各部の業績評価を行わねばならないが，各製品の製造・販売・購買などがおのおの別の職能部門に分散されているためその精確な評価が不可能に近いほど複雑化していたのである。同様に各部間の調整もいっそう煩雑になった。別部門に配置されたため，製造担当者と営業部員は相互の接触を失しがちとなり，各製品に関する需要変化や競争変化に対応しての製品改良や手直しもうまくいかなくなってくる。生産と購買の日程計画を市場の需要動向にあわせて調整することもきわめて困難になっていたのである。過剰在庫をさけながら，生産設備の円滑な稼働をはかるには，製品ごとの購買・製造・販売などの緊密な連係と市場動向を分析・予測・計画する有能なスタッフが不可欠だが，製品ごとの連係は職能部体制のため分断され，統計スタッフは火薬以外についての経験は皆無に等しかったのである。そのため製造，販売，購買などの部門がそれぞれにかってに見通しをたて，かってに作業日程などをたてている状況であった。このような状態であったから，市場へのきめこまかな対応は不可能に近く，販売の不振はもちろんのこと，在庫過剰や製造ロスなど組織のあらゆる面で混乱が生じていた。各製品の市場性格が異なり製造方法，技術，原材料も異なる以上，効率的に購買・製造し市場動向にあわせて販売してゆくためには，職能部の枠よりも，それをは

図3-19●1921年8月31日に提案されたデュポン社の組織

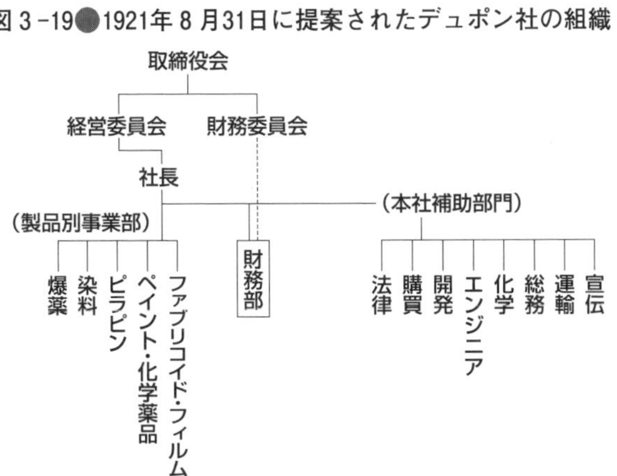

出所）小澤（1986），226頁。

なれて製品ごとに各職能が合体される必要があった」（小澤，1986，216-217頁）。こうして，デュポン社は**図３-19**のような事業部制組織へと転換した。

事業部制組織をめぐる議論

この事業部制組織は，事業部長にその事業部の独立採算の運営を任せることから，次代の経営者の育成につながるとされる一方で，集権性を「後退」させるとともに，セクショナリズムを生むこと，独立採算制度のために短期的視点を持たせること，という弊害も指摘されている。事業部制組織という考え方は，第２次世界大戦後にアメリカから日本へ「輸入」されたものだが，現在のパナソニック（旧松下電器）では，創業者である松下幸之助の体調のこともあって，米デュポン社，GM社と同じ時期に事業部制組織を採用されていた[15]。

なお，チャンドラーが生産，販売，マネジメントの組織能力の向上につながらないような，単なる企業部門自体の売買には反対を唱えたように（Chandler, 1990），ここでの事業部制組織の整備による多角化は，範囲の経済性を発揮するため，核となる事業である本業から，まったく異なった事業への進出を想定していない点に，特に留意する必要があろう。

トップ・マネジメントによる事業の業績評価の方法

デュポン社のトップ・マネジメントは，以上の事業部門の業績評価に加えて，資金の調達，将来の資本支出の計画に携わることになり，業績評価においてチャートを作成し，それに基づいて評価を行った。**図３-20**に記されたものがマスターチャートというもので，全体を統括するROI（Return on investment）を表示している。これらの体系化したものをチャートシステムと呼んだ。

体系化されたチャートシステムとは，投資利益率を分解した式を内容とするものである。なお，投資利益率については，一般的に利益と総資本とに分解されるが，デュポン社では，投資利益率（ROI）を売上高利益率と（総）資本回転率に分解して考え，それ以降を**図３-21**のように展開して検討した。そして，管理会計の成立によって，事業部門の評価に生かした。

「チャートシステムは，ROIを主軸として，多角化した事業部門を統制するトップ・マネジメントのための管理会計手法である。組織改革によって，エグゼ

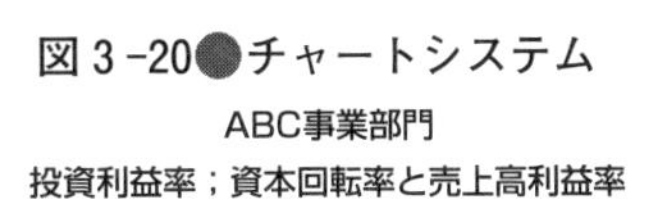

図3-20●チャートシステム

ABC事業部門

投資利益率；資本回転率と売上高利益率

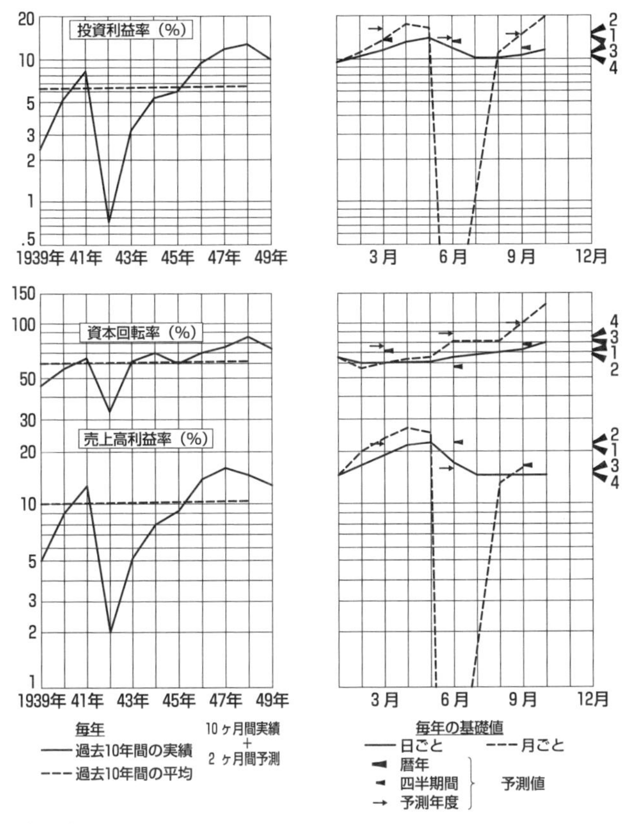

出所）Hessler（1950），p.9.

クティブ・コミッティ（筆者注；デュポン社のトップ・マネジメントのこと）は，ラインに対する日常的な管理からは解放されたが，そのことは事業活動に一切口出ししないという意味ではない。部門の業績に問題が生じた場合には，エグゼクティブ・コミッティは，全社的な観点から必要な対策を速やかに講ずる必要がある。そのためには，規模が拡大し，かつ多角化した事業活動を継続的にモニターし，異常事態をすみやかにキャッチできるシステムが必要である。チャート・システムは，そのような目的のために開発された，エグゼクティ

図 3-21●デュポン社のROIの算定方式

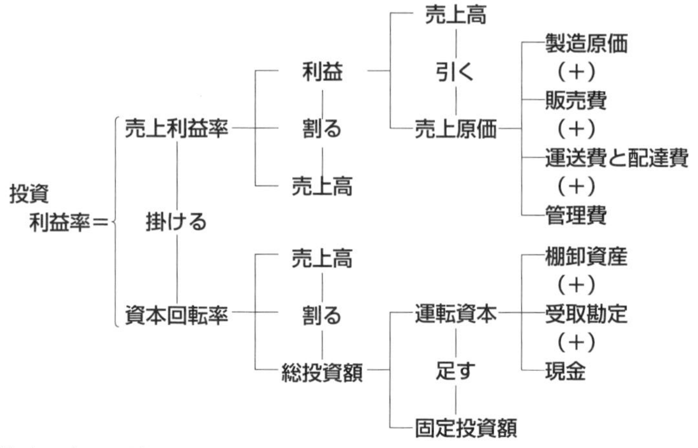

出所）小澤（1986），208頁。

ブ・コミッティの統制手段である」（田中，1982，234-235頁）。

いずれにしても，職能制組織，事業部制組織は大量生産，大量販売を実現するため求められた原材料等の調達，生産，販売の各活動における高度な計画性を実現する組織として生み出された。そして，企業の経営管理組織を構築する際，この生産システムは，重要な示唆を与えるものでもあった。

以上のように，アメリカにおいて確立した大量生産，大量販売の体制は，事業の内部化，大規模化を進め，高度な計画性を発揮しようと職能別組織を生み，多角化の進展を包含するために事業部制組織を生み出した。こうしたあり方は，原材料の調達から製品を生産し，市場へと販売する過程を，一手に統合する垂直統合型生産システムといえるものだった。こうしたシステムは，市場が右肩上がりに発展する際には大変な機能を発揮した。

ただし，市場動向に変化が生まれ，その気まぐれさが現れ出すと，この垂直統合型生産システムは硬直性の強いものであることが明らかとなった。生産現場では労働者が機械の一部とみなされたためモチベーションは上がらなくなるとともに，市場の需要に応じて生産のあり方を柔軟に変更していくことが難しくなったからである。この硬直性に対してどのように対応するのかが，次に問われることになる。

◉注

1　イギリス政府は，1763年の発布書により，アパラチア山脈西域への定住を禁止した。また1764年の砂糖法，1765年の印紙法（法律文書，新聞，パンフレット，トランプ，さいころなどさまざまなものに印紙を付けることを植民地人に要求したもの），1767年の茶，ガラス，紙などに輸入税をかけたタウンゼント諸法，1773年の茶税法の発布は，「代表なくして課税なし」として，アメリカ植民地側をして激しく反抗させた。

2　1841年10月5日，列車の時刻表の混乱から，マサチューセッツ西部において2台の旅客列車が正面衝突し，車掌1名，乗客1名が死亡し，7人の乗客が負傷するという大事件が起こり，マサチューセッツ州議会によって調査された。

3　1863年に奴隷解放宣言が出されたものの，連邦にとどまった奴隷州の反発を恐れて，南部11州のみを対象とするもので，すべての奴隷を解放したわけではなかった。

4　この頃のビッグ・ビジネスを「泥棒男爵（robber baron）」だと蔑称されることがあった。また，第2章で述べたように，だからといって，中小企業の存在意義はなくならなかった。「1920年代の合併運動によって中小企業は，製造業の多くの分野で重要性を失ったとはいえ，依然としてアメリカのビジネス・システムにおける重要な一部をなしていた。中小企業は，例えば金属加工の分野のように，特定製品のために細分化市場を開拓できる産業分野でとくに重要であった。それはまた，元来規模の経済性を持たない産業，例えば家具生産，皮細工，衣料生産などでも支配的であった。さらに中小企業は，卸売や小売の販売分野で相変わらず重要であった」（Blackford & Karr，1986，邦訳256頁）のである。

5　イギリスにおいては，1880年代後半から90年代にかけて，下層中流階級や上・中層の労働者階級を巻き込んだ諸改革が進められて，大衆社会の萌芽がみられた。1880年代に初等教育が拡充され，90年代後半にはジャーナリズムの世界で商業的な日刊大衆紙が販売されたり（後のノースクリフ卿による廉価な『デイリーメール』の創刊があり，それを指して「ノースクリフ革命」と呼ばれた），食料品の廉価販売を行うリプトン，セインズベリ，マークス&スペンサー，新聞，雑誌販売のW.H.スミスなどの一連のチェーン・ストアが発展した（川北，1998）。大衆社会の登場は，一人アメリカに限られる動きではなかった。

6　イギリス系移民の熟練工はアメリカ産業で引く手あまたで社会的に高い位置を占め，ドイツ系移民も大工，石工，ペンキ工，仕上げ工等の熟練工が多く，一定の地位を占めた。北欧系は五大湖からダコタの地域に集中して独立小生産者となった。これらに対して，アイルランド系移民は不熟練工，建設労働者が多く，南・東欧系移民は産業労働力の底辺労働者として厳しい位置に入った。ユダヤ系移民は衣服産業，娯楽産業に携わった（野村，1992）。

7　例えば，ある労働者が8時間の労働において10個の作業量を完成したとする。1個の生産にあてられている標準作業時間を1時間とすると，この労働者の標準作業時間は10時間となる。この場合，8時間で10時間分の作業量を完成させたので，（10時間－8時間＝2時間）×時間賃率が節約賃金となるのである（一橋大学商学

部経営学部門，1990，58-59頁）。

8　アメリカにおいて，小火器の互換性部品が求められた理由は，白人によるアメリカ大陸の制覇の際，大量に，そして部品交換の可能な小火器が必要とされたことだった。白人が「中西部に向けて初めて進出を試みたとき，重いマスケット銃で武装した植民たちは，北米インディアンのたくみな弓矢さばきと騎馬隊に対抗できないことが明らかとなった。さらに，白人の銃は故障したとき，それを修理するのに近いところでも数百マイルも離れた鉄砲鍛冶のところにいかねばならないため，スクラップ同然となったのである。したがって，もっとよい火器をさらに大量にという要求ばかりでなく，部品交換可能な武器が求められたのである。互換性があるということは，交換部品のストックを運ぶか，あるいはこわれた銃を〈分解して〉その部品を再利用すれば，中西部の前進基地や集落の中でも十分な兵器店を維持することが可能となる」（Rolt，1965，邦訳172頁）からだった。

9　アメリカとは，特に体が丈夫で働き者の家族にとっては，教会への税も，地主の搾取もない肥沃な土地が西部に向かって開けており，ほんの少しの元手で，イギリスにいたならば安い賃金で一生をすごす運命にあったものたちが，出費も少なく肥沃な土地のおかげで，農夫としてよい暮らしをすることができる場所だった。そのため，アメリカの製造業はこのような農業の魅力に対抗しなければならず，賃金を高くする必要があった。移民は継続的に，そしてますます大勢渡ってくるようになり，長期にわたって労働力が不足するという心配はなくなったものの，農業や商業で独立して豊かな生活が送れるという期待で，流入してきた優れた労働者らは次々とかすめとられていった。とりわけ高度の熟練職人は言い値でなければ働かず，しかもささいなことで道具をまとめて去ってしまう。また，職人というものは新しい方法にはなかなかなじめないし，彼自身で創り出すこともなかった。そのため，例えば当時の著名な経営者でホイットニーは未熟練労働者を雇い入れることを選んだのである（Rolt，1965，邦訳185-186頁）。

10　なお，英米の工作機械の違いについて，アルフレッド・ウィリアムスによると，「アメリカ製工作機械の主な特徴は，細部は気がきいていて，部品を最大限に利用し，高速回転が可能なことである。構造は軽く，〈経済的〉な型であり，そのすべてが〈高速作業〉のために作られている。イギリスの機械は，これに反して，もっと単純で，扱いにくく，デザインは古くさく，速度も遅い。けれども，信頼性は高く耐久性もある。長い目で見れば，その方が安い投資である。アメリカ製の道具は数年使うとバラバラにこわれてしまうことがよくあるけれど，イギリス製の機械は永久的にといってよいほど動いている」という（Rolt，1965，邦訳188頁）。

11　ただし，テイラー・システムとフォード・システムは本質的に異なる。その違いとは，「テイラーシステムにおいては，作業の標準化と作業工具の規格化といったあくまで作業の管理に終始し，その標準化のやり方も熟練作業の人為的な観察と記録によっている。これに対して，フォード・システムでは，製作された最終製品－部品－専門機械－工具といった一連の生産過程の機械体系全体が，徹底的に規格化され，作業内容の細分化にともなって単純化された労働がそこに配置されて，体系的な生産の管理となっているという特徴がある。つまり，テイラーシステムが，生産工程における作業労働の分析と標準化から出発したのに対して，フォード・システムは，工作機械そのものの技術的発展に基礎づけられた完成品そのものの標準化から出発しているのである。標準大衆車として多くの実験と吟味を加えられたモデルT型こそ，製品の単純化と規格化の原則を徹底した製品として，フォードシステムの出発点にふさわしいものであった。この製品の標準化を出発点に，絶対的に規格化された部品―互換性部品の徹底した精密化―の生産と，そのために必要な精密計測器具（ヨハンスンゲージ）の開発，そして加工に必要な治工具類の規格化が行われた」（下川，1972，117-118頁）という違いを持っている。

12　広大なアメリカ合衆国において，企業は生産し，販売して資金を回収するという資本循環を実現するとともに，価値の側面からも循環を果たした。アメリカは垂直統合型生産システムによってますます拡大し，発展した。

13　なお，この企業合同したスタンダード・オイル・トラストは，独占的だとして反トラスト法によって解体された。

14　以上の動きをみて，チャンドラーは「組織は戦略に従う」とまとめた（Chandler, 1969）。なお，安部は，職能別組織をU－form（unitary form），事業部制組織はM－form（multidivisional form）であり，別のものだと強調している（安部，2012）。

15　松下電器産業時代には，「任せて任さず」という方針のもと事業部制組織が運営された。21世紀になってからの，同社の「破壊と創造」という理念において事業部制の「解体」が話題となった。その後，同社では事業部制組織の復活かと思わせる動きもみられている。

第4章

労働力を包摂する日本発の柔軟統合型生産システム

本章の目標

本章では，前章で取り上げた垂直統合型生産システムが，その硬直性のために石油ショック後の市場の多様化に対応できず，日本発の柔軟統合型生産システムに取って代わられたことを明らかにする。第1に，なぜ日本の柔軟なシステムが注目されたのかに触れ，第2に，その柔軟なシステムを構築するのに重要な日本の労働者のあり方，労使関係がどのように歴史的に推移してきたのかを明らかにし，第3に，日本の柔軟統合型生産システムの具体的なあり方は企業内外で具体的にどのように展開してきたのかを扱い，最後にその柔軟統合型生産システムの意義と限界について検討する。

第1節　アメリカにおける硬直性からの脱却の動き

日本の柔軟なシステムへの注目

石油危機以降，世界的にも高度経済成長が終わり，需要の多様化に対応する必要が出てきた。日本が石油危機からいち早く立ち直り，1980年代に経済大国化したことから，その柔軟な生産システムに注目が集まった。

「欧米においてフレキシビリティが問題とされたのは，石油危機後の経営危機状況のなかで，技術・労働の使用に関わる裁量権を拡大し，生産システム，労使関係における硬直性からの脱却をはかりたい経営者側の要求と在来のフォード型労働の硬直性からの脱却と雇用確保を求める労働者側の要求との接点の意義を有したからである。とりわけ，生産システムのフレキシブルな展開によっていち早く石油危機後の再編を果たし，圧倒的な国際競争力を示していた日本的生産システムのフレキシビリティが1つの目標として論議されたことは当然のことであった」（坂本，1998，25-26頁）。

1984年にアメリカでは「世界中の自動車メーカーと協力しながら日本の生産方式—後に昔ながらの大量生産方式に対して，「リーンな（ぜい肉をそぎ落とした）」生産（Lean Production）と名づけられた—を詳細に研究するのが最も建設的なやり方だと」考えられ，マサチューセッツ工科大学において，国際自動車プログラム（IMVP）が誕生し，調査が行われた。その調査の結果，以下のように労働者の役割が注目された。

リーン生産のねらい

「本物のリーンな工場には組織上の大きな特徴が2つある。『最大級の作業内容と責任を実際に車に価値を付加する作業員に委譲すること。そして欠陥を発見したらその原因を徹底的に究明するシステムを持つこと』である。これはつまり，ライン作業員同士のチームワークがあり，工場にいる全員が問題に迅速に対処し，全体状況を把握できる単純だが総括的な情報表示システムがあるということである。旧式な大量生産工場では，マネージャーが工場内の状況に関する情報をひとり占めし，情報の掌握が権力の鍵だと考えている。トヨタ高岡などのリーンな工場では，その日の生産目標やその日のそれまでの生産台数，装置故障状況，作業員不足状況，残業時間要件などの全情報がアンドンに表示される。アンドンは電光板で，どこの持ち場からも見える。工場内で，いつどこでどんな問題が起きても，解決能力のある従業員全員が手を貸すために走る。というわけで，リーンな工場の真髄はダイナミックなチームワークにある。能率的なチームの構築は容易ではない。第1に，作業員には多様な技能を教えこむ必要がある。事実，ワーク・グループの仕事を全て知って初めて仕事のローテーションができ，作業員は互いの持ち場を交代できる。そのために作業員は，単純な機械修理，品質検査，作業場管理，材料注文などの技能を数多く学ばねばならない。また，積極的に物を考えるよう奨励されるべきである。実際，問題が深刻になるまえに解決方法を考え出せるような習慣を奨励する必要がある。リーンな生産の導入を図っている工場の調査で分かったのは，労使間に互恵的な関係がないと現場の協力を得られないということだ。経営側が労働者の熟練を評価しており，彼らを職場に定着させるためなら犠牲を払い，喜んでチームに権限を委譲する姿勢が必要だ。ただ単に『チーム』を作るために組織図を変更し，生産工程を改善する道を見つけるために品質管理サークルを導入するだけでは，大きな差異を生み出す見込みはない」（Womack, Jones, & Roos, 1990, 邦訳124-125頁）。

前章においてテイラー・システム，フォード・システムを含んだ垂直統合型生産システムでは，生産現場における労働者の役割が相対的に「軽く」なり，その主体性が失われていくと述べた。前述の引用によると，日本の柔軟な生産システムを展開するにあたっては労働者にチームを組ませ，そこに権限を委譲するという労働者の役割を「重く」する必要があることを述べている。

それでは，日本において，どのように労働者の役割が「重く」なってきたのか，労使関係はどのように推移してきたのか，を議論しよう。

第2節　日本の企業組織における労働者，労使関係のあり方の推移

近世の商家における労働者（奉公人）

まずは，近世の商家から始める。というのも，この頃から，歴史的に発展してきたと考えるからである。

江戸期商家の基幹的労働力は，丁稚奉公から勤め上げる子飼い奉公人であり，手代—支配人をへて別家となるものはほとんどの場合幼年時代から奉公するもので，元服以後雇われた「中年者」は多くの場合に重要事務を担当できなかった。一般的には，奉公人が丁稚として奉公を始める年齢はほぼ10代前半で，丁稚奉公に出る際に通常，親などの人主と証人が連名で奉公先主人に奉公人請状を提出した。請状には，出身，身分，雇用条件，年季（奉公期間）などを記載し，奉公人に不都合があれば人主・証人が弁償する旨が述べられていた。中には口入屋を通しての採用もあったようだが，縁故採用が多かった。出自が明確にされる必要があった（宮本，1995，67頁）。

奉公人の職階は，一般に丁稚・手代・番頭の呼称で呼ばれたが，その各々が年功序列主義を原則とし，業績主義を加味して細かく分けられていた。その最初の丁稚は，店および家内の雑役全般を引き受け[1]，その後，奉公人は主とし

てOJT（オン・ザ・ジョブ・トレーニング）によって教育された。

商家での教育の第１は商人としての作法，倫理を学ぶこと，第２は読み書き，算盤，帳簿付け，貨幣の鑑定，手形の書き方などの基礎的商業技術を身につけること，第３は商家ごとの固有の商品知識，取引の方法など商売のやり方を習得することであった。奉公人は以上のことを，それぞれの商家における経験，ノウハウを教材として，ジョブ・ローテーションを通じたり，先輩奉公人を通じて学んだ。商家の側は，こうしたジョブ・ローテーションを通じて，各人の適性・能力を長期的に判定し，年功と能力によって職階を上げたり，淘汰していった。そして，一定年限の丁稚・手代奉公人を勤め上げると，別家制度として，住み込みをやめて所帯を持つことを許されて宿持となった。別家となる際，退職金，元手金・所帯道具などを主家から与えられ，「のれん分け」を許された（宮本，1995，63-67頁）。

以上のような奉公人制度に対して，商家の経営層では事業継続を可能とする制度を整えた。例えば，三井家では，三井高利（たかとし）の死後に相続された後，相続人たちは相続人の長男高平（たかひら）に一札を差し入れ，遺贈された元手金を分割しないで，「身上一致」して運用すること，つまり相続人の共同財産として運用することを誓約したのであった。1710年には大元方を設置して，当時の三井９家の全財産を資本として一括所有し，９家がこの大元方の持分権利をもつという仕組みとし，各家は持分比率は異なるものの，平等の発言権を有し，大元方の評議に参加するとともに，それぞれ三井の営業店の経営を担当し（機能資本家），大元方に無限責任を負うものだった。それゆえ，「大元方は合名会社的資本結合であった。大元方はその資本を『建』として，両替店・呉服店の各営業店に出資した形式をとり，それを資本として営まれる各営業店は毎期一定率の『功納金』を大元方に納めることになっていた」のである。その後，２代目高平に差し入れた誓約書は１代限りであったが，高平は1722年に「宗竺遺書」と呼ばれる遺書を書き，「元手金」を220割にするとともに，永代にわたって持分権利者の分割請求を認めない，すなわち元手金の大元方による一括管理を家法として制定した。この後，三井家大元方の持分権は三井９家（後に２家増加して11家となった）のみが所有されるものの，かつ所有権の分割請求，処分は認められないこと，さらに各家の相続は単独相続を原則としたこと，から永続的なものとなった。事業継続を目的としていた（宮本，1995，35頁）。

なお，近世商家の事業継続を可能にしたのにはその経営行動もかかわっていた。特に注目されるのは，大名との間の金銭の貸借関係であった。ただし，欧州でみられたように，商人が国王に貸し出して焦げついたようなものではなかった。

大名の収入と支出は，季節的にまた年ごとにずれがあったため，掛屋は年貢米売却代金を受け取ったのち，それを送金するというのではなく，まず大名の求めに応じて送金を行い，年貢米が売却されたのちに送金分とその利子分を受け取るという方法をとることとなった。したがって，これはあくまでも当座貸であり，凶作あるいは米価下落などによって，年貢米売却代金が予定額に達せず，清算の結果，翌年への貸越となっても，翌年の年貢米売却代金で穴埋めできるものだった。以上が本来の大名貸であった。つまり，大名たちが当時における至上の富の源泉である土地を支配し，かつ最大の消費物資である米を，米納年貢制によって掌握し，これを恒常的に大坂に送り続け，それが円滑に売却できる限り，そしてそのことを蔵元・掛屋となってモニタリングできれば，大名貸は決してリスキーなビジネスではなかったのである[2]（宮本，1995，23-24頁）。

以上のように，近世商家は事業継続を目的に，ガバナンスの安定化，利益獲得と長期的で正規従業員を育成する人材管理制度を組み合わせていた。

近代企業における労働者の位置づけ

明治以降の近代企業においては，まずは紡績業[3]のあり方が注目される。とりわけ，その紡績業では企業側が直接労働者を雇用していた。1880年代末頃には工場近隣の都市の貧民や都市近郊の没落農民の子女を雇用したが，1890年代にはリング精紡機が普及し女子・幼少年労働力への依存が高まったため，工場の地元だけで労働力を調達するのが困難になり，女工の遠隔地募集と寄宿舎制度が一般的となった。

その際，女工の頻繁な移動が注目された。1900年の鐘紡兵庫工場では，「前年末在籍の女工4,524人，年間雇入女工4,762人に対して年間退社女工が5,824人にのぼり，その理由の83％が逃亡除名，12％が解雇，５％が病気・死亡であった。

こうした事態に対して紡績業者は1883年の紡績連合会の規約で労働者の引抜きを禁じたことをはじめ，女工争奪の防止に関する様々な施策を講じたが，十分な成果はあがらず，女工の定着度が上がるのは鐘紡等の先進的な企業において福利厚生施設の拡充が進められ，いわゆる経営家族主義の形成がみられるようになる日露戦争後のことであった」（阿部，1995，120-121頁）。

重化学工業においては[4]，欧米と同じように，内部請負制が採用された。前述したように，企業が個々の労働者を直接管理しようとした紡績業に対して，明治中期の民間重工業大経営では親方内部請負制が普及していた。企業は親方のみならず職工・徒弟とも直接雇用契約を結んだものの，親方は職工・徒弟の募集にあたって徒弟には技能訓練を施した。親方は職工から工賃の歩合もとったが，彼らに仕事を適当に与える点で生活管理的役割をも果たした。親方はさらに作業請負に従事した。

親方内部請負制は経営刷新を断行した芝浦製作所のような企業から，「機械化に伴う手工的熟練の崩壊などによりその基盤を次第に掘り崩され，とくに日露戦争以降，企業の労働者に対する直轄が進むが，明治中期には親方職工を介さずに労働者を動かすのは困難であった。重工業の場合にも，当時とりわけ日清戦争以降，労働者の企業への定着度は低く，高い賃金を求め，しばしば小経営主としての独立をもめざす『渡り職工』が企業間を頻繁に移動していた」（阿部，1995，121頁）のである。

熟練工を中心とする労働者不足と手工業的熟練の崩壊に直面した大企業は，以下のように，主として2つの方法でそれに対応した。

「その1つは，従来の親方内部請負制を廃止し，労働者を直接雇用・管理する方式の採用であった。後者の方式は，すでに明治末年までにそれを実施していた紡績業，化学産業を除けば，新しい技術・生産システムの導入を契機として，重工業（造船，鉄鋼，機械，電機，車両工業等）→金属鉱山業→炭鉱業→建設業の順で普及・定着していった。もう1つの方式は，新しい技術・生産システムに適合的な熟練・技能をもつ労働者を企業内で育成することであった。企業内で労働者を教育・訓練する制度は明治中頃から一部の大企業で実施されていたが，その多くは長崎造船所の三菱工業予備学校（1899年設立），八幡製鉄所の幼年職工養成所（1910年設立）のほか，2，3の先駆的なものを除けば，補習教育機関の域を出るものではなかった。しかし，第１次大戦前後になると，それらは熟練工の養成と生産現場の監督者的人材の養成を目的とした教育機関として位置づけられるようになった。…そして，企業内教育訓練機関を設置した企業では，多くの場合，彼らに「教師」役を兼ねさせた。その結果，これらの会社の生産現場では，技術者の体系的技術知識と労働者の熟練の融合が進むとともに，両者の意思疎通も密となり，彼らを中核とするOJT方式による熟練形成が可能となった」(宇田川，1995，194-195頁)。

そして，「この時期に導入された経営管理技法は，不況下での激しい企業間競争を乗り切るための労働強化策として実施されたという側面もあった。しかし，他面でそれらは当時形成されつつあった前述の日本型人事労務管理システムに合わせる形で，あるいはそれを推進・強化する目的で導入された。たとえば，三菱電機の場合，ウェスチングハウスで実施していた差別的出来高給制度をそのまま採用せず，『日本的労務管理，なかでも賃金管理の１つの特徴とも言うべき標準的生活費保証』を加味した上で，それを導入している。また，『科学的管理法』の実施に当たって，今日のQCサークル活動に酷似した，現場労働者を含む全員参加型の委員会を設置し，そこで『各自ノ意見ヲ協議セシメ，協力之ヲ審議シ，改善ヲ立案』させる方式を実施した会社も出現した」(宇田川，1995，197頁)。

ただし，第１次世界大戦以降，日本の企業の経営側は一貫して「従業員」の名の下に労働者と職員を同等の企業構成メンバーとして位置づける労使関係理念を意識したものの，1930年代になってもなお実態として現実化していなかった。「こうした理念と実態の乖離を反映して，労働者と職員の間には企業帰属意識，定着率においてなお大きな開きが存在したのである」(沢井，1995，230頁)。

ようやく，戦時中の窮乏化した時期をともにすごしたことで，産業報国会の理念としてももたれた，工員と職員の「従業員」としての「平等化」が進行した（沢井，1995，234頁)。

第２次世界大戦後の工職一体化した企業別組合の誕生

第２次世界大戦における日本の敗戦の後，経済民主化政策の流れの下，ついに労働組合法が1945年12月に制定された。労働者の団結権・団体交渉権・争議権が確立され，労働者の組織化が進んだが，その際，企業別組合として誕生したのである。

というのは，労働者の権利が確立し，容易に労働組合を組織できる段階になって，自然発生的に生まれてきたことを背景としていたからである。「戦後改革期の労働組合助成政策のもとで事務所，企業を組織単位として労働組合が急速に組織された。東京大学社会科学研究所の調査は，『これらの組合は，殆ど大部分外部からの指導や斡旋が介入することなく，従業員自身の日常の要求として，職場の中から現れ』た，と述べている。それは，『自生的』であると同時に，『経営内的存在』である。そうした労働組合の一例をあげてみよう。…こうした“民主主義的”雰囲気のなかで多くの組合が，戦前に比べればはるかに容易に，結成されたのである。職員工員間の身分差別撤廃や『年功賃金のうえに立った生活給の思想』が広がったのも同じ民主主義的な平等主義によると考えてよいであろう。他方，この組合の設立宣言には，『新日本建設の大増産を決行し併せて従業員の生活安定を目的として努力せんとするものなり』と記されている。日々の労働と生産はそれ自体意味のあるものと捉えられており，それが同時に『新日本建設』に貢献するものだということも，疑いないものと意識されている。これは戦時との意識の連続性，さらにいえば，戦争が労働者の『国民化』を促進したことを示している。…この事例から，当時の企業別組合が，組合結成にとって有利な政治的環境のもとで，労働者の当り前の労働生活の意識に根ざした職場従業員団体として形成された，と推測することができるであろう。ここで，労働運動をリードしたイデオロギーの役割を別にして言えば，戦後の企業別組合が本質的に職場を基礎とした従業員団体として形成された」（田端，1991，223-225頁）のである。

なお，前出の引用で若干触れているように，日本の企業別組合では，工員と職員の平等化が求められ，進んだことが重要だった。この点は，従来は生活給的な側面が強調された電産型賃金体系でもみられた。

「労働組合による要求の力点は，生活給ではなく，能力給におかれた。…電産も他の労働組合も査定制度の導入に反対せず，それを受容した。その理由を示唆する資料を筆者は知らないから，推測するほかない。推測される最大の理由は，査定制度の導入が企業民主化の一環であったからである。このことは，査定制度が存在しない戦前・戦中期の昇給決定と比較すれば，理解が容易であろう。従来の昇給決定では，昇給のための従業員の評価基準が制度化されず，したがって，評価する上司は大きな裁量権を持つのが普通であり，上司の『えこひいき』が可能であった。ところが，査定制度の導入により評価制度が制度化されれば，上司の裁量権は狭められ，『えこひいき』の可能度は低められよう。労働組合が評価基準に賛成でない場合を想定しても，評価基準が制度化されていることは，制度化されていないよりも，労働者にとって公正な処遇を意味する。労働者にとって，これは企業の民主化なのである。…すなわち，日本の労働組合が戦争直後にもっとも強く要求したことは，工員（生産労働者）と職員（ホワイトカラー）が企業内で平等に処遇されることであった。これが，日本の労働者が理解した民主主義であった。このため，組合形態も工職混合という特殊な企業内組合となり，かなりの上層従業員まで組合員とした」（遠藤，1996，122-123頁）のである。

このように，イギリスとも，アメリカとも異なって，日本においては企業内部における労働者（ただし，男性正規従業員に限定されるが）は直接的に，しかも工職に区別のない従業員として一体的に管理される方向に進んだ。

オイルショック以降の労使協調体制の「完成」

日本の労働組合が，工員，職員が一体となり，企業別組合として活動したことについては前述したとおりである。しかし，石油危機までの日本の労働組合は総評の主導する「春闘によって高度成長期の『紛争的安定構造』が形成されたといえる」（田端，1991，235頁）ほどで，労使は対決的であった。

それが，「1973年の石油危機によって，高度成長期の国民的コンセンサスの基礎は崩壊した。それは，二重の意味においてである。1つは，持続的な経済成長と国民生活の向上の両立，所得格差の縮小による社会的な平等化の進展など，高度成長期を通じて国民意識の間に定着していたコンセンサスが崩壊したということであり，もう1つは，成長期末期から強まった成長主義批判＝“成長から福祉へ”の経済構造の転換という世論が急速に弱まったということである。一言でいえば，『成長と福祉の幸福な共棲』が終焉したということである。

以後，国民生活や労働者所得を犠牲にしてでも，まず国民経済や企業の再建・発展をはからなければならないという思潮が強まった。言い換えれば，国民の生活や所得の維持，向上には「経済の制約」があるという，このそれ自体としては当たり前のことが認識されるようになったといってよいであろう。…国民が生活や所得についての「経済的制約」をいち早く認識し，受容したのは労使関係においてである。…高度成長における生活向上への信頼が大きく揺らぎ，生活の見通しについての悲観的な見方が広がったということである。生活および社会についての持続的な“進歩”への確信は，停滞と停滞下の自己防衛という“保守”的な意識構造に道を譲りはじめたといえる。国民意識の上における“生活保守主義”の傾向が芽生えはじめた」（田端，1991，248-249頁）のである。

その結果，「高度成長期には労働市場の逼迫を背景にして個別労働者が“移動の自由”とそれによる高い“交渉力”をもっていたのに対して，石油危機は労働者の雇用されている企業への固着の傾向を強め，それによって“交渉力”を大幅に弱めることになった」（田端，1991，260頁）。「石油危機そのものもまた成長期の国際経済の不均衡に由来するとすれば，石油危機をはさむ経済の転換は，高度経済成長の必然的な帰結であったということができるのである。しかし，石油危機による経済の急激な変動は，人々によって突然の危機として意識され，『危機感過剰ともいえる』企業の対応と労働組合の対応とを生み出した。労使関係の構造もドラスティックに変わるのである」（田端，1991，250頁）。

他方で，石油危機以降，日本の大企業では，経営側に主導される形で，インフォーマル活動が推進され，インフォーマル組織が形成されて濃密な人間関係が作られたことで，協調的な労使関係の成立に役立てられた[5]。「以上のような労働運動の転換のなかで，企業内の労使協調システムが発展し，減量経営を通じて日本企業のきわめて高い生産効率が形成されていくこと，これもまた減量経営を通じて労働市場の多様化が進展して労働組合組織率の低下が始まる…ただ強調しておきたいことは，これまで全国組織レベルでみてきた労働運動の転換が，企業内労使関係の展開に対する，それまでもそれほど強いとはいえなかった歯止めを外すことになった」（田端，1991，262頁）点である。

ここにおいて，ついに，日本では，男子正規従業員において，労使協調的な労使関係が成立した[6]。このもとで，柔軟性の高い生産システムが成立するのである[7]。

第3節　企業内部における日本の柔軟な生産システムの誕生と発展

トヨタ自動車における柔軟なあり方の進展

①トヨタの危機

日本の柔軟統合型生産システムの1つの，そして重要な源泉はトヨタ自動車におけるあり方である。ただし，トヨタ自動車のあり方が，最初から日本的生産システムの代表だったわけではなかった。

まず，1940年代後半のドッジライン時の苦境であわや倒産かという状況を朝鮮特需でしのいだものの，1950年代のトヨタは品質上の問題点を抱えていた。第1に，1958年にAPA（U.S. Army Procurement Agency in Japan：在日米陸軍調達部）特需を落札した際，同社による外注メーカーを含めた部品の品質・性能の管理体制について抜本的見直しが必要なほど低いレベルであったこと，第2に，1958年にトヨタ自動車による対米輸出時に明らかとなったボディ荷重，馬力不足，高速安定性の欠陥などでクラウンの対米輸出を中止しなければならなかったこと（対して，日産のブルーバードはアメリカ市場で販売台数を伸ばしていた），その結果，日産のブルーバードに対抗するためにトヨタは1959年にコロナをフル・モデルチェンジしたものの，初期の技術的トラブル多発のために「コロナは弱い」という汚名により，「第1次BC戦争」で完敗した（法政大学産業情報センター，1995，92頁）。この点は，下の**図4－1**で明らかなよう

図4－1●日本国内における自動車メーカー生産台数の推移

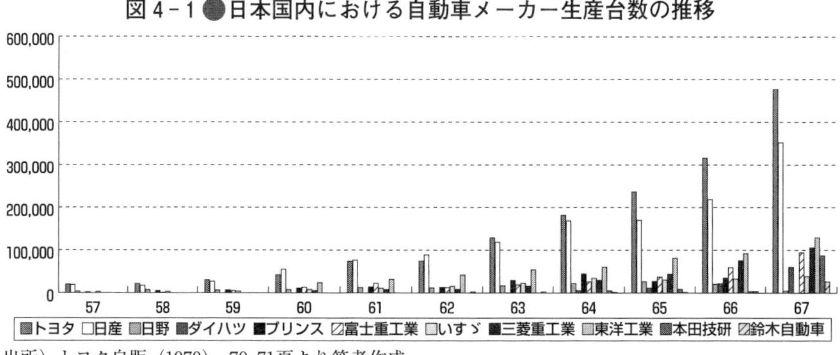

出所）トヨタ自販（1970），70-71頁より筆者作成。

に，トヨタ自動車は1960年代初頭に生産台数で日産自動車を下回った。

②模索するなかでのTQCとカンバン方式の採用

そこで，トヨタは以上の問題点からの脱出，当時陥っていた弛緩した経営管理体制の再建を図ろうとして２つの方式，すなわち全社的品質管理（TQC）活動とカンバン方式を全社的に採用した。

前者については，「1959年６月，上記のAPA特需の際に要求された品質基準をクリアするため，検査部の名称を品質管理部と改め，同部をTQC活動の専管部署とした。そして1960年６月，副社長豊田英二の名前で社内に『検査に対する要望』と題するパンフレットを配布し，その中で彼は製造現場に根強く残っていた『検査を厳しくすれば品質はよくなる』という考え方を批判するとともに，今後推進する品質管理の理念として，『検査の理念は検査をしないことにある。すべての機械設備が製品の品質を確保することができれば検査は不要になる』という考え方を示した。ついで1960年10月，活動を停止していた品質管理委員会を再開させた。こうしてTQCの推進体制を整備すると，トヨタは1961年６月の取締役会で経営管理体制の強化と質的向上を図るため，TQCを全社的規模で推進することを正式に決定した」。この後，トヨタはTQC活動をきわめて計画的に推進した。そして，「これまでの活動の成果を社会に問うため，1965年度のデミング賞受賞をめざしてスタートした」（法政大学産業情報センター，1995，94-95頁）のである。

以上のTQC活動の展開と同時並行的にカンバン方式を適用した。「『５か年計画』による新規機械設備の導入は確かに量産体制の早期確立を導いたが，必ずしもそれに伴ったコスト・ダウン，生産性，品質向上が進捗しなかったことは前述した。そして，その傾向は元町工場の稼働後の生産量の拡大，モータリゼーションの進行を背景とする車種の多様化の中でますます顕在化し，トヨタは『生産計画の立案方法をはじめ，購入資材や外注および内製部品の管理改善，さらには生産性の向上，設備保全などについて抜本的対策を迫られた』のである。そうした状況の中で，生産管理面の改善方法として注目されたのが，『ジャスト・イン・タイム』と『自働化』の２つを枢要概念とする，カンバン方式であった」（法政大学産業情報センター，1995，95頁）。

なお，「ジャスト・イン・タイム」生産は同社の創業者豊田喜一郎の「自動車事業のような総合工業では，自動車の組立作業にとって，各部品がジャスト・イン・タイムにラインの側に集まるのがいちばんよい」という生産の同期化発想に基づいたものであり，「自働化」という考え方は喜一郎の父親佐吉が発明した豊田式自動織機が「たくさんの経糸のうち１本でも切れたり，横糸がなくなったりすると，機械が自動的に止まる仕掛け」からヒントを得たものだった。カンバン方式の生みの親とされる大野耐一は，1949年に本社工場の機械加工工場長に就任すると，生産工程における「ジャスト・イン・タイム」「自働化」[8]の試験的試みの一環として，機械の配置を「コの字型」「ロの字型」に変え，１人の作業員が３－４台の機械を受け持つ，多工程持ちを実践し，生産性の向上と生産の平均化を実現する上で，それらが大きな成果をあげることを証明した。続いて1953年から，大野はアメリカの「スーパーマーケット」販売方式からヒントを得て，「後工程引取り」による「ジャスト・イン・タイム」生産を機械加工生産に適用したのである（法政大学産業情報センター，1995，95-96頁）。

とはいえ，「元町工場が稼働する以前においては，それは豊田英二らの支持を得ていたが，多くの経営者，技術者の関心は近代機械設備の導入と量産体制の確立に向かっており，また，熟練作業者の抵抗も少なくなく，その適用範囲は大野が所管する工場に限定されていた。しかし，元町工場稼働後，前述のように生産上のトラブルが多発し，生産管理面の抜本的見直しが不可避となるにつれて，従来の新鋭生産設備・技術を第一義的に重視する姿勢に反省が加えられ，他方で現場生産技術や日常的改善活動の重要性を再認識する空気が社内に生まれていった。そこで，社内のこうした空気を背景に，トヨタ経営陣は生産管理体制改善の手段として，1963年にカンバン方式を全社的に採用することを決定した」のである（法政大学産業情報センター，1995，96-97頁）。

他方で，「カンバン方式による生産の同期化を成功裡に実施するためには，各工程での仕事量のバラツキを極小化し，あたかも水が流れる如く，部品や半製品が各工程をスムーズに流れていく仕組み，すなわち各工程での『平準化生産』体制の構築を図らなければならなかった。そこで，トヨタではカンバン方式の導入と同時に最終工程の完成車組立ラインのロットを極力小さくし，同じものを連続して流さない，いわゆる『１個流しの生産』が全社をあげて追求さ

図４－２●U字型ライン

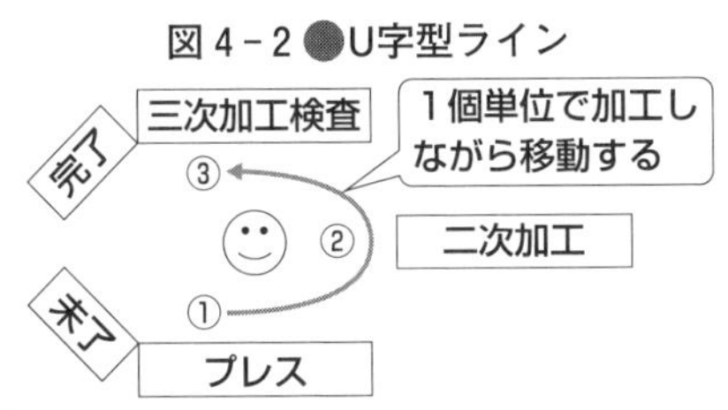

出所）松本（2012），51頁。

図４－３●多工程持ち方式

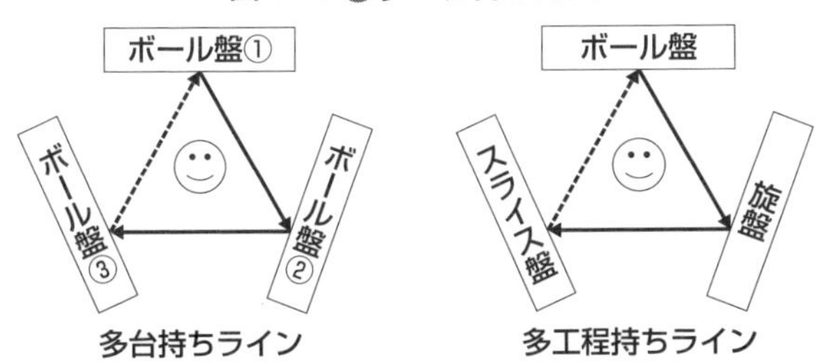

出所）松本（2012），90頁。

れた。また，『ジャスト・イン・タイム』『平準化生産』を実行するためには100％良品の部品を後工程に保証しなければならず，そのため以前よりも増して各工程での『自働化』の徹底化が図られた。その結果，1962，63年頃までに，機械設備の異常や品質不良が発生した場合，自ら検査して機械設備やラインが止まる装置を機械内部に装備するとともに，組立ラインにおいても標準作業図通りの作業ができない異常が生じた場合，作業員自身の判断でラインを止め，彼らが中心となってその原因を追求し，悪いところを改善してそれを標準作業図に取り込んでいく活動を開始した。このように，トヨタが追求した生産工程における『ジャスト・イン・タイム』『自働化』『平準化生産』などの実施は，いずれも作業員の不断の学習，改善努力を前提としており，その意味でカンバン方式は工場現場で働く人々の技能，習熟，工夫と彼らのチームワークに大きく依存する生産システムであった」（法政大学産業情報センター，1995，97頁）。

図４－２はU字型ラインを示している。これは，上述の「コの字型」「ロの字型」と同じように，製品を１個ずつ作業者が移動しながら加工する方式で，「１個流し」となることから作りすぎとはならないものである。また多工程持ちラインは**図４－３**で示している。これは１人の作業者が複数の異なる工程を

受け持つものである。なお，比較するために１人の作業者が同じ工程を複数担当する多台持ちラインをも並べて示している。

なお，「品質を工程で作り込む」ために，トヨタではカンバン方式の全社的展開の開始と前後して，それまで検査部が一元的に掌握していた検査業務を本社，元町両工場に委譲し，さらに両工場に新たに工務部を設置して工場レベルの生産管理業務をそこに全面的に移管した。その結果，それまで二元的に展開される傾向にあった工場レベルのカンバン方式と本社サイドの全社的品質管理（TQC）活動は統合され，両者が相互補完的に展開する体制として整えられた。また，これと並行して，トヨタは品質管理教育を再開し，その教育を1962年末までに工長，組長などの第１線監督者層に拡大した。そして，監督者教育が終了すると，1963年から彼らと技術員を中心とするQCミーティングが各作業単位で組織され，QC手法を活用した職場の問題解決活動を開始した。さらに1964年にデミング賞の受審が正式に決定されると，QCサークルがQCミーティングを母体として編成され，翌年９月の受審時までに154ものサークルが結成された（法政大学産業情報センター，1995，97-98頁）。

③トヨタ生産システムの本質

なお，そもそもトヨタ生産システムの本質はムダ（空費）の排除であり，すべてのムダの根元にある造りすぎのムダを徹底的に排除すると結果的に「流れ生産方式」に至るということである。つまり，「『流れ生産方式』とは，『品物を１つずつ工程に沿って加工し，組み付ける』ことである」（佐竹，1998，127頁）。

そのため，アンドンの表示において，緑色（生産が持続しており問題が起きていないこと），黄色（作業者がライン速度についていけず後ろへ流されていて，助けが必要なこと），赤色（ラインを止めざるを得ない問題が起きたこと）の３色がある場合，「あんどんがすべて緑色というのは望ましい状態ではない。それはシステムが極限にまで，早くかつ有効に動いていないことを意味するサインである。たとえばラインのスピードアップによってシステムに緊張を加えれば，一番弱いところがはっきりし，黄色が多くなる。赤色でライン・ストップになるところも出てくる。そうしたところをつきとめて改善していくのが管理者の任務なのである。…このシステムの理想は，すべての作業部署が緑色になったり黄色になったりしている状態である。…つねに緑色であるような作業部署については資源を減らすか，作業負荷を増やすかしなければならない。MBS（筆者注；Management by stress,ストレスによる管理のこと）では余分な資源はロスと同じく無駄とされるのである」（Parker & Slaughter, 1988，邦訳90-91頁）。

問題が起これば，そこで「５つのなぜ」を繰り返して問題解決を図るのである。その結果としての「流れ生産方式」である。最初から「流れ」を持ち込もうとしたわけではない[9]。

そして，このもとでトヨタ生産システムは，「物の流れ」と「情報の流れ」を分離して改めてシステム統合する「フレキシブル同期化」を原理としており，従来の作業原理を根本的に変化させた。

「第１に，『物の流れ』（部品・仕掛品）と『情報の流れ』（生産指示情報）とは，フォード生産システムの場合，システム原則として一致している。これが『リジッドな同期化』である。それは，システム全体が100％円滑に稼働する条件がある場合最も効率的である。しかしながら，機械の故障，部品の欠陥，あるいは労働者の作業能率のアンバランスなどから，稼働率が100％確保される保証はない。ましてや，工程の途中でのトラブルは在庫，全体工程の停止など多くのムダを発生させる。トヨタ生産システムは，『物の流れ』と『情報の流れ』とを分離し，需要を出発点として，生産指示情報を川下から川上へ，『物の流れ』は川上から川下へ流れる，いわゆる『必要な物を，必要なときに，必要な量を』生産する『引っ張り方式』を採用した（『物の流れ』と『情報の流れ』のシステム統合）。ここに『フレキシブル同期化』という『原理の革新』がある。これは『かんばん』システムによって制御されたが，それは，下請け工程を含め，最終組立工程の生産の質・量の変化にフレキシブルに同期化することを可能にした。これが，ジャスト・イン・タイム（JIT）である。それは，部品生産が『情報の流れ』に従ってのみ行われることによって，部品在庫，機械稼動，労働量などのムダを最小限に抑え，これらが最終組立工程において同期化される。こうして，トヨタ生産システムは多品種と生産性=コスト，いわばフレキシビリティとプロダクティビティとを統合したが，コンピュータ情報管理を利用することによって，生産要素的側面のみならず生産循環的側面をも含めた統合システムを実現した」(坂本，1998，29-30頁)。

「第2に，『フレキシブル同期化』は『フレキシビリティ・コスト』の増加を伴う。それは，作業の切り替えに伴う機械稼働の停止と手待ち，作業内容の変更による作業バランスの変化，フレキシブルな工程管理に要するコストなどである。これらに対しては小ロット生産に伴う段取り替え時間の削減方式，ME機器，U字型ラインと多工程持ち方式，『自働化』，コンピュータ工程管理，QCサークルなど多くのフレキシブルな技術・技法の開発・導入によってコスト削減と品質維持を統合した。以上のように，『フレキシブル同期化』の原理・技法はフォード・システムの弱点とされた多品種化，小ロット生産と大量生産との統合，いわばフレキシビリティとプロダクティビティの統合を果たした。それは生産システムの『原理の革新』であり，これをもってトヨタ生産システム＝『日本モデル』の歴史的意義を評価」(坂本，1998，30頁）しうるのである。

ただし，上述のフレキシブル同期化を実現させるに先立って5S（整理，整頓，清掃，清潔，しつけ）の活動が重要である。当該生産現場において必要なものと不要なものを分け，不要なものを生産現場から取り除くという「整理」を行い，残された必要なものをすぐに必要な時に，必要な量だけ取り出せるように「整頓」し，「清掃」によって，ごみ，汚れ，異物を除去し，その状態を維持するように「清潔」を心がけさせる。そしていつも上司から言われて行うのではなく，現場の従業員が自らこうした活動を自然に，習慣として行えるように「しつけ」を施すことが求められる（松本，2012)。

また，3ム（ムラ，ムリ，ムダ）を排除し，「3定管理（定品，定位，定量)」＝決めたもの以外は置かない，指定場所以外には置かない，決められた量以上は置かない，という「目で見る管理」が必要とされる。

エレクトロニクス産業における柔軟なあり方の追求

日本のエレクトロニクス産業においては，次々と新しい電化製品が登場することから右肩上がり市場が続いていた。**図4-4**にあるように，家電製品は次々に新たな製品が登場しては普及した。以上の普及に対して「柔軟」に生産していくあり方が追求されていった。そうした意味では，トヨタ自動車のあり方のみを源泉としていたわけではなく，松下電器産業（現在のパナソニック)

図4－4 ●家電製品の普及率の推移

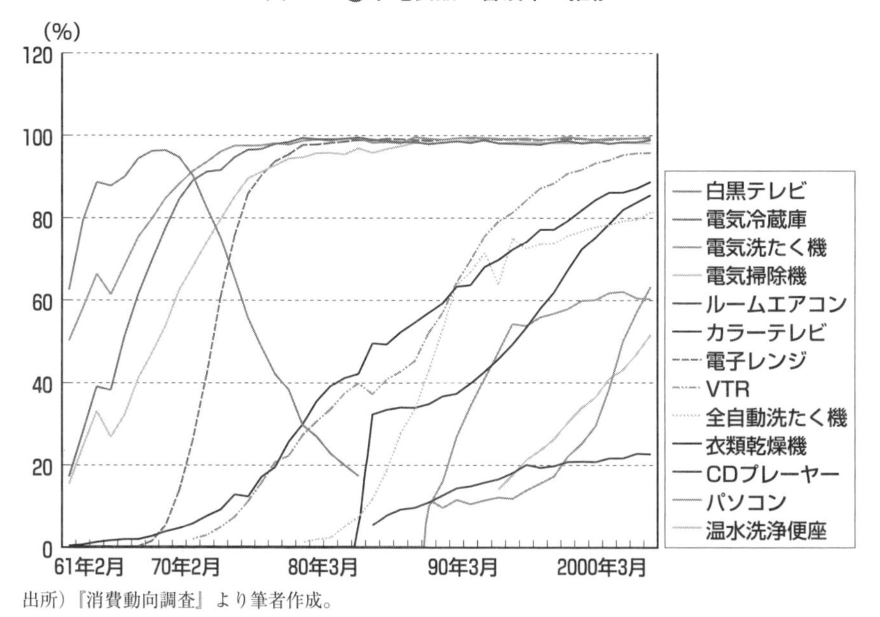

出所）『消費動向調査』より筆者作成。

を始めとするエレクトロニクス産業で進められたあり方をも源とする。

①松下電器産業（現在のパナソニック）における生産方法の開発

松下電器は，電子部品メーカーが進めていった電子部品の小型化，高精細化の方向と軌を一にしながら，多種類の電子部品の組立を柔軟に，低コストで実現する方法を追求してきた。電子部品とは，そもそもアメリカにおいて進められたミサイルや人工衛星など防衛用電子機器，宇宙技術のために開発されたもので，トランジスタ，ダイオード，抵抗器，コンデンサ，線輪，水晶振動子など必要な回路素子をプリント配線の技術を用いて小回路を作り，これを積み重ねて微小回路としたものだった（電波新聞社，1962，547頁）。

日本では，プリント基板に電子部品を挿入することから始まった。「昭和35年頃より電子機器商品の回路構成にプリント基板が使われはじめたものの電子部品を挿入する作業は，多くの女子作業者に頼っていた。またこの頃より日本の高度経済成長が始まり，電子機器商品の需要が大きく伸びようとしていた時期でもあり，生産性の向上，品質の安定の面から挿入作業の自動化に関心が持たれるようになった」（松下電器産業生産技術本部精機事業部，1988，82頁）。

つまり，「現在の印刷回路では，配線された基板の端子の部分に穴を明けて部品をさし込み，これをハンダの溶液に浸して一度にハンダ付けしている。部品は1個1個手によってそう入されるものが多」（電波新聞社，1962，564頁）かったからである。

そこで，松下電器として，「電子部品の自動挿入機パナサート，これは，まったく人手を要さずコンピュータの数値制御により，自動的に電子部品をプリント基板に挿入するための高精度な位置決めができる自動機械（インサートマシン）で，（筆者注；昭和）42年に開発に着手された。そして44年には，早くも，20種類の炭素被膜固定抵抗器を無人操作でプリント基盤に挿入する全自動抵抗挿入機の第1号が生産ラインに導入された」（松下電器産業テレビ事業部門，1978，251頁）のである。この結果，**図4－5**にあるように女子作業員による手作業が，機械を活用した自動挿入モデルラインへと転換させた。

松下電器精機事業部はこのインサートマシンをライバル関係にある三洋電機，東芝などに売り込んだのである。「その当時，松下の生産技術研究所というと同業メーカーの間ではかなり有名でしたよ。そこの人がうちに松下電器で使っている戦略兵器を売り込みに来る。どういうことだ…と，この興味たるや，すごかったですよ。だから，ものすごく丁重な扱いで，帰りには車まで準備してくれたところもあった。そういう反応をするところと，いろいろでしたね。皆さんの質問が集中したのは，『どうして松下がこの機械を売るんですか。勘ぐ

図4－5●当時の電子部品挿入作業場

女子作業者によるコンベヤライン

事業場の自動挿入モデルライン

出所）松下電器（1988），82，87頁。

れば，松下電器の中で最新鋭機ができたから，使い古したのを売ってうちの競争力を落とそうしているんじゃないか』（笑）とか，いろんなことを言われる。パナサートの最初は，そんな状態でしたね」（松下電器産業生産技術本部精機事業部，1988，176-177頁）。

②FA化の成果

以上のようなロボットを含むFA化プロジェクトは**表4-1**のように導入がな

表4-1■自動化設備の導入プロセス

年度	1976-79	80	81	82	83	84	85	86	87	88
同軸部品シーケンサ	○				○		○			
同軸部品インサータ	○				○		○			
ラジアル部品挿入機		○					○			
インサーキットテスタ		○				○				
異形部品挿入機		○				○		○		○
異形ロボットライン								◎		○
手挿入ライン						○		◎		
ハンダ付け装置						○		◎		
手ハンダ裏面						○		◎		
調整・検査						○	○	○	○	○

注）◎は，1986年のFA投資の内容。
出所）平本（1994），264頁。

図4-6●工数と自動挿入率の推移

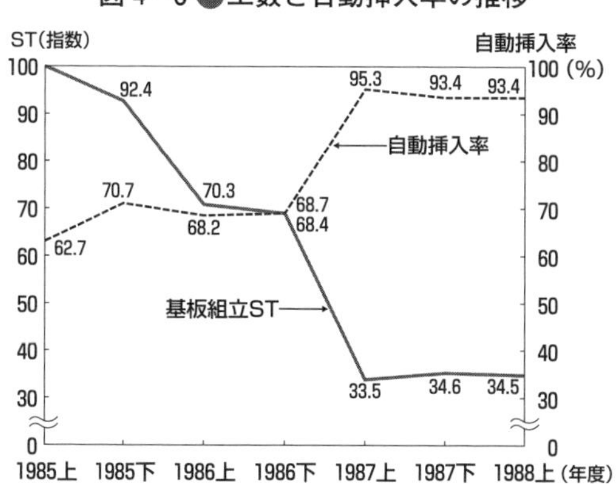

注）21インチ音声多重型カラーテレビ。
出所）平本（1994），271頁。

表4－2 ■各国の生産性の比較

（単位：ポンド，工数は時間）

	日本	アメリカ	イギリス	西ドイツ	韓国
直接労務費	5.7	8.8	10.6	15.1	1.5
（平均工数）	(1.9)	(3.6)	(6.1)	(3.9)	(5.0)
（賃金／時間）	(3.0)	(2.45)	(1.74)	(3.85)	(0.3)
材料費	100.0	—	126.0	119.0	113.0
工場間接費	11.0	—	20.0	17.0	2.0
生産コスト計	116.7	—	156.5	151.1	116.5

出所）平本（1994），148頁。

され，**図4－6**のように自動挿入率の向上とともに基盤組立工数は減少した。同軸部品からラジアル部品，異型部品というように形状が複雑化していく部品に対応して自動化を進めて，柔軟な生産を実践した。

「このFA化の効果は大きかった。組立加工費は大きく低減し，信頼性も著しく向上した。信頼性に大きく影響するハンダ付けの修正率は従来に比べて1/15の0.01％ポイントに低下した。このライン用に新しく設計されたシャーシの開発をも含めた効果でみると，テレビ組立の総工数は50％低下し，コスト全体でも22％も低下した。リード・タイムも30％の減少であった。このうち，基盤組立の工数だけをとりあげると図8－4（筆者注；本書では図4－6である）のように，自動挿入率の導入につれて50％以上も低下したことがわかる」（平本，1994，270-271頁）。

こうした日本メーカーの行動に対して，「結局，アメリカメーカが海外工場を含めて自動機を大量に採用するのは，70年代末になってからであった。自動機の開発や採用では先行しながら，結局本格的な普及には至らなかったのである。イギリスや西ドイツでも自動挿入機の導入は遅れ，77年頃でも自動挿入率は0-15％にすぎなかった…アメリカメーカが自動機の本格的な採用に遅れたのは，労働集約的な基盤組立工程を低賃金の海外工場に移すことで競争に対応しようとしたということもあるが，製品設計が生産の自動化からの要求に適合するような調整を怠ったということも重要であった。とくに自動機の採用は早かったのに本格的な利用に至らなかったのはその点が大きかったように思われる。後にみるように，生産現場への自動機の導入に当っては，それに適した新しい製品設計やその変更が必要だからである」（平本，1994，144頁）。

以上の点は，日本企業内において，生産現場における新しい挿入機という作業機の登場にあわせて，製品設計側が柔軟に対応した事例である。この結果，**表4－2**にあるとおり，1970年代後半には，生産コストにおいて，日本は欧米諸国よりも低く，韓国と同じ水準となったのである。

③その後の電子部品技術の発展

エレクトロニクス産業においては，その後，電子部品技術がアセンブル工程の自動化として発展した。「電子部品をプリント配線板に実装する自動アセンブル技術は電子機器産業はもちろん，電子部品あるいはプリント配線板産業にとってその重要性はますます高まってきた。既にカラーテレビのアセンブル工程は異型部品の挿入ロボットを導入することによって自動実装化率は95％まで達しているといわれる。この技術はアセンブル工程を自動化することによって，生産のコストをさげるという画期的なものである。その他の電子機器でも同様に無人化工程が着実に拡大しており，自動アセンブル装置の役割は一般に考えているよりもはるかに大きいものがある。こうした背景にあって自動アセンブル装置の市場は急速な広がりをみせている」（電波新聞社，1984，715頁）。

また，1990年代に入ると自動実装技術として発展した。「自動実装技術が飛躍的な進歩をみせている。自動実装技術とは各種電子部品をプリント配線板に自動機で実装する技術のことで，現在の電子機器の技術進歩を支える重要な技術のひとつ。電算機の高速化，VTRの軽薄短小化，映像機器の高画質化，音響機器の高音質化などに貢献しているのが自動実装技術なのである。とくに電子機器の新製品開発で共通的な課題となっているのが高密度実装化。プリント配線板は自動実装化に対応して高信頼，高精度化技術が向上するとともにファインパターン化が著しく進んでいる。電子部品は高密度での自動挿入化への対応に加え，チップ部品の品種が拡充している。これらの動きに並行して一連の自動アセンブル装置も多様化する生産形態にフィットした新技術が相次ぎ登場している。」（電波新聞社，1990，704頁）。日本の電子部品技術は軽薄短小化，高集積化，高密度化を進めて，人手では不可能な点においても柔軟な生産を可能とした。

コンピュータを活用した柔軟化

①コンピュータ統括システム（CIM）の推進

1980年代後半になると，コンピュータ統括（ないし統合，総合，総括）生産システム―CIM［S］（Computer Integrated Manufacturing［System］）というような，生産全体をコンピュータによって統括するシステムが導入された。これは，「“自動化”と“多様化”は本来相入れないものであるが，近頃は，これまで労働集約的色彩が強かった多種少量生産に対しても，オートメーション化が求められるようになった。この新しいタイプのオートメーションを『フレキシブル・オートメーション』という。“フレキシブル”とは，柔軟性・弾力性・順応性・適応性・柔構造性・流動性があること」（人見，1990，109頁）であった。

つまり，生産に関与する3つの主要機能―製造機能（物の流れ），設計機能（技術情報の流れ），および管理機能（管理情報の流れ）―に対する「コンピュータ支援（computer aids）」をイメージしており，製造機能のコンピュータ支援：コンピュータ支援（ないし援用，利用，による）製造（CAM：Computer-Aided Manufacturing），設計機能のコンピュータ支援：コンピュータ支援設計（CAD：Computer-Aided Design），管理機能のコンピュータ支援：コンピュータ支援生産管理（CAPM：Computer-Aided Production Management）を内容とするもので，上述の3つのコンピュータ支援は，これまで個々別々に進展してきたが，そのような“自動化の孤島（islands of automation）”から脱却して，共通データベースで真に融合化された総体だという（人見，1990，131頁）。

特に，生産においては，多様な製品の自動生産が望まれる多種少量生産体制として，「次の4つの活動が自動的になされる必要がある。それぞれの活動に，フレキシビリティ（柔軟性）の高いハードウェアを設けることにより，多種少量生産に対処する。(1)加工：工作機械と刃物による部品加工には，数種類～数十種類の切削工具を備え，その自動交換が可能なマシニング・センター（machining center）やターニング・センター（turning center）が最もフレキシビリティが高い。また製品組立には，産業用ロボットが柔軟性に富む。(2)加工物段取：加工物を工作機械やパレットに取り付けたり，完成品を取り外したりする段取の自動化には，メカニカル・ハンドやロボットがある。また，工作機械へのパレットによる出入（パレタイジング）も行われる。⑶加工物搬送：材料倉庫から所定の工作機械まで，工作機械間，並びに工作機械から部品/製品倉庫までの材料の移送には，近距離ではメカニカル・ハンドやロボットが使え，遠距離ではコンベヤや無人搬送車が利用できる。無人搬送車（ないし無人台車）―AGV（Automated Guided Vehicle）は，床に張りめぐらされた誘導線や誘導テープに沿って搬送が行われるので，コンベアに比べて空間節約になる。⑷加工物貯蔵：素材・仕掛品・完成品の貯蔵には，自動倉庫，小規模な場合は，自動［回転］棚が使われる。少量の仕掛品に対しては，コンベヤやパレット上を一時的に利用すればよい（"バッファー・ストック"という）。自動倉庫は高層立体化して敷地面積を有効に利用し，コンピュータによってスタッカー・クレーン，コンベヤなどの搬送機器の自動運転制御をして，物と情報の双方を同期的に管理する。常に最新の在庫情報を把握し，各地の営業店からの問合せ（照合）や出庫要求に応じられる。以上のようにフレキシビリティに富んだ各種自動化機器を制御用コンピュータで連結することにより，多様な部品を加工し得る自動生産設備が完成する。これがこれまでに述べた『フレキシブル生産システム―FMS（Flexible Manufacturing System）』」（人見，1990，135-136頁）であるという。多様で多種類の製品を「柔軟」に生産する体制を支えるものであった[10]。

ただし，このCIMのシステムは，「"物の流れ"と"情報の流れ"をオンライン・リアルタイム方式で完全に制御するジョブ・ショップ・タイプの柔軟性に富む生産システムで，いわゆる"無人化工場"の原型となるものである。これにより，市場変化，製品変更，労働力変動などに対する柔軟性を志向できるが，多額の投資を要するという難点がある」（人見，1990，109頁）。

②NC工作機械の発展

CIM生産システムが展開する背景には，日本における数値制御（NC）工作機械（Numerical Control：NC）工作機械技術の発展がある。

マニュアル工作機械においては，設計図面から作業表を作り，それに従って技能者が機械加工してきたという加工手順を，設計図面から加工工程計画表（原点設定，工具選択，加工順序，取付け方法，加工精度，切削条件など）を作成してプログラム言語に変換するという手間はあるものの，機械が自動で加工してくれる。この結果，従来不可欠だった熟練技能を不要とし，技能者によりバラつきのあった加工精度の問題も解決する。また，ケガキ工程，位置決めも数値制御で行われるので多品種の部品加工に要した治具，特殊工具，検査治具，ゲージ類などを節減し，工作機械の高速運転の可能性を広げることから加工能率を飛躍的に向上させるものだった。NC装置はコンピュータを内蔵したCNC装置に，工作物を取り付け替えすることなくフライス削り，孔あけ，中ぐり，ネジ立てなどの作業ができることから段取り時間を劇的に短縮したマシニングセンタに，そして，FMSへと発展してきた（長尾，2002）。

なお，日本の工作機械産業は，高度経済成長期に採用された特別償却制度と2回の機械工業振興臨時措置法の施行による設備近代化，企業レベルでの技術導入，設計・生産技術の革新が相まって生産性を上げていた。そのうえで，1970年代以降，工作機械メーカーは「NC・CNC装置，ボールねじ，ベアリングなどの専業メーカーとの長期的な共同開発，在来型工作機械の量産で培った『多品種少量生産』と『量産』の両立を可能にするきめの細かい生産管理，中小企業ユーザーの個別の要請にも応えることのできるビフォー・アフターサービス体制，そして何よりも機械加工・組立の現場の技術力などの総体」（沢井，2013，413頁）によって競争力を高めて，人材難に苦しむ日本の中小企業に対

図4－7●日本の工作機械生産高と生産，輸出におけるNC化率の推移

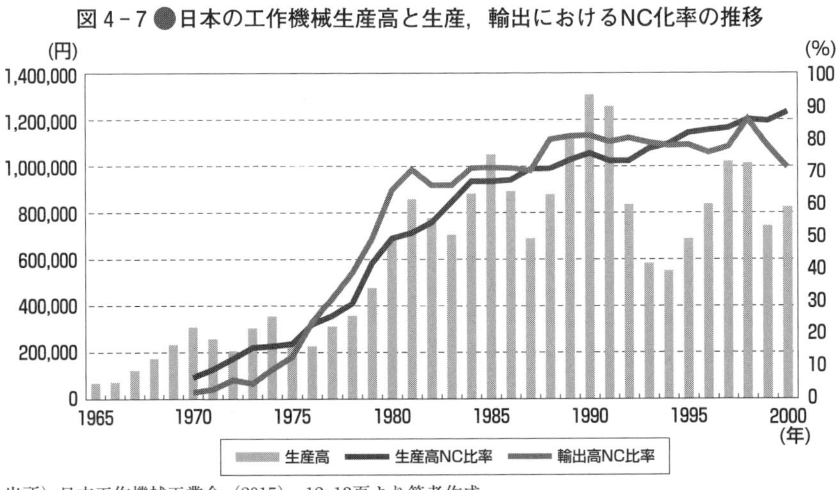

出所）日本工作機械工業会（2015），12-13頁より筆者作成。

して，相対的に低価格のNC工作機械を供給しえたのである。**図4－7**にあるように，工作機械のNC化が日本の生産高を増加させ，輸出にも向かわせていることが明らかとなる。このことが，日本の機械工業の国際競争力を高めた。

前述してきたように，イギリス，アメリカの生産システムの発展には，それを支える工作機械技術の発展が存在した。日本の生産システムの発展にも，以上のようなNC工作機械の発展が支えてきたのである[11]。

新製品開発における柔軟性の発揮

①研究所レベルでの柔軟性

まずは，研究所における柔軟性の発揮についてである。以前の松下電子工業株式会社電子総合研究所の元所長加納剛太によると，日本において成功した新製品開発の場合，その「『研究の目的は，基礎研究の段階から市場を意識したものでなければならない』というものである。つまり，研究というものは，その最初から商品化を目指すということである。これを念頭に置かなければならない。…このときを境に，加納は１つのスローガンを掲げた。「創造力は技術の敵」冗談めいたスローガンではあるが，１つの示唆を与えることが目的である。つまり，最終的に商品化することが必要だということ。独自性といった価値観でアカデミックな社会を見るだけでなく，リアルな世界に貢献できる技術を大切にしなければならないと強調したかったのである。もう１つ加納が学んだのは，研究からビジネスへの移行を急ぎすぎると，悲劇を引き起こすということだ。最終的に技術というものは，社会に役立ち，事業として利益を生み出すことのできる製品を開発することにのみ，その存在価値がある。数十年の期間をかけて関連の技術を開発することの重要性を認識し基本養成技術がすべてであるということを忘れてはならない。半導体レーザーの場合，1962年に発明され，1982年まで量産されるには至らなかった。…リアルなビジネスは，理論や紙の上の計算とは違い，リスクを要求する。このリスクの大きさを見積もるには経験が役にたつ。このハードルを乗り越えることそのものが，アントレプレナーシップの要素であるといえる。歩留まりが悪いという事態に対する責任をとることも重要な要素だ。この姿勢が往々にして研究者に欠けている。研究開発したものが商品となったら，その供給に責任をとる必要がある。この認識を欠くことは，供給の義務という大きな社会的責任をおろそかにすることである。加えて期限通りの納品ができないということは，ペナルティーを負うことである。その保証の支払いが非常に大きいということも研究者が考えるべきだ。つまり新しいビジネスを始めるときは，利益，固定費，供給への責任，納期遅れに対するペナルティーといったすべての要因を考慮しなければならない」（ジョンストン，2006，邦訳116-118頁）という。

なお，その際，「『甘えを許さなければならない構造』とでもいうべきもの」，つまり，「上層部が自分の無謀ともいえる挑戦を許してきたという事実こそ，新しい日本をつくる経営改革への勇敢な挑戦であったといえるのかもしれない。このことは，日本の文化と歴史を背景に国際競争力を高めていく経営改革の根幹として評価されるべき」（ジョンストン，2006，邦訳201頁）なのである。

②コンカレント・エンジニアリングの実施

次に，新製品開発においては，製品設計と製造プロセス設計を同時進行させるコンカレント・エンジニアリングを実施することで，アメリカをはじめとする他国に比べて相当な短時間で実現していた。

自動車産業においては，「日本とアメリカにおける類似製品の開発プロジェクトを比較調査した結果，日本の自動車メーカーはアメリカと比べて，新車のコンセプト段階から発売までのエンジニアリングの作業に平均して約半分の時間しかかかっていないことがわかった。だがかつては，その所要時間は３分の２だったのである。日本の強みは，主に３つの組織面における要因に帰せられるであろう。…アメリカの自動車メーカーでは，作業の各段階を担当する一連の製品開発チームと複数のマネージャーを登用するのが典型的である。まず，製品のコンセプト設定の段階に１チーム，次に基本設計の段階に１チーム，さらに別のチームが，プロセス技術の段階から実際の生産までを担当するのである。要員は，プロジェクトがある段階から次の段階に移るごとに変わる。このため，車体設計，動力伝達装置の設計などさまざまな機能分野と，全体の製品設計のあいだの調整機能は往々にして弱かった。日本の自動車メーカーでは，新製品開発プロジェクトごとに，その製品についての総括責任者として企画・管理するプログラム・マネージャーが任命され，企業内で大きな権限を持ち，スタッフとともにコンセプト段階から生産が軌道に乗るまでを担当する。マネージャーの重要な課題の一つは，スタート時点に意見の相違を全部吐き出させ，必ず解決しておくことにある。コンセンサスを得るには相当の時間と努力が必要であるが，この時点で十分調整しておけば，プログラム・チームの全メンバーから全面的な信任を得ることが可能であり，その後の進展が非常に速くなるのである。いったん仕事が軌道に乗ると，プロジェクトのさまざまな側面は，同時並行的に進行する。日本の企業では，例えば，製品設計と製造プロセス設計の双方をほぼ完全にオーバーラップさせて仕事を進めることができる。それがうまくいくためには，莫大な量の情報が，製品設計者と製造プロセス設計者の間を流れなければならない。同時に，かなりのフレキシビリティーも要請される。というのは，設計が進むにつれて，製品・製造プロセス双方で変更が避けられないからである」(Dertouzos，1989，邦訳113-114頁)[12]。

エレクトロニクス産業においても，例えばテレビ産業では，「日本の製品開発プロセスが欧米と違うところの１つは，設計のプロセスの中に，生産技術や製造職能のメンバを集めて試作品を検討して製品の作りやすさを追求するプロセスが入っていることだという」(平本，1994，252頁)。

例えば，ある企業では，設計，試作，生産技術，製造，検査など各セクション間の情報の相互の流れは，製品開発プロセスのかなり早い段階で始まりかつ何度も繰り返して行われるとのことだが，ずっと以前は設計→設計試作→性能試作→検査→量産試作へというように，職能別の分業が明確に成立して情報が製品開発の上流から下流に向かって流れる欧米型の製品開発プロセスであったという。それがVTR工場から転任してきた製造担当マネージャーが，「VTR工場では，試作部門がただ設計図面に基づいて製作するだけでなく，その試作品を評価することも課題としていた。試作部門が合格としないと量産に移れないようなシステムであった。このテレビ工場はそのシステムを学習するとともに，さらに，試作部門は評価だけではなく自ら改善するところまで職務を拡張した」(平本，1994，253頁) 結果だった。

つまり，こうした「製造担当マネージャーが製品開発プロセスを変更して，試作，製造セクションがそのプロセスに積極的に参加するようにしたし，試作セクションの担当者は，回路の改善作業まで自らの作業の中に取り込んだ。職務の領域が固定的ではなく，担当者の意志や状況に応じて柔軟に変わりうる」

（平本，1994，255頁）ものだったからだった。

以上のように，自動車産業，エレクトロニクス産業において，コンカレント・エンジニアリングという「柔軟」な対応によって，新製品開発を進めていた。

トヨタ生産システムの思想の活用

バブル経済崩壊後，日本企業は熱心にトヨタ生産システムの思想を活用する方向に向かった。柔軟統合型生産システムを深化させたのである。第1に，コンベアラインを外してセル生産方式を採用したものであり，第2に，NPS（New Production System）研究会による実践である。

①セル生産システムの登場

セル生産システムとは，長いベルトコンベアーを廃止して，数多く設置したセルと呼ばれる比較的小さな作業単位で，1人ないし少人数（数人から20，30人程度）の作業者が製品を組み立てる方式のことである（浅生他，2014）。このセル生産方式によって，例えば，「1）生産性で20％上昇，2）品質の向上（手直しせずに出荷できる製品の比率で3－5％上昇），3）柔軟性の増大（製品の切り替えと生産量変動への対応が容易になったこと），4）フロアー面積の50％削減，5）作業者の労働意欲向上などの成果を得」（浅生，2015，34頁）るものである[13]。

1つの流れは，大野耐一に学んだコンサルタントの山田日登司の指導である。後者の山田による指導で改善が進んだ企業の例として，長野県にある抵抗器メーカーのKOAの取り組みがある。同社は1985年のプラザ合意による円高ドル安時に，大変な事業上の試練を受けた（中瀬，2015）。

というのは，「同社の製品は主に抵抗器であり，汎用性の高い基本電子部品であることから，大量生産に向く製品であったので在庫生産方式がとられ，約3か月分の製品在庫を保有していた。しかしながら取引先からの多品種化，短納期化やタイムリーな供給への要望が強まる中で，欠品などによる納期遅滞が頻発し，営業活動の障害になる恐れが出てきた。また，カラーテレビ等を中心とする家電電化製品の普及と輸出の増大に伴う市場の拡大に合わせて，設備の大型化，生産システムの自動化ならびに経営の多角化を押し進めた。しかし1985年のプラザ合意に端を発した円高による価格の下落と受注減のため，製品在庫が倉庫にあふれる状況となった。さらに，新規事業がうまく立ち上がらなかったこともあり，1987年には経常赤字に転落した」（信夫，2003，131頁）。

「市場は多品種少量生産体制へ移行し，お客様より『必要なもの』を『必要な時』に『必要なだけ』生産・調達するジャスト・イン・タイムでの供給が求められてきた」（KOA，2016）と考え，1987年4月からものづくりの現場改善であるKPS（KOA Production System）をスタートさせ，その2年後にはものづくりの現場だけでなく，全社の経営改善活動――KPS（KOA Profit System）へと進化させた。

1つ目に，納品業務を営業の役割だとする従来の考えを改めて，営業を経ないで直接顧客に納品して営業での在庫管理業務の削減を図るという物流の効率化を図り，2つ目に，営業による顧客からの注文情報の入力を，製造現場リーダーが直接受けて責任をもって生産計画を立て納期管理することで，納期リードタイムの短縮を図り，3つ目に，生産計画サイクルを従来の週単位から日単位に変更することで生産計画サイクルの短縮を実施し，4つ目に，生産管理を「目でみる管理」を軸にするとともに，生産設備を小型，安価，低速，機能本位へと生産システムの効率化を図り，5つ目に，事務の棚卸しを行い，照合，重複業務，類似業務を整理統合し，間接業務をできるだけ発生元で処理するようにするなど間接業務の効率化を図った（信夫，2003，132-134頁）。

そして，1993年より，ワークショップ体制へと移行した。これは，それまでの分業方式から，受注－生産－品質保証－配送の一連の流れを20人程度の小組織で実践させようとしたもので，自己完結型セルの導入である（信夫，2003）。

そのもとで1987年から97年の11年間に棚卸資産を3分の1に，生産リード・タイムを4分の1に，設備効率を2倍にすることを目指した（KOA，2016）。なお，KOAは生産合理化によって生まれた余裕をもって新たな技術開発，新製品開発を進めるだけではなく，地域社会への配慮，環境経営にも熱心に努めている。

なお，セル生産方式については，第6章でも取り上げる。

②NPS研究会の実践

例えばコンデンサーメーカーである指月（しづき）電機製作所である。同社は，内製化を推進してリードタイムの短縮を実現した。その際の考え方について，ウシオ電機元会長で，NPS研究会発足当初からかかわる木下幹彌は「確かに，生産性を上げれば必ず業績が向上するかと言えば，なかなかそうも言い切れないところがあります。例えば，新しい設備や機械をドンドン導入すれば生産性は上がるかもしれませんが，その分の償却費や余分な保全工数が発生します。量が減っても生産性を落とさない，むしろ上げていく一番の決め手は，やはり「目」のない少人化（「省人化」ではない）だと思います。それと，もうひとつは設備の内製化。設備を市販の10分の１の費用で内製して，それが儲けにつながります。そういうふうにいろいろ工夫し，製造現場を改善していく，そうすれば生産性も上がり，コストもそれにリンクして下がっていくことになる訳です」（木下，2012，287-288頁）という点を挙げる。

なお，NPSとセル生産方式は似て非なるものだという。「１人ないし数人で製品をつくり上げるセル方式は，例えば試作品の立ち上げなどには向くやり方かもしれない。しかし，製品が売れてそれなりの数をつくらなければならないときに，はたして量ができるか，製品の品質が均一に保てるかについては疑問が生じる。それに，最初から最後まで全部の工程を１人か数人でこなすには，その工程を全部覚えなければならないという問題もある。したがって，とくに人の訓練に相当の苦労が伴うのではないか。人間には器用な人もいればそうでない人もいる。そう考えると，セル方式では品質確保に無理が出て，顧客第一主義の足を引っ張る要因になるのではないか，との鈴村氏（筆者注；トヨタ自動車工業株式会社出身で，NPS研究会初代実践委員長を務めた鈴村喜久男氏のこと）の疑問は当然だろう。本来，工業製品というのは，かなり品質の高い製品をどれも均一につくるというところにその本質がある。しかし，その均一さをセル方式で，維持できるのかどうか。それに加え，セル方式の概念のなかにはNPSでいう『流れ』という概念がないうえ，売れに応じてものをつくっていくという仕組みとは大きく異なっていることを指摘しておかねばならない」（篠原，2003，137-138頁）。

第４節　サプライヤーを巻き込んだ企業外部における柔軟性

サプライヤーシステムにおける柔軟性

前述したフレキシブル同期化は社外のサプライヤーをも組み込んだシステムだった。**図４－８**には，そうした日本の自動車産業でみられたサプライヤーを

図4－8●製品・工程のヒエラルキーと企業のヒエラルキー（概念図）

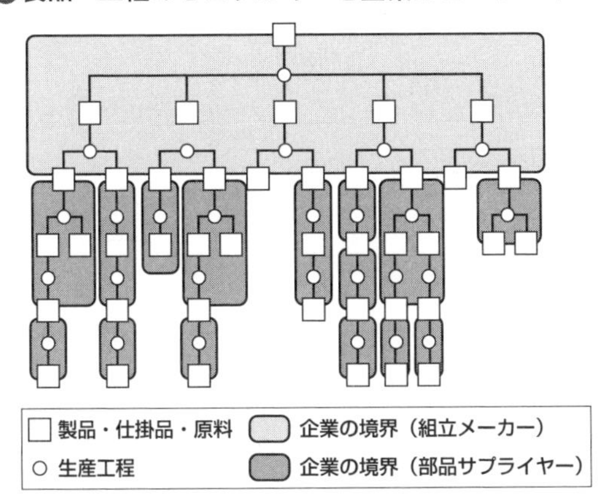

出所）藤本（1997），168頁。

組み込んだ統合構造を示している。日本の生んだ柔軟統合型生産システムは，第3章で扱った垂直統合型生産システムとは異なって，当該企業外の関係会社をも巻き込んだ形で成立していた。

そして，仕事を発注する親企業とサプライヤーの関係は具体的には**図4－9**に示されている。サプライヤーの成長，発展に従って，(c) の貸与図方式から，(b) の委託図方式へ，そして，(a) の承認図方式へと「発展」すると考えられる。

最初は親企業側が設計図を製作し，それをサプライヤーに渡して生産する。次に，サプライヤーから親企業に設計図の製作を委託し，それを支給されて生産する。ここでも，設計図の制作，設計図の所有権は親企業にある。最後の承認図方式になると，サプライヤーがそれまでの親企業との長期継続的な取引関係から蓄積した情報に基づいて設計図を製作し，親企業に提示して承認を得て生産する。この場合には，設計図のノウハウはサプライヤーに蓄積される。承認図方式の拡大については**図4－10**で確認できよう。このように，サプライヤーの自発性を促す承認図方式が主流となることで，多様な製品づくりにつながると考えられるのである。

図 4－9 ●設計の形態

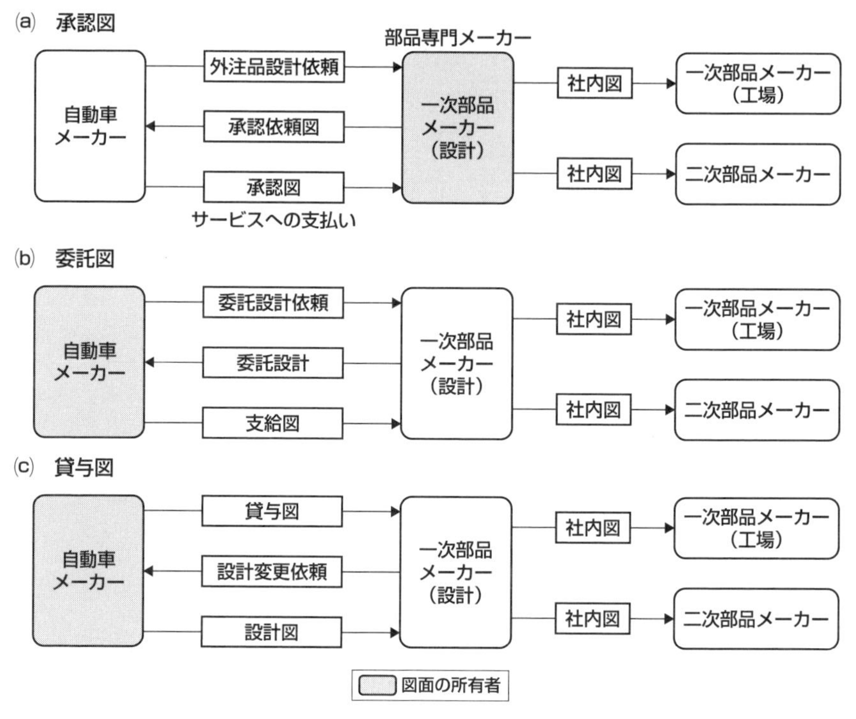

出所）藤本（1997），193頁。

図 4－10●承認図設計拡大

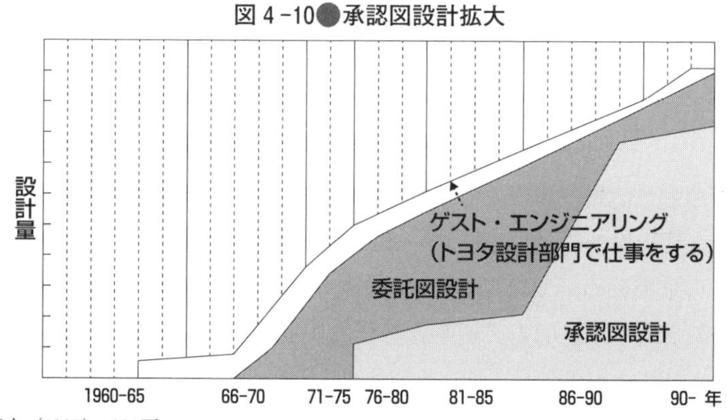

出所）藤本（1997），226頁。

電卓産業におけるセットメーカーとデバイスメーカーの連携の実例

実は，以上のあり方は，電子式卓上計算機産業（電卓産業）でもみられた。当初，ICを電卓に利用しようとしたのはICを開発したアメリカのテキサス・インスツルメンツ社であった。しかし，市場調査の結果，ハンディーな計算機は売れる見込みがないとして断念した（相田，1996，73-74頁）。

それに対して，日本企業は，最初にメモリーを搭載した電卓を開発，販売した日本計算器（後のビジコン）が，その後，シャープがアメリカメーカーと共同で開発した。そして，カシオミニを開発し，販売したカシオも同様に，自社のみではなく，必要な部品を供給する他社との共同開発を前提に事業を進めていた。「はい，それで，日立さんというのは実は，私どもの昔の工場と車で20分ぐらいの距離なんです。日立の武蔵工場ですね。どうしてもカスタムLSIですとかロジックLSIをお頼みする場合は，お互いの回路を充分理解していかなきゃいけませんので，コミュニケーションっていうのがすごく大事なんですね。ですから，距離が近いことが大変重要なんですね。ちょっとここをこう変更しようなどということが結構多いものですから，電話で言っててはラチがあかないときがあるんです。ですから20分で行き来できるというのは，大変な地の利なんですね」（相田，1996，283-284頁）。このように日本の柔軟統合型生産システムが電卓産業を発展させた。

なお，日本で繰り広げられた電卓戦争の過程は，CPUを生み出し，シルクスクリーン，導電インキ，プラスチックフィルム，LSIチップ，液晶表示装置，太陽電池という部品の組み合わせで電卓が製造できるようにした。いわば，日本の柔軟統合型生産システムが，次章で議論する，現在展開しているデジタル化，モジュラー化した生産システムを生み出すのを手助けしたのである。

「電卓専業の先発メーカーのシャープは，価格競争の泥沼からいかにして脱却するかを必死で模索した。その結論は，３点あった。第１に，四畳半メーカーには手の届かない新技術を開発すること。第２に，主要部品を内製化すること。第３に，低賃金に充分対抗できる生産の自動化を推進すること。簡単に言えば，新しい技術を開発し，独占し，無人化生産をしようという戦略であった。何よりも他の追随を許さぬ新技術の開発こそが先決であった。先端技術に生き残りをかけたのである」（相田，1996，308頁）。

別の意味の外注利用

他方で，上述したような自動化生産というレベルの高い生産システムの導入にとって外注企業の利用が不可欠なものとなっていた。一見，矛盾したあり方であるが，「親企業たる大手企業と外注企業との間に賃金格差が存在し，そのことが部分的で高度な自動化の進展をもたらしている」（平本，1994，281頁）のである。

ある企業の場合，「内外作の決定や管理に賃率ないし賃率・工場割という概念が使われている。工場の直接，間接の労務費，経費を『直接員』の総作業時間数で割った数値で，『直接員』1時間当たりのそれらの費用額を示している。同じ企業の他の工場の例では，この賃率ないし賃率・工場割での比較で外注の賃率は内作の約半分くらいの水準であった。外注企業の方が人件費が安いし，経費もそうかからないからである。加工外注の単価は，この賃率・工場割に標

図4-11●山脈構造型社会的分業構造の概念図

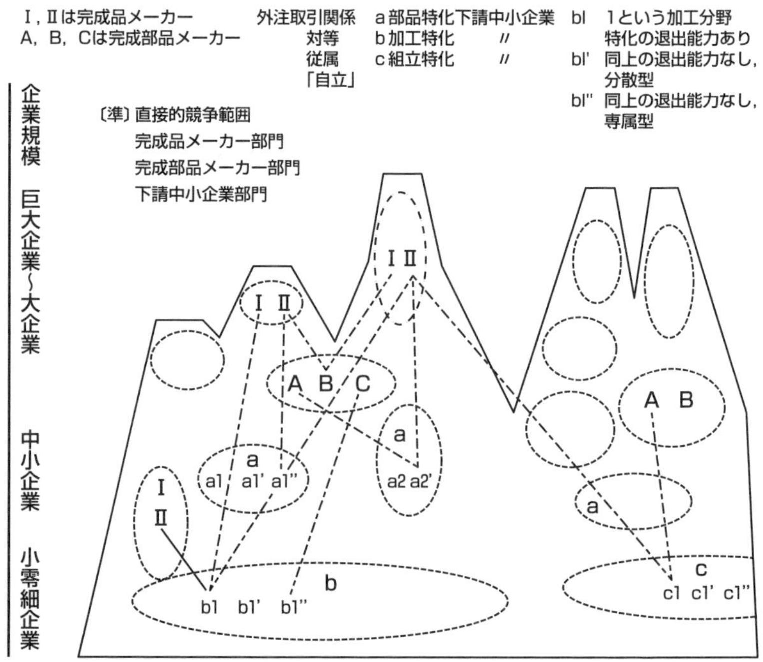

出所）渡辺（1997），159頁。

準時間（ST）をかけて算出される。その場合のSTは内作も外作も基本的には同じであるから，この賃率の差は企業にとってはコストの差を意味している。この賃金率が年齢や学歴などを勘案した意味での賃金の格差にどの程度影響されているかは別問題として，内外作を決定する際の企業にとってのコストという点では約2倍の差があることになるのである。…日本の親工場で，他に比べて高度な製造技術が採用されていることの基礎にはこうした論理も働いているものと考えられる。このロボット・ラインの投資でも，社内の設備投資の範疇ではこれは合理化投資とされ，この投資によって置き換えられる人件費は投資計算の中に厳密に組み入れられていた。そしてその計算で投下資本利益率などがある一定の基準を超えることが要求されているのである…しかもこの場合，前項にみたように高度な機械体系の採用そのものが低コストの外注利用を他方の条件としていた。外注に依存していることで，量産的で有利な利用が可能になっている。両者の間に直接の依存関係があるのである」（平本，1994，281-283頁）。

上述してきた企業外に広がる柔軟統合型生産システムは，頂きに位置する大企業からは，**図4-11**の山脈型社会的分業構造としてイメージされる。関（1993）が示したフルセット型産業構造のイメージと同じものであり，こうしたシステムが日本の経済大国化を支えたと考えられてきた。

第5節　柔軟統合型生産システムの意義と限界

以上のように，石油危機後の日本の柔軟統合型生産システムは，労働者の主体性を一定程度「回復」し，生産において柔軟性をもたらして垂直統合型システムの硬直性に対する1つの解決策を示した。

しかし，この柔軟統合型生産システムを実行するには大変なコストがかかる。まずは，文字通りの金銭的なコストがかかった。前述したようにCIMのシステムは多額の投資を必要とする。

次に，フレキシビリティ・コストがかかる。小ロット生産に伴う段取り替え時間の削減のための方策，多工程持ちを実現する工夫，QCサークルによる従業員の積極性の引き出すための工夫などが求められるからである。

そのために，ある自動車会社では，「手間ひまかけたドロくさい労務管理」

を実現しようと，職場だけではなく，寮，社宅等のプライベートな時間にまで張りめぐらせた「人間関係諸活動」を実施した。その自動車企業の人事担当者は，「従業員ひとりひとりは，いろいろな教育の機会をもち，また人間関係諸活動の場に参加している。1人で数個から十数個に及ぶ機会，団体，活動に参加する。あたかもたて糸とよこ糸のように織りなされた活動のなかに従業員はとけこみ，会社全体として点の活動から線の活動へ，線の活動から面の活動へと広がりをもち，今やほとんどすき間のないほど，いろいろな角度からこれらの諸活動は展開している。こうしたことがより明るく働きやすい職場環境をつくり，より安定した生活環境をつくり，よりしっかりとした生産体制をつくり，人間疎外をおいやってゆくのである」(野村，1993，118頁)。

他方で，このような「息の詰まる」関係性が，労働者側に対しては過労死の生まれる素地を提供したものであろうし，日本企業から創造性を喪失させたのではなかっただろうか[14]。

また，親会社にとっては，サプライヤーとの緊密な関係は，ジャスト・イン・タイムに同期化することから，次第に重荷とも意識されるようになった。1980年代後半には，グローバル競争を意識してか，親企業である大企業はそれまでの下請企業の囲い込み状態から，他企業からの仕事をも受注するように下請企業に勧奨して，自立化を促すようなあり方に転換したのである（中瀬，2007)。

生産システムに柔軟性を取り込んだ，この日本発の柔軟統合型生産システムよりもはるかに低コストでスピードの速い生産システムが，現在は登場して，その日本発のシステムはとても維持していくことは難しいものとなっている。それでは，現在普及している生産システムとはどのようなものだろうか。次章で議論をしていこう。

◉注

1　丁稚は盆と暮れに支給される仕着施（しきせ）と呼ばれる衣服や若干の小遣いを除いて無給であった。ただし，日常の衣食住および健康管理は原則的に雇家が負担していた。

2　この点で，近世初頭から，京都・長崎・堺などの商人によって行われていた大名貸しとは異なっていた。というのは，それらの大名貸しは大名の不時の用を満たす消費貸借的なもので，蔵物流通と結びついたものではなかったことから，無担保の貸付に等しく，リスキーなものであった。1730年代に三井高房が著した『町人考見録』は，先に述べたように，京都の町人50余軒のあり様を描いたが，破綻の原因の多くは大名貸であったという（宮本，1995，24頁）。

3　日本における紡績業は，1882年に設立された大阪紡績会社以降に経営が安定した。というのは，第1に，株式会社制度を採用し，財界の有力者渋沢栄一や大阪の商人松本重太郎らの呼び掛けに応じて旧大名，大阪・東京の有力な実業家や商人など都市の富豪多数の出資を受け，しかも渋沢が頭取であった第1国立銀行から運転資金を得られたこと，第2に，資金調達力の向上により，1万500錘という大規模な設備が採用されたこと，第3に，蒸気機関が導入されたため工場の安定的な操業が可能となったこと，第4に，大都市大阪の近郊に工場が設置されたため，労働力調達や製品販売が容易であったこと，第5に，イギリスで紡績技術にかんする研鑽を積んだ山辺丈夫を迎えたこと，第6に，操業開始後ほどなく昼夜業を導入し，資本が労働に比べ希少である状況に適合的な生産体制を構築したこと，第7に，1885年頃，価格が国産綿花の約4分の3であった中国綿花を使用するようになり原綿コストを下げたこと等が好影響を与えたこと，である（阿部，1995，90頁）。

4　重化学工業には，政商から成長した財閥に所属する企業が多数を占めていた。重化学工業の発展がみられた際，主要財閥が第1次大戦ブーム期から戦後にかけて重化学工業分野に進出を図ると同時に，コンツェルン組織を採用し，直営事業を株式会社化したからである（宇田川，1995，154頁）。戦時期，特に太平洋戦争期には財閥は一挙にその傘下企業数を増大させ，日本経済に占める比重を大幅に上昇させた。これは，財閥が戦時経済の要請，経営環境の変化に対応しつつ，重化学工業にその投資分野を大きくシフトさせたからだった（沢井，1995，216-218頁）。

5　甲自動車工業においては「三層会」「豊養会」といった「社内団体」をはじめとして，「パーソナル・タッチ運動」，「明るい寮づくり運動」等の「インフォーマル活動」が，「人事管理の基礎」とされ，職場の末端，寮室の内部にまで，濃密な人間関係が作りだされて，「その上に，前述のような『協議型』の労資関係が築かれてい」（山本，1991，187頁）た。また，甲電気の「インフォーマル」組織である「扇会」は1974年の第1次石油ショックの翌年に，全国に立地する甲電気の各工場・事業所のほとんどすべてを網羅する「全国組織」として結成された。「この『扇会』結成の時代的背景としては，高度経済成長の終焉と，ヴェトナム戦争・“石油ショック”という国際情勢の激動，そしてまた，これとも対応する国内における既存左翼勢力とニュー・レフト勢力の台頭をあげなければならない。この時期，甲電気における“安定的”労資関係が危機にさらされていたのである」（山本，1991，199頁）という。

6　ゴードン（2012）では，こうした日本における協調的な労使関係の成立について，それまでの歴史が積み重ねてきたものと理解している。「モラル・エコノミー」という視点，つまり，「一揆や暴動，騒擾など，民衆の集団行動などに際し，その社会において歴史的に人びとに受容されてきた『徳義』や『道徳』が，そうした行為を正当化する根拠となる事実を説明する概念」（ゴードン，2012，479頁訳注）から，「徳川社会の性格，新たな明治社会の秩序，および資本主義制度のもとでの工業化によって形成された特殊な一連の歴史的諸状況の組み合わせから生まれた」（ゴードン，2012，508頁）として，日本の労働社会の内部で積み上げられたものと捉えている。

7　ただし，以上のような日本の「従業員集団としての労働組合は，従業員利害の擁護という『企業主義』的な原理をその行動様式の核として，状況の変化に対する高い弾力性をもっている。欧米の産業別組合，職業別組合を基礎とする労働運動と比較して，日本のそれが経済環境の変化に対する高い弾力性と柔軟性をもっているのは，このことを抜きにして理解することは難しい」（田端，1991，225頁）。

8　「自働化」とは「ニンベンのある自動機械」を指すという。これについて，大野は「トヨタでは『自動停止装置付の機械』をいう。…この自動機にニンベンをつけることは，管理という意味も大きく変えるのである。すなわち人は正常に機械が動いているときはいらずに，異常でストップしたときに初めてそこへ行けばよいからである。だから１人で何台もの機械が持てるようになり，工数低減が進み，生産効率は飛躍的に向上する。…したがって，私はこの考え方を発展させて，手作業による生産ラインでも異常があれば，作業者がストップボタンを押してラインを止めるようにした。自動車は安全性を重視しなければならない製品だから，どの工場のどのライン，どの機械をみても正常・異常の別が明確になっており，きちんと再発防止の手が打たれることが不可欠である。それで，私は，これをトヨタ生産方式を支えるもう１本の柱としたのである」（大野，1978，15-16頁）。フォードシステムが作業的熟練と管理的熟練の両機能を工程機能として工程が作業を管理するという作業と管理の「同時化」を実現した（坂本，2016）とすればこの「自働化」の意義は大変なものであろう。

9　本論でも述べたように，トヨタ生産方式とは，無駄の排除をした結果，流れ生産方式にたどり着いたものであり，最初から流れ作業を意識したものではない。和田（2009）は，トヨタ生産システムとは流れ作業を意識したものであること，それは第２次世界大戦時の軍需生産にも１つの源流があることを論じている。和田（2009）の議論は「流れ」を意識しすぎているといえよう。

10　松下電器では，円高不況を受けた1987年頃から着手し，製品の高級化，高額化，労働者の「人間化」を目的に，1990年にMTM（Matsushita Market Oriented Total Management System）として推進され，機種切り替えを意識させないスムーズな自動化を実現した（岩井，1992）。

11　1980年代から2000年代まで，日本はNC工作機械を中心として世界最大の工作機械輸出国であった。坂本（2009）が，日本発の柔軟統合型生産システムの技術的基盤をME（マイクロエレクトロニクス）にあるとするのは，こうしたNC工作機械の浸透を背景にしていると考えられる。ただし，現在の日本の工作機械産業の最先端技術はいまだ欧米発であるという（沢井，2013）。

12　最近の研究でも，日系企業のコンカレントエンジニアリングの開発方法が確認されている（石井，2003，2013）。

13　とはいえ，以下のような問題点も指摘されている。そもそも，セル生産方式は，「第1に，作業の最適化をはかるため，作業方法の標準化が行われる。作業方法の単純化（モニター作業）とその組み合わせによる多能工化，すなわち作業の多様化に対する適応能力が教育される。第2に，技能が速度に還元され，個人別の最高速度が求められる。それは作業速度の自律性を意味するわけではない。第3に，作業は立ち作業を基本とし，作業疲労を伴う。A社の例でも現場で足をたたいている女性がいた。第4に，作業成果が個人別あるいはチーム別に測定され，作業刺激あるいはチーム内の作業牽制が行われる。作業が請負または成果給と結合されることが多いが，その場合作業刺激はより大きくなる。こうしてみると，現実に展開されるセル生産労働は，作業方法の標準化と催促時間の結合，作業内容の単純化とその組み合わせとしての職務拡大，コンベア労働を超える作業疲労，作業成果による作業刺激などをつうじて生産性向上をはかるシステムであり，その積極的側面を勘案したとしても，テイラー・システムの現代的展開と考えざるをえない」（坂本，2005，26-27頁）ものである。なお，パナソニックでも，2001年からセル生産方式を導入し，全社的なIT投資を実施してサプライチェーン・マネジメントを構築して，「軽くて速い松下」を実現した。その成果は，プラズマテレビの「世界同時発売」となって現れ，2004-5年時点では成功したビジネスモデルとされた（日経ビジネス，2005）。

14　以上の議論は創発性の議論とも重なり合う。強調しすぎるのはよくないが，例えば，日本ビクターによるVHS方式は「窓際族」の社員が発明したというエピソードがあったり，前述のように，加納は研究そのものには少し余裕を持たせる必要があると主張していた。あまりに密で，息の詰まるような人間関係では，創造性は発揮しえないのではないだろうか。なお，第5章では，中華人民共和国の生産システムを扱うが，その工場従業員にとって日本企業の行う品質管理活動はあまりにも細かすぎるという。「日系の工場はやはりストレスがたまりやすいのだろうか。Aさんは言う。『たまりやすいですね，おそらく。ワーカーさんに話を聞くと，5Sとか6Sとか耐えがたいらしいです』。4S，5S，6Sというのは，日本の製造業やサービス業における啓発活動の標語である。『整理・整頓・清潔・清掃』という言葉のローマ字表記の頭文字をとって4つのS。5Sはこれに『躾』が加わり6Sはこれに『作法』が加わる（順番が変わることもある）。効率のよい作業のためには，工場内をいつも整理・整頓し，掃除をよくして衛生的に保たなければならない。そのためには気持ちが緩んでいてはいけないので，若い工員たちの心をきちんと鍛える躾をして，時間に遅れない，あいさつをする，約束を守るなどのマナーや礼儀作法を身につけてもらおう，という日系工場側の親心にも似たワーカー教育が，じつは80后，90后（筆者注：中国の「1人っ子政策」が生んだバーリンホー，ジョウリンホーのこと）の若いワーカーたちにはものすごく負担なのだという。…しかし，躾を，いじめ，嫌がらせと感じるワーカーさんもいることは確かです」（福島，2013，63-64頁）。

第5章

アメリカを再生するとともに新興国で展開する分散型生産システム

本章の目標

本章では，現在の生産システムの主流ともいえる分散型生産システムについて具体的に明らかにする。第1に，なぜ分散型生産システムがアメリカで誕生し，広がったのかに触れ，第2に，その分散型生産システムが，韓国においてどのように発展して機能しているのかを明らかにし，第3に，現在，「世界の工場」と考えられている中国においてどのように発展し，展開し，そしてどのような問題を起こしているのかを議論する。

第1節　分散型生産システムの登場

コンピュータ産業から始まった生産システムの構造変化

①IBM360の開発

欧米企業，特に米国系企業は，1980年代の日本企業の経済的成功に刺激されて，とりわけアウトソーシング形態を導入した。米国系企業は，親企業とサプライヤーの緊密な関係こそが日本の生産システムの重要な要素だと考えて，ますます高まる国際競争のプレッシャーと「市場の移り気」（market volatility）に対応しようと，固定資産等をサプライヤーに委譲した。

つまり，IBMやHPは世界に広がる製造設備をソレクトロン，フレクストロニクスといったEMS（Electric Manufacturing System）や台湾の広達（Quanta），鴻海（Hon Hai）というOEM（original equipment manufacturer），ODM（original design manufacturer）に売却した（Sturgeon, 2006, pp.49-52）。ただし，そうしたアウトソーシングを利用するためには，生産システムの構造がモジュール型になっている必要がある。このモジュールの発想が生産システムに持ち込まれたのは，IBMのシステム360の製造からであった。

「1960年までにコンピュータは，データ処理・分析，多様な情報の記憶・検索のための重要な道具となっていた。コンピュータは，行政機関，保険会社，研究所や銀行など広範な事業体で，いち早くワークフローの不可欠な部分となった。同時に，回路設計・個体電子工学，ソフトウエア，メモリおよびストレージに関する新たな概念が，常にコストを低下させながら，高いパフォーマンス改善率を約束してきた。しかし，一見幸福そうな需給の合致の下には，より困難な現実が潜んでいた。…ユーザーが新技術を利用するには，旧式なシステムとソフトウエアへの投資を除却し，全データを新たなフォーマットと記憶装置に移さねばならなかった。この転換は微妙なオペレーションであり，仮にそのデータがその事業体の活動に不可欠なものならば（例えば，データが会社の総勘定元帳または売掛金台帳を含むなら）危険でもあった。問題の根本は，増大するシステムの複雑さと，それらの設計の相互依存型構造にある。新しいコンピュータ・システムを設計するには，各々，一度ご破算にしなければならず，新しいシステムだけが新技術を享受できた。そのためシステム設計は増大し，それにつれてアプリケーション・サポート，ソフトウエア開発およびサービスへのニーズも増大した。60年代初期のコンピュータ業界では，設計者たちはジレンマへの解答を求めていた。IBMでは，その探索は初のモジュール型コンピュータ・システムのファミリーであるシステム/360につながった。システム/360の設計は，広範な製品群でのアプリケーション・ソフトウエアの互換性を達成し，コンピューティング・パワーに対する莫大な需要を解き放った」（Baldwin & Clark，2000，邦訳197-198頁）。

IBMのSPREAD（System Programming, Research, Engineering, and Development）というコード・ネームのグループが，「IBMは全製品群を刷新する。互換プロセッサの新しいファミリーを開発すべし」と勧告し，互換性を追求したシステム/360を誕生させた（Baldwin & Clark，2000，邦訳202頁）。

上述のモジュール化とは，大量生産にも匹敵する低コストで高水準の多様性を達成する『マス・カスタマイゼーション』（大量カスタム化）を可能とするものである。

まず，「製品設計と製造プロセスを，①全製品群に共通するプラットフォームと，②1または小グループの顧客に特有な機能，に分割する」(Baldwin & Clark, 2000, 邦訳106頁)。そして，モジュール化は，「『管理可能な』複雑性の範囲を増大する。それは要素またはタスク間の相互作用の範囲を限定し，設計または製造プロセスで生じる循環の量と範囲を減らすことで行われる。ある相互連関型プロセスのステップ数が増加すると，そのプロセスが成功裏に完成するのはしだいに難しくなる。消費される相互作用の集合を減らすことで，モジュール化は，起こりうる循環の範囲と領域を減らす」のである。そして，「大規模設計において異なる部分が同時に作業することを可能にする。あるモジュールのタスク構造内のブロックは，すべて同時に作業できる。したがって，『デザイン・ルール』と『統合・検証』段階で時間を過大に浪費しないかぎり…タスクのモジュール分割は，与えられたプロセスの完成に必要な期間を短縮する」のである。また，「不確実性に適応する。モジュール型設計の特徴を定義すると，それは，設計パラメータを可視のものと隠されたものに分離することである。隠されたパラメータは，他の設計の部分から隔離され，変更可能である…したがって，アークテクトと他の隠されたモジュールの設計者にとって，隠されたパラメータの値は不確かなものとなる。それらは，『モジュール』というブラック・ボックス内に位置している」(Baldwin & Clark, 2000, 邦訳107頁) からである。

この結果，コンピュータ産業の資本市場価値は，「IBMから，コンピュータ産業を構成する残りの企業がひしめき，拡大・膨張するモジュール・クラスターへとシフトした」(Baldwin & Clark, 2000, 邦訳441頁)。「システム/360の発表直後に，ディスク・ドライブ，テープ・ドライブ，端末，プリンタ，記憶装置を含むIBM『プラグ互換』周辺装置を提供する膨大なベンチャー企業群が出現した」(Baldwin & Clark, 2000, 邦訳448頁) のである。

そして，1970年代には，DEC，データ・ジェネラル，プライム，ワングといったミニコンピュータ企業の「アークテクトと，独立した隠されたモジュールの設計者たちは，非集権化されていても調和して動くように投資しはじめた。彼らは，自社の境界線を越えてデザイン・ルールを伝達し，実行する新手法を開発し，彼らのシステムは機能し，市場の受容性も勝ち取った。彼らの設計は共進化し，各々のグループが他のグループの成長を指摘し」(Baldwin &

Clark, 2000, 邦訳455頁）て進んだ[1]。

②電子部品生産における「SOC」化

以上の点は，コンピューター産業においてのみ展開するものではない。電子部品生産において，機械化，自動化が進展するとともに，そうした形で生産された電子部品の多くから構成される製品全般に当てはまるものである。こうした動きは，エレクトロニクス化，デジタル化に大変親和的である。というのも，「エレクトロニクス製品では，デジタル回路による制御が次々と進み，それにともないアナログ的な微妙な調整ノウハウの価値は低下した。またアナログ部分の欠陥がデジタル回路によって補正されるようになるにつれて，アナログ部品に起因する微妙な性能差が最終製品の価値を左右しにくくなった。さらに，半導体の集積化の進展とCMOS標準プロセスの普及により，さまざまな電子回路が１つもしくは少数の半導体チップ上に統合されるようになった。その結果，製品開発における統合作業の多くの部分が，１つの半導体設計活動に集約されるようになった。これがいわゆる『SOC（System On Chip）化』であるが，この『SOC化』によって，完成品メーカーの製品統合活動の多くが上流工程に移転していったのである」（青島・武石・クスマノ，2010，307-308頁）。

③アーキテクチャ論

以上のような生産システムのあり方を，藤本隆宏はアーキテクチャ論としてまとめた。まず，藤本は，**図5-1**のように，製品とは設計情報がメディア（情報を担う媒体）の上に乗ったものと理解する。

そして，「一般に，製品，サービス，工程，組織，物流プロセス，情報ネットワーク，事業など，人間が構想し設計する人工システムは，目標とされる望ましいシステムの挙動，すなわち『機能』を達成するために，複数の構成要素を連結したシステムの『構造』を対応させる，という手順で設計されるのが基本である。つまり，人工システムの設計・開発は，通常は，機能設計から構造設計へと進む。これは，企業が商業生産し販売する『製品』（product）の場合も同様である。つまり，企業が商業生産を企図する各々の製品について，まず要求される基本機能を構想し，それを複数の下位機能の束へと展開し，そうした機能群を製品の各部分（部品・コンポーネント・モジュール）に対応させていく，というのが，製品設計という作業である。このとき，製品全体として

図5－1●アーキテクチャ論による製品の考え方

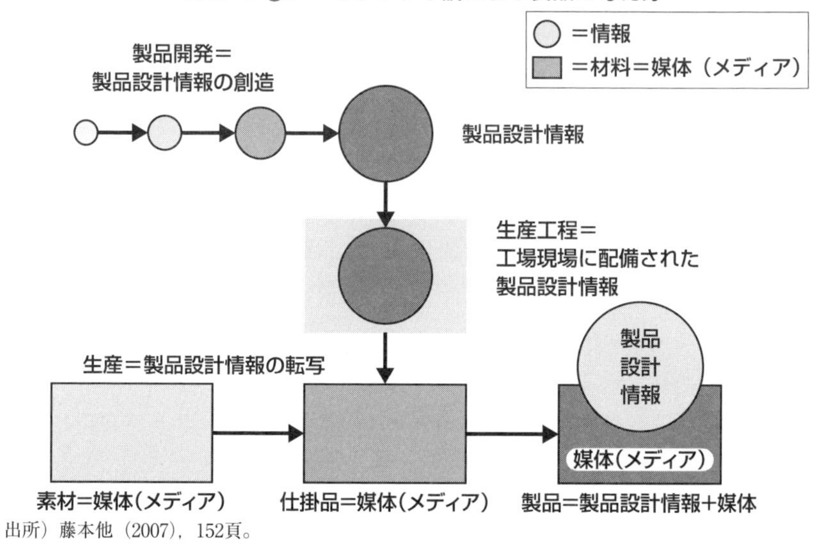

出所）藤本他（2007），152頁。

図5－2●製品アーキテクチャの2つの基本パターン

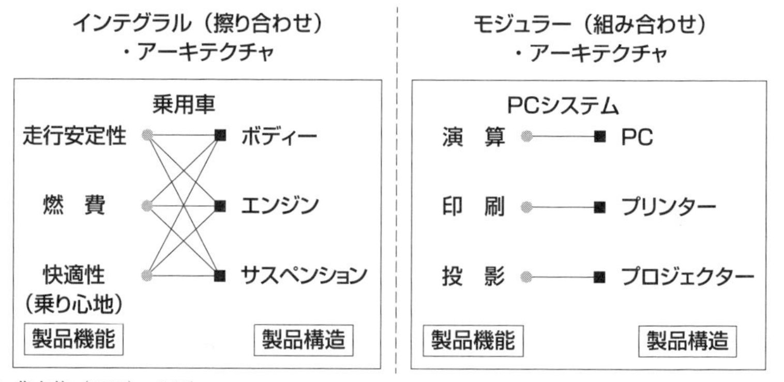

出所）藤本他（2007），37頁。

の機能を整合的に達成するために，通常は部品間の連結部分（インターフェース）を通じて構造的・機能的な情報やエネルギーのやりとりが必要となる。つまり，製品機能と製品構造をどのように対応させ，部品間のインターフェースをどのようにデザインするかが，製品設計技術者にとって，最も基本的な意思決定となる。こうした，製品に関する基本的な設計構想を『製品アーキテクチャ（product architecture）』と呼ぶことにしよう。要するに，製品の『アーキテクチャ』とは，『どのようにして製品を構成部品に分割し，そこに製品機能を配分し，それによって必要となる部品間のインターフェース（情報やエネルギーを交換する『継ぎ手』の部分）をいかに設計・調整するか』に関する基本的な設計思想のことである」（藤本，2002，３－４頁）。

製品を機能と構造の関係から，**図５－２**にあるように，モジュラー（組み合わせ）型とインテグラル（すり合わせ）型に分かれるとした。

④分散統合型生産システムとしての成立

以上のアーキテクチャ論に基づく生産システムは分散統合型生産システムと呼べるものである。「IT関連産業を中心とする1990年代のアメリカ製造業の復活は，ITの技術的特質を生産システム全般に適用する方法論の新潮流，いわば生産システムにおけるアメリカ型の復活をもたらした。その生産システムとは，システムを機能的・構造的部分（モジュール）から構成されるアーキテクチャ（有機的構造物）として捉え，モジュール分割と最適化そしてその結合という方法論，しかも最適化の標準性をインターフェースに求め，その限りでのモジュールの自律性を保証するという方法論を前提にして，製品開発，部品調達と生産工程，そして流通活動のサプライチェーン全体の分割と統合を実現する分散統合型の生産システムである。そしてこの方式が，製品の質・量の変動性に随時対応できる技術的・組織的条件を備えた変種変量生産方式に適合的な生産システムの実現を可能にし，ファウンドリー，アウトソーシング，M&A，バーチャル・カンパニーなどの生産システムの再定義と再構築を可能にした。いわば欧米企業にとって，生産システムのグローバルな選択的展開を可能とする新たな市場・生産戦略と，日本型モデルに対抗するポスト・フォード型生産システムの展望を発見する契機を与えたのである」（坂本，2005，６頁）。

このアメリカ型の再生につながったモジュールに基づく生産システムは，その構成要素をいったん解体し，バリューチェーンという概念のもとで，特定の部分の担い方（ビジネスモデル）に従って改めて統合され，関連づけられた（Sturgeon, 2006）。

なお，このアーキテクチャ論と後述する「スマイルカーブ論」の影響で，日本企業はインテグラル（すり合わせ）型の利くシステムに適しており，その得意なシステムを生かして事業を進めていくことが強調されるとともに，もう一方の，日本企業にとって「不得手」なモジュラー（組み合わせ）型のシステムからは退出したほうがいいという示唆が流布された[2]。

⑤アジア生産ネットワークの形成とスマイルカーブ

上述の生産システムは，具体的には，1985年から90年代初頭において，米国系企業が米本国に新たな生産定義（production definition）とデザイン，アーキテクチャの構築，ソフト開発という関連するスキルを集中させる一方で，アジアの子会社に生産に関する技術を移管してハードウェアの付加価値や生産に関するより一層の責任を付与し，そのアジア現地でコンポーネントや部品等の調達を任せて，東アジア生産ネットワークの構築となった。例えば，アップル社は，1980年代前半にアップル・シンガポールをアップルコンピュータⅡ用のプリント基板工場から世界市場用のアップルコンピュータⅡの最終組立へと「アップグレード」させた。1980年代後半にはいくつかのコンポーネントのデザイン作業という位置づけから新たなマックパソコンのモニターデザイン，パソコンのMPUを除く部品調達から製造に至る組立責任を負わせるまでに高めた。1990年代前半には日本も含むすべてのアジア太平洋市場の最終責任を担わせ，高付加価値のデスクトップパソコンの設計センターを立ち上げさせた。これは，アメリカ合衆国外で唯一のハードウェア設計センターであった（Borrus, 1997）。米国系企業のアジア子会社，その子会社との取引関係を通じたアジア企業の技術力は向上した[3]。

以上のような流れをもって，1992年秋にコンパック，デル等米国系企業はNEC機の半値で日本市場に参入した。これに対して1992年クリスマス前，日本電気は日本の供給業者に対してコストの半値化を要請するものの，結局，海外部品の調達へと向かったのである（Ernst, 1997）。

そして，前述のように，バリューチェーンのうちで生産に関してはパートナーとしての台湾を拠点とするODM（original design manufacturers）とアメリカを拠点とするEMS（electric manufacturing service）が担うことになった（Sturgeon and Lee, 2001）。こうした動きについて，OEM/ODMメーカーでもある台湾の宏碁股份有限公司（企業ブランド「エイサー」）の創始者であるスタン・シー会長が（梶原, 2011），パソコンの各製造過程における付加価値の特

図5－3●スマイルカーブ

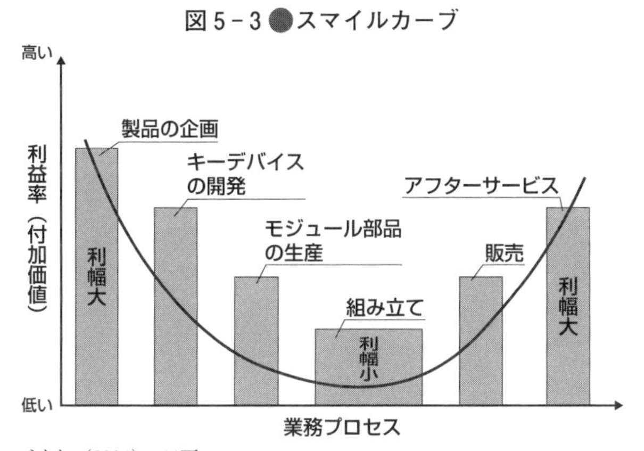

出所）日経ものづくり（2004），44頁。

徴は**図5－3**のスマイルカーブだと述べた。日本メーカー，アメリカの主要メーカーは，スマイルカーブの考えに従うかのように，こぞって生産設備をEMSに売却した。

なお，台湾企業は香港企業，そして中国本土をも巻き込んだチャイナ・サークル（China Circle）を形成して活動している。チャイナ・サークルとは，最も狭い地域としては香港の都市部，次の大きな環は香港，台湾と広東省，福建省という中華人民共和国の南東部海岸沿いを含むもの，最大のものは東アジアに広がる華僑資本ネットワークと考えられる。後に詳述するが，第1に，経済発展を望む中華人民共和国の積極的な資本受入と一層の経済発展の継続を望む台湾政府の資本投資の認可，第2に，香港，台湾と中華人民共和国とは言語と習慣において共通性を有するという取引コストの低さ，第3に，1980年代初めから半ばまでの原材料コストの低下のため製造業振興に向けた動き，が相まって成立した。香港企業，台湾企業とも，まずは労働集約的な業種を中心に中華人民共和国へと進出したのである（Naughton，1997）。

アメリカにおけるダウンサイジング進行の裏側

「近年のIT系ベンチャーは，最初から製造外注を前提に起業する。EMSがあるからこそ起業できるのだ。ベンチャー起業による経済の活性化を期待するとき，少なくとも電子情報通信分野に関するかぎり，EMSは大切なインフラストラクチャとなった」(西村，2014) ことから，分散型生産システム (ここでは，統合者として米国系企業が想定されることから分散統合型生産システムと考えられる) は，ある面でアメリカ経済とアメリカ企業を「再生」させた。

しかし，以上の動きは，アメリカの労働社会，ひいてはアメリカ社会の激変をもたらした。コストを引き下げるためにダウンサイジングを断行して企業規模を縮小し，アウトソーシングへと進めた結果，大規模なリストラが実行され，正規雇用者数は激減し，民間非農業部門の生産労働者の時間当たり勤労収入が9.8%下落するというように給与は落ち込んだ。これは，生産活動のうち，核となる部門の海外移転を進めるとともに，アメリカ経営層の姿勢が，「ロー・ロード」戦略，すなわち，労使関係において「対立と不安定，管理と厳しい労働者の懲罰に依拠しており，しばしば実質賃金の相対的な停滞ないし低下を特徴とする」(Gordon，1996，邦訳193頁) ものへと転換したことが背景にある。

他方で，企業内の管理者，監督者という企業官僚は労働者を低コストで管理するために「強いムチ」戦略をとって対立的に対峙するので，企業官僚の役割は大変重くなるとともに (Gordon，1996)，トップ経営者の報酬額は法外なものとなった。「経営者の報酬をめぐっては，AT&Tのロバート・E・アレン最高経営責任者がしばしば引用される。1986年以来，AT&Tは12万5千人の労働力を削減してきた。しかし，アレン氏の給与とボーナスは4倍，330万ドルに増えた。1995年に給与とボーナスは20万ドル削られたが，反面970万ドルの価値があるストック・オプションで報われた」(The New York Times Company，1996，邦訳235頁)。

第3章では，統一した方向へと生産を仕向けるために，経営側は労働者の直接管理へと進んだと議論した。本章でのこの時点で，労働者に対する経営者の姿勢が厳しくなった背景には，生産現場を海外に移してしまった以上，そこで働くはずの労働者数も減少していることがあるのだろう。この点は，アメリカほどではないにしても，生産機能の海外進出 (「産業の空洞化」と評されている) が進んだ日本においても見受けられる。

アメリカで始まった，この分散統合型生産システムは，特に1990年代後半から急速に経済的に発展し続けている韓国，現在，「世界の工場」といわれる中国で展開している。そこでは，個々の企業が，開発，生産，販売という各々の企業活動を，バリューチェーンを構成する一部であると認識して携わっている。次にその分散型生産システムを具体的に検討するため，そのシステムが全面的に展開しているその両国のあり方を検討しよう。

第２節　韓国の分散統合型生産システム

韓国の経済発展とサムスン電子の歩み

韓国は，1967年「第２次経済開発５カ年計画」，1968年電子工業振興法を制定して，本格的な経済発展を達成した。日本との経済協力協定の締結によって日本から無償３億ドル，有償３億ドルの協力を受けるとともに，ベトナム戦争への韓国軍派兵に対するアメリカからの見返りとしての資金援助を利用して，京釜高速鉄道，浦項総合製鉄所を建設した。つづいて，1972年からの「第３次経済開発５カ年計画」のもとで，重化学工業化政策にしたがって工業団地が造成され，長期融資資金制度を整備して，10％前後の経済成長率を誇った。韓国経済の本格的な発展は，オイルショック前後からというように，短い期間でのキャッチアップである。

サムスン電子は，上述の政策のもと，日系企業との協力関係によって生産力の構築を目指した。1969年にNEC，三洋電機との合弁企業（三星NEC，三星三洋設立）を設け，日本企業から，好意的な技術移転を受けた。工場見学，技術者の派遣，研修生の受け入れ，試作品の評価等を受けた。

また，日本式QC活動を展開し，特に日本企業のOEM契約を通じて品質の向上を図ったことが重要だった。「三星の当初計画では，三星三洋と三星NECが生産する製品に三星の商標を付けて国内販売を行うことによって，三星のブランド・イメージの普及を狙っていたが，既存会社の反発にぶつかり国内販売の道がなくなったので，この戦略を修正するしかなくなった。やむをえず，三星は合弁先へのOEM輸出に生きる道を求めたわけであるが，結果的にはそのことが三星に，品質向上と原価削減の必要性を強く認識させる契機になった」。日本企業から要求される高い品質基準に対応しないと契約が打ち切られるという「危機感に常に晒されていた。このような危機感は特に国内販売の道を断たれた三星に強く働き，結果的に三星の品質水準を他社より早期に向上させるのに大いに役立ったと言える」（曹・尹，2005，50頁）。

とはいえ，1993年に李健熙会長は危機感を抱いて，「フランクフルト宣言」を行い，3PIの推進（パーソナル，プロダクト，プロセスのイノベーション）を図ろうとした。しかし，このときは改革することはできなかった。

IMF危機後の韓国の様子

1997年のIMF危機後の1998年6月，韓国の失業率は7.0％，失業者は152万9,000人にまで達した。また6月中の就業者は2,018万3,000人と，1997年同期比に対して5.6％の減少にとどまったものの，週36時間未満就業者は97年同期間に対し37万人の増加，週18時間未満就業者は15万1,000人の増加というように，「失業しない代わりに不安定な雇用形態へ陥っている就業者が増加してい」（郭，1996，92頁）た。

サムスンにおいても，「整理解雇制」という名の大規模リストラによって多くの退職者が生まれた。「私が役員を務めていたサムスン電子でも，分社化と1万2,000人の強制退職が断行されました。しかも，その進め方がまた，日本と違って非常にシビアでした。強制退職の人数は部署ごとに割り当てられ，リストラ対象者は有無をいわさずにクビを切られるのです。私と面識があったある社員は，朝出勤すると上司から突然，『おまえはいらないから』とクビを宣告されたといっていました。…グループにはたくさんの会社がありますが，それぞれがまったく異なる事業を行っており，これらが対等の関係で存在しています。日本の企業のように関連した業務を行う子会社・関連会社がないので，リストラ対象者はクビになった瞬間にグループとの関わりを一切断ち切られることになるわけです。しかも，そもそも記録の文化がないので，基本的には後任者への引き継ぎというものが存在しません。そのためクビを宣告されたら，その日のうちに荷物をまとめて出ていくことになるわけです。こうしたケースは珍しいことではなく，当時の韓国では当たり前のように行われていました。何の前触れもなく突然職を失う人がたくさんいたのです。昼間の公園にはスーツ姿のサラリーマンがあふれていました。そして，どこかもの悲しそうな感じで時間をつぶしているのですが，その大半はリストラされたことを家族にいえなかった人たちなのです」（畑村・吉川，2009，65-67頁）。

サムスンの競争力の内容

①韓国行政府からの手厚い支援

上述のような試練の後，サムスン電子は以下のように競争力を構築した。第1に，韓国行政府からの手厚い支援を受けている。**図5－4**にあるように，韓国教育科学部，自治体とサムスン電子は産官学連携を行っている。対して，サムスン電子は，選抜対象学校（16のマイスター高）1年生100人に2年間奨学金500万ウォンを支給している。ソフトウエア人材を育成するために大学にも支援を行っている。

図5－4●産官学連携の仕組み

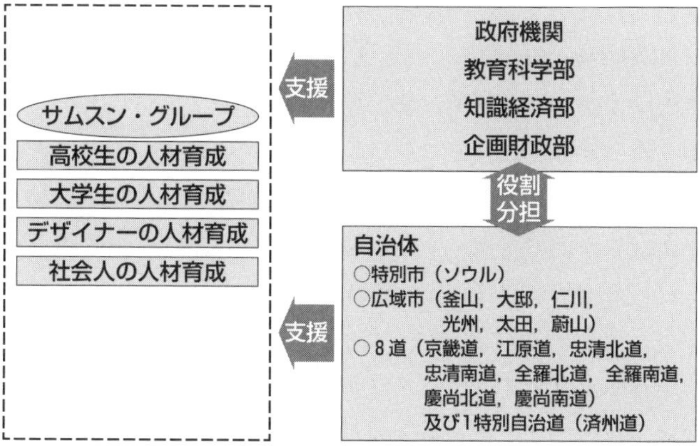

サムスン・グループ
高校生の人材育成
大学生の人材育成
デザイナーの人材育成
社会人の人材育成

支援

政府機関
教育科学部
知識経済部
企画財政部

役割分担

支援

自治体
○特別市（ソウル）
○広域市（釜山，大邸，仁川，光州，太田，蔚山）
○8道（京畿道，江原道，忠清北道，忠清南道，全羅北道，全羅南道，慶尚北道，慶尚南道）及び1特別自治道（済州道）

出所）石田（2013），44頁。

図5－5●コストについての2つの考え――足し算方式と引き算方式

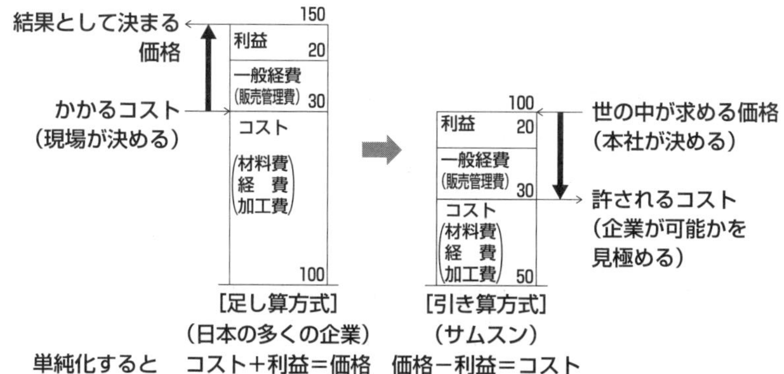

出所）畑村・吉川（2009），167頁。

②引き算方式の採用と地域専門家の育成

第2に，消費者ニーズを収集して，マーケティング力を高めた。当初は日本メーカーとの競合を回避して，新興国市場に進出していた。その際，**図5－5**にあるような引き算方式，つまり，機能を絞り込み，原材料費を低減するための材料見直しによる徹底的な方式によってコストを引き下げ，他方でグローバルにブランド戦略を展開した。

具体的には，**表5－1**にあるようなスポーツマーケティングを展開することで，グローバルブランド戦略を展開しつつ，「自分で考えて行動する人（パーソナル・イノベーション）」として地域専門家を育成して商品を販売する当該市場のニーズに積極的に対応してきた。この制度は，サムスン人力開発院での3か月間のカンヅメ教育の後，「研修といっても，こちらはとくに決まったプログラムがなく，その国でただ好き勝手に過ごせばいいというアバウトなものです。学んだ言葉を実際に使って生活をしながら，その国の文化や人々の考え方，好みなどを学ぶのです。会社への報告義務はありますが，この期間をどこでどのように過ごすかは基本的に自由です。極端なことをいえば，日本語科で学んだ人は，日本に行ってパチンコ屋に通い続けるという生活をしても一向に構わないのです。但し，この実地研修には，『現地支社の助けを一切借りてはいけない』というルールがあります。これがなかなかたいへんです。交通費や滞在費用はすべて会社が負担しますが，航空券から住むところの手配までの一切を自分一人でやらなければならないのです。その国のどこでどのように暮らすかを決めたり，それを実行するのも，すべて自分一人の力でやらなければなりません。サムソンには，自分で考えて行動できるタイプの人がたくさんいま

表5－1■サムスンのグローバルスポーツマーケティング

- オリンピック（1997年-2016年）
- パラリンピック（2006年-2010年）
- アジア競技大会（1998年，2010年）
- 英国プレミアリーグ・チェルシーのスポンサー（2005年-2013年）
- アフリカネイションズカップ（2007年-2012年/52か国出場）
- 米国のスーパーボール（2012年2月/広告料1,050万ドル）
- ワールドカップアジア地区予選（AFC）（2014年）
- 冬季オリンピック（2018年/江原道平昌（ピョンチャン））など

出所）石田（2013），72頁を筆者が若干修正。

図5－6●サムスン電子のユニークな製品

コーヒーカップの形象化デザインの電子レンジ　**サムスンのハイビジョン液晶TV「ボルドー」**

出所）石田（2013），102，122頁。

す。社内文化として根付いているといってもいいでしょう。そのルーツを，韓国は個人主義の国だというところに求める見方も，確かにできます。しかし，自分で考え行動するということが一つの社内文化となっているのは，やはりそうした訓練を教育の中に組み込んでいたり，そのように行動することを組織として奨励しているからということが大きいのではないでしょうか」（畑村・吉川，2009，89-90頁）。

以上の結果のもとで，情報力，デザイン力を生かした現地化製品，プレミアム製品を供給したのである。**図5－6**の左側は，タイではお歳暮として電子レンジを送るということで生産されたコーヒーカップ型のそれであり，右側は，欧州市場向けに企画，生産されたフラットTVで，商品名が「ボルドー」という。2013年度上期には欧州市場の38.0％を占めたという。

③サムスン流のリバース＆フォワードエンジニアリング

第3に，サムスン電子は日本の生産システムを参考にしつつ，デジタル技術を活用した生産システムを構築した。まず，同社は，先行製品の製品設計まで遡って分析して，新たな製品を開発，生産するリバース＆フォワードエンジニアリングを展開している。

なお，1998年から始められたという『ジャパン・プロジェクト』によって，海外現地法人の日本人設計者を招へいして日本製品を研究した。これによって，**図5－7**に図示したようなプロダクト・イノベーションを達成していった。

「かつてのサムソンのものづくりは，極端なことをいえば，日本など先行メ

図5-7●サムスンの行っている製品開発の標準的なプロセス

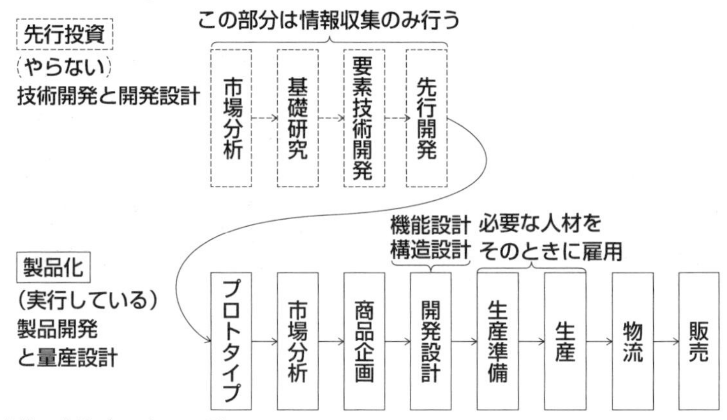

出所）畑村・吉川（2009），133頁。

ーカーの製品をそのままコピーする『単なるモノマネ』レベルでした。先行メーカーの製品を一つの標準にして，同じものを作ることを目標にしていたのです。このようなものづくりの方法を私は『ベンチマーク方式』と呼んでいます。しかし，現在のやり方は，これとはだいぶ異なります。先行メーカーの製品を参考にする点は同じですが，そこから遡るようにして前の工程に戻っていくのが現在のやり方の特長です。先行製品を分析し，どのような機能を意図して設計され，その機能を実現するためにどのような仕組み（機構）を備えているかといったことを分析しているのです。…私はこうしたものづくりの方法を『リバースエンジニアリング』と呼んでいます。これは一般に広く使われている言葉の意味とはやや異なります。製品を分解して構造や動作を観察しながら，公表されていない製造方法や動作原理などを調査することが一般的なリバースエンジニアリングの意味です。これだとベンチマーク方式も含まれることになるので，私はこれと区別するために，製品の構造や動作よりもさらに前段階の，製品設計にまで戻って調査や検討を行うことを『リバースエンジニアリング』といっています。サムソンの場合，既存の製品の分析をもとに，新しい機能をもった新規の製品を開発しています。その意味では，このやり方は『リバース＆フォーワードエンジニアリング』と呼ぶのが正確かもしれません。…リバースエンジニアリングによって，製品設計までのキャッチアップを行うことができると，状況はガラッと変わります。先行メーカーの開発者の意図まで理解することで，そこから機能の足し算や引き算をしながら，その製品を別の消費者や市場向けに自在につくり変えることが可能になるからです。…サムソンの行っているキャッチアップは，まさしくこのようなものです。つまり，リバースエンジニアリングによって，先行する日本製品とは違う『解』を見出したのです」（畑村・吉川，2009，153-154頁）。

④PDM構築のもとでの「刺身方式」

そして，具体的な開発に当たっては，IT技術を駆使して，日本企業が得意としてきたコンカレント・エンジニアリングを実現する。3次元CADの登場で「図学」の知識がなくても設計情報を共有化でき，**図5－8**にあるようにPDM（Product Data Management）を構築して，刺身方式といわれる方式を活用する。

これは，「アナログものづくりでは，商品企画からデザイン，機能設計，構造設計，実際の生産までの開発プロセスがすべて順送りになっていました。大

図5－8●グローバル化に対応したサムスン電子のPDMの構造図

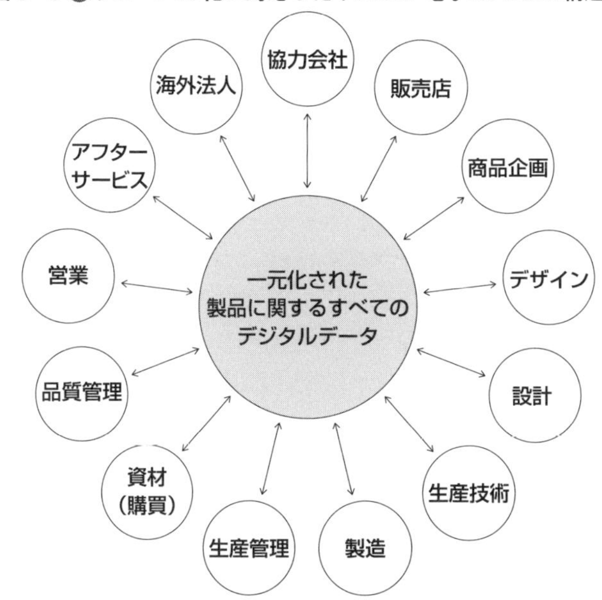

出所）畑村・吉川（2009），113，115頁。

まかにいえば，商品企画されたものがまず図面に書き表され，その図面がデザイン部門に回され，デザイン部門からデザイン図面が届いて機能設計が始まるという具合です。作業は必ず順送りに行われ，変えることができないので，串の端から順番に食べる焼き鳥にたとえて私はこうした方式を『串焼き鳥方式』と呼んでいます。このやり方では，実際に製品ができるまでにとにかく時間がかかります。１つの工程が完全に終わってから次の工程に進むことになるので，何も問題なくスムーズにいっても，開発期間は数カ月程度になるのがふつうです。途中で設計変更などがあった場合は，そこから前の工程に戻ってやり直しをすることになるので，さらに時間をおおきくロスすることになります。…これがデジタル時代のものづくりではどうなるか。デジタル情報を各部門が中央のデータベースを通じて共有することで，状況は劇的に変わります。たとえば商品企画がある程度決められた段階で，デザインの設計が始められます。デザインも完成するまではラフからモデルを起こす作業が何回か繰り返されるのですが，完全にデザインができあがる前でも，だいたいの形が決まった時点から次の機能設計がスタートできます。このような形で各部門が作業を並列的に進めることで，はるかに短期間での開発が可能になるわけです。この作業の進め方は，『串焼き鳥方式』と違い自分の好きなところから自由に食べられる，皿に盛りつけられた刺身にたとえて，『刺身方式』と私は呼んでいます」（畑村・吉川，2009，124-127頁）。

以上のように，バリューチェーンの，主に川中から川下部分に特化してデジタル技術を活用する生産システムによって，過剰な品質を削除してコストを引き下げつつ，現地市場に対してスピーディーに対応できる体制を作り上げたのである。

⑤強力な経営管理組織の働き

第５に，以上の活動を統括するための経営管理組織を整備した。サムスン電子の未来戦略室について，「サムスングループの司令塔の存在と一般的な日本企業の組織を比較すると，歴然とした違いがある。わが国の経営企画室は，各事業部からあがってくる計画を積み上げ，調整する機能が主な任務である。全社の戦略を立てる機能が薄れている。さらに90年以降，子会社化・分社化した企業は独立性を高め，本社と密接に関連している事業領域であっても，コントロールがほとんど利かない。サムスングループの戦略は，未来戦略室というコントロールタワーの存在が大きく，未来戦略室がグループ一丸となった戦略づくりを可能としている。…GEの経営管理手法が導入されたキッカケとなったのは1997年のIMF危機であった。このときサムスングループは自動車事業などを手放し，組織の大改造を行った。最大の組織改革は，1999年にGBM（グローバル・ビジネス・マネジメント）制度を導入して，権限と責任の明確化を図ったことである。GBM制度の下では，事業部長が製品開発からデザイン，製造，マーケティングまですべてをコントロールする強い権限を持つ一方，在庫から最終損益まですべてが事業部長・CEOの責任となる。これが今日までサムスンにおける経営管理の根幹を成している」（石田，2013，83-84頁）のである。未来戦略室を通じてトップマネジメントのリーダーシップを維持しつつ，完全な事業部制組織を機能させ，素早い意思決定を実現することで，サムスン電子は競争力を強化してきた。

以上のように，サムスン電子はバリューチェーンのなかで，開発，生産，流通といった活動を戦略的に検討し，限られた経営資源を，生産機能の製品化以降と販売，マーケティングという特定部分に集中するビジネスモデルを確立して，活動してきた。そうした意味では，柔軟統合型生産システムの特質を継承しつつ，まさに事業の一連の流れをいったん「分断」し，その「分断」した事業を「分散」したものとして「統合」する，分散統合型生産システムをも身に

図5－9●低価格品からの撤退の動き

電子レンジ	100＄以下の低価格品からの撤退	⇒	今年200＄以下の製品生産を縮小する予定
ノートブック	中低価格の普及型モデル数を大幅に減少	⇒	今年プレミアム製品の販売比重を半分以上にする計画
携帯電話	中長期的に普及型携帯は海外メーカーなどに生産委託	⇒	低価格も出る数を漸減
TV	CCFLをバックライトで使うLCDTVの生産を中止する計画	⇒	今年下半期からLEDTV生産に全体を切り替え

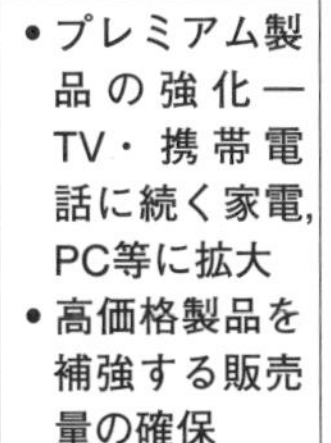

原典）MKニュース（2013.2.15）。
出所）石田（2013），152頁。

つけたといえよう。柔軟統合型から分散統合型への過渡的な形態ともいいうる。こうした生産システムを背景にサムスンは日本企業をキャッチアップし，携帯電話，薄型テレビなどデジタル製品の分野では凌駕した。しかし，そのサムスン電子にも陰りが見え始めている。**図5－9**に示したように，中国メーカーの猛追によって，サムスン電子は自らの競争力を有する低価格品市場から撤退せざるを得なくなっているからである。

それでは，サムスン電子をも追い込む中国の生産システムとはいかなるものであろうか。節を改めて議論しよう。

第3節　中華人民共和国の分散結合(垂直分裂)型生産システム

中華人民共和国の政治，経済制度

①かつての「鉄茶碗」のあり方

周知のように，中華人民共和国（以下，中国と略す）は，第2次世界大戦後に社会主義国として建国した。現在にまでつながる中国の経済発展は1990年代初頭あたりからとなるが，第2次世界大戦前の経済的な発展のベースが確認できる。第1に，1890年代から1930年代にかけての繊維・食品などの軽工業の発展と自給化の達成，1940年代から70年代にかけての鉄鋼・機械などの重化学工業の発展，第2に，繊維・食品などの軽工業分野において当初の外国の民間資本による企業設立とその成功した後の，中国における近代工業の担い手の登場，第3に，現在では2,500～3,000万人に達するという華僑・華人など海外在住の人々のネットワークの存在，第4に，発展当初の19世紀後半から1930年代までの段階でみられた，国内生産額の半分以上の上海地域への集中である（加藤・上原，2011）。

さて，現在の中国が示す社会主義市場経済というあり方は，1970年代末頃からの鄧小平時代の最大の課題の1つだった国有企業の生産性低下の是正から始まった。改革開放前の中国の生産性低下の要因としては，雇用面における「鉄茶碗」，分配面における「平等主義」的低賃金などがあげられる。

つまり，「鉄茶碗」という，割れる心配のない製鉄の飯茶碗を持つこと，言い換えれば，「生涯にわたって国家から生活保障と職業安定など『固定工』としての権利を獲得した。『固定工』の権利を裏付けに，労働者に国家の計画的配分に従う義務を課すという雇用関係が作りだされていた」（李，2000，40頁）状態だった。これらは，人海戦術によって鉄鋼，エネルギーなど戦略物資の大増産を目指した「大躍進」と，人民公社という行政機構と経済組織とが合体した組織の下で，生産大隊，生産隊という軍隊式の上下関係によって食料の大増産を行うことで，社会主義建設を進めようとするものだった。

その人民公社体制を補完，強化するものとして，統一買付・一手販売制度と戸籍制度があった。統一買付・一手販売制度とは，主要農産物の全量を公定価格で政府に売り渡すことを強要するものであり，戸籍制度とは，都市戸籍と農村戸籍を厳格に区分して都市戸籍を持たない農民の都市流入を厳しく制限するものだった（加藤・上原,2011）。しかし，そのためにどれほど頑張っても手にする成果は変わらないことから，生産性が上がらなかった。

②改革開放路線への転換

改革開放路線は，以下のように農村，国有企業，地方政府などにおいて請負制度という形で開始された。

農村においては,1978年12月に，「安徽省鳳陽県小崗村の農民たちは，農家ごとに農作業を請け負い，定額上納を差し引いた残りをすべて自分のものにする請負生産を政府の承認なしにこっそり実施した。小崗村の実験は，瞬く間に全国に広がった。1985年春までに，中国社会主義の象徴であり，20年間続いた人民公社制度は消滅し，郷村政府が復活した。請負生産方式の導入は，農民の生産への積極性を引き出すことに成功した。この制度改革は，並行して行われた農産物の政府買付価格の引上げ効果とあいまって，農業生産の飛躍的増大，ひいては農家所得の急上昇をもたらした。さらに重要な点は，農民がみずからの財産を元手に激しい勢いで非農業領域に進出したことである。郷鎮企業と呼ばれる農村部の中小企業の発展がそれである」（加藤・上原，2011，44頁）。

国有企業においては，1979年の北京，天津，上海の3都市における8つの国有企業で試行が開始された。「生産責任制の中心的内容は，①自主経営権の拡大と②利潤留保制度であった。まず第1に，経営自主権については，（A）政府下達の生産計画の達成を前提として，企業は自主的に補充的な生産計画を立てることができる。補充計画で生産した製品は政府物資管理部門が優先購入権を持つ。残った部分は公定価格に基づいて市場で販売することができる。製品の在庫にともなう経済的な損失は企業が自己負担する。(B) 減価償却費の使用権は企業に下放する。第2に，利潤補償制度とは一種の利潤ノルマ奨励制度である。すなわち，前年度の実現利潤を基数にして，それを達成すれば基数利潤の8.3%を，超過達成すれば，基数を上回った利潤額のうち11.1%を企業がそれぞれ留保できるというものであった。留保利潤は主に従業員の福利事業と奨励金に使われ」(李，2000，170頁) た。そして，これらの成果をみて「放権譲利」，すなわち経営自主権の拡大，利潤の企業内留保など，企業側に経営のインセンティブを与える方向に舵が切られた。

地方政府においては，「簡単にいうと，地方政府が集めた財政資金の一部を中央政府に上納し，その残りを地方政府が独自に管理し，自由に支出を決定するというシステムのことである。…こういった地方財政請負制度の実施は，各地方政府にとって地元経済の発展のために用いることができる資金を，努力次第で拡大させる余地が生じたことを意味した。このことは，地方政府に地元経済への積極的な関与を行うインセンティブを与え，地方の経済的な活力を引き出すうえで大きな役割を果たしたと考えられる。たとえば，ジーン・オイは郷・鎮といった末端の行政機関が，財政収入の拡大をひとつのインセンティブとし，地元の郷鎮企業に対し資金や物資の調達面で便宜を図るなど，その経営に積極的なコミットメントを行うという現象が広くみられたことを指摘し，それを地方政府コーポラティズムと名づけた」(加藤・上原，2011，124-125頁)。

このように，政府の権限が強大でありながらも，他方で激しい競争が繰り広げられているという一見すると矛盾した動きを起こさせた。そこでは政府官僚に競争を促進させる有効なインセンティブ・メカニズムが働いていたと考えられる。つまり，地方政府の官僚をして，改革開放期の経済の規制者にすると同時に，当該の地方経済の発展を担う経済主体にして，その成果を昇進に結びつけるというメカニズムを採用しているのである (加藤・上原，2011，53頁)[4]。

上述のような改革開放期の，効率を優先する考え方は，鄧小平の『先富論』(先に豊かになれる人々・地域がまず豊かになることを容認する。ただし，やがては先に豊かになった人々・地域がそうでない人々・地域を支援して，共に豊かになる) が後押しした。そして，この転換を受けて，地域開発政策の重点は内陸地域から沿海地域に移された。経済条件が最も優れた沿海地域で，先行的に対外開放を実施し，外資受入れのための減免税措置などの各種優遇措置を講じ，優先的に公共投資を配分した。その後，1988年，当時の趙紫陽総書記が提起した「沿海地区経済発展戦略」は，内陸地域との原材料争奪を避けながら，沿海地域に郷鎮企業を主たる担い手とした労働集約型輸出志向工業を発展させるために，製品販路と原材料調達の双方を海外市場に求める「両頭在外」が提起された。「こうした沿海地域優先発展戦略の背後には，沿海地域の経済成長をまず加速させ，その経済的輻射力を利用しながら，やがて沿海から中部，さらには西部へと発展を段階的に波及させるという『梯子理論』の考え方があった」(加藤・上原，2011，102頁)。政府に「方向づけられた」資本主義システムともいい得るものである。

中国企業の動向

①開放区の整備と外資系企業の誘致，活躍

前述したように，中国政府は沿海部の発展を進めようとして条件整備を行った。まずは，広東・福建両省において，中央政府は両省に対して以下の政策の実施を認めた。その政策には，①財政と外貨の集中管理体制の改革と請負制の導入，②経済計画，対外貿易，企業管理の自主権拡大，③物資・商業部門における市場調節の拡大，④経済特区の試行，が含まれていた。特に，広東省の深圳（シンセン），珠海（シュカイ），汕頭（スワトウ），福建省の厦門（アモイ）に設置された経済特区は，改革開放の象徴となり，その後，その実験の成功事例を全国に普及させるという漸進主義的に改革が進められ，開放地区が順次拡大された（加藤・上原，2011，242-243頁)。

その開放地区を中心に「三来一補」(①外国企業から導入された原料を加工する「来料加工」，②外国企業が指定するサンプル・仕様に基づいて生産を行う「来様加工」，③外国企業から搬入された部品・パーツを組立・加工する「来件装配」，④補償貿易）と呼ばれる新たな加工貿易の形が導入された。1997年7月には合弁企業法が発布され，ソ連の援助以来途絶えていた外資導入に踏み切った。「三資企業」(①損益・配当・リスクを出資比率で分担する合弁企業〈「合資企業」〉，②損益・配当・リスクを契約で任意に決定する契約型合弁企業〈「合作企業」〉，③100％外資企業〈「独資企業」〉）と呼ばれる外資系企業の設立に加えて，外国借款や政府開発援助（ODA）の導入，外国での債券発行など

が実施されたのである（加藤・上原，2011，243-244頁）。

以上の条件整備をみて，前述のように，香港企業，台湾企業がチャイナ・サークルの環をつくるべく中国沿海部へと進出してくるのである。

この場合，「重要なふたつの前提があった。第1には，香港と台湾からの投資がもっぱら低賃金労働力を目的とすることである。第2に，中国が低賃金労働力からの供給を持続できることである」（加藤・上原，2011，265-266頁）。その後，「1990年代に入り，それほど高い技術を必要としない労働集約的なコンピューター周辺機器・同部品メーカーがまず対中投資に乗り出した。具体的には，マウス，キーボード，ケース，パワーサプライ，スキャナー，CDドライブなどである。彼らの対中投資の目的は安価な労働力の確保にあった。台湾政府も，これらの企業の価格競争力改善を助けるために，1990年代以降，対中投資規制を漸進的に緩和していった。更に1990年代半ばになると，デスクトップ型パソコン，マザーボード，CDTモニタ，デジタルカメラといった製品で中国への生産移管が続いた。この頃の台湾IT企業の主たる移転先は，対外開放がいち早く進められており，輸出にも便利な広東省を中心とする華南地域であった。安価な労働力も近郊の農村，後には内陸部から大量に調達できた」（加藤・上原，2011，271-272頁）。

代表的な企業としては，台湾資本の鴻海精密工業（Hon Hai Precision Industry）があげられる。同社は2010年代以降，最大のEMS業界の最大手である（2011年には4割のシェアを占める）。深圳市の2つの工場はそれぞれ最大20万人が働いている。

同社は，第1に，大規模工場における大量生産を見越して，多くの高価な高効率機械を導入したこと，また鴻海は，細かい分業の方法を導入しており，競合他社よりも安く製品を製造することができる。第2に，鴻海は一気に大量供給を行う能力を磨くことによって，その競争優位を築いている。周知のように，現在の鴻海の最大顧客は米アップル社である。2011年10月アップル社は「iPhone4s」を発売からわずか3日間で400万台以上を完売したが，それを鴻海は支えた。第3に，鴻海は短期間での量産体制の立ち上げによって他社に対する競争優位を築いている。なお，これは少量であっても生産立ち上げにかかるリードタイムが短いという意味であり，新製品を製造する際に必要不可欠な量産金型を短期間で準備できることから，日系電機メーカーが数カ月もかけて作製する試作品を1週間という期間で仕上げることを可能にしている（沼上幹＋一橋MBA戦略ワークショップ，2013，116-119頁）[5]。

このように，中国沿海部は，外資系企業にとっては，「経済成長に注目した外資が対中投資を増加し，外資が輸出を拡大することにより経済成長が加速化し，その経済成長に向けて外資がさらなる投資を行うという直接投資＝貿易連鎖（FDI=Trade Nexus）」が展開する」ところであり，IT製品に代表されるモジュラー型製品の輸出生産に特化している。そこで，国際経済学でいうところのフラグメンテーション（工程間分業）を実現している。そして「中国を中心とする重層的な輸出生産ネットワークを東アジア全域に広め」（加藤・上原，2011，253頁）ている。

②郷鎮企業から民営企業としての発展

中国の民営企業は，上述した外資系企業の展開，例えば，外資系企業の高品質だが高価な携帯電話の販売に刺激を受けて，あまり品質的には高くないものの安価なそれを開発して販売するなどして携帯電話市場を拡大し，発展させた。モトローラなど外資系の携帯電話メーカーに勤めていた中国人エンジニアたちが2001年頃から次々と携帯電話会社を設立して，中国の携帯電話メーカーの設計を外注したのである（丸川，2013，81頁）。

他方で，郷鎮企業から発展，民営化した民営企業がたくさん存在している。郷鎮企業とは，1978年まで「社隊企業」（人民公社，生産大隊による出資と経営）と呼ばれていた農村集団企業が人民公社の解体で1984年から「郷鎮企業」と呼ばれるようになったものである。1978年に2,827万人を雇用していたが，その後急速に伸び，1985年に6,979万人，1995年に1億2,862万人に達した。郷鎮企業は1995年に全国工業生産高の3分の1，そして1999年に国内総生産の3分の1を占めるというように発展した。その理由として，「郷鎮企業の所有者である郷鎮政府は地元の雇用と財政収入の増加に直結する経営の成否に強い関心を示し，経営者への権限委譲と経営支援を積極的に行った。一方，地方政府の出資はなく，実質的に個人の企業であっても，自己防衛的に郷鎮企業という名で登録するケースが多かった。その背景には私有企業に対する政治的差別が根強く残っていること，また実際のビジネスにおいて土地使用，資金調達，税金などの優遇措置，労働その他紛争の解決にいずれも地方政府の関与と支持が不可欠であったことが挙げられる」(加藤・上原，2011，83頁)。

その後，郷鎮企業の民営化もあって，民営企業が外資系企業，国営企業とともに議論される。以上の民営企業のあり方について，丸川は垂直統合型のあり方に対して「受託生産に特化する企業も現れ，アップルのように製品の製造はすべて外部に委託して，社内では開発と販売だけに専念する企業も現れた。私はこういう趨勢を，垂直統合の逆を行っているという意味で『垂直分裂』と呼んでいる」(丸川，2013，56頁)[6]。

③中低級レベルの産業集積の形成

さて，中国において，特定の統合者のいない垂直分裂型（分散結合型）の産業集積を形成するのは，歴史的，経済的，社会的なものである。というのは，第２次世界大戦以前から中国における契約とは，「請負を意味する『包』的な関係が規定される場合が多かったことから，中国の経済秩序を貫くのは『包』的倫理で」あった。それは，「商工業において出資者と経営者の間に交わされる企業経営の請負契約，機械製造業における部品製造の下請契約，農業において地主と耕作農民の間に交わされる小作契約，商人が税金を請負徴収する際に官庁との間に交わす請負契約などは，いずれも広い意味で『包』的な関係に含まれるものであった。そうした事情を想起するならば，伝統中国の経済秩序を支えるうえで，請負的な関係とそれを規定する契約文書がきわめて重要な意味をもっていたことは否定できない…ではなぜこのように請負を主とする契約関係が経済活動全般に広がり，市場の秩序を支えていたのだろうか。そのひとつの大きな要因として，柏（筆者注；『中国経済の研究』を著した柏祐賢のこと）は，中国経済の不確実性にともなう危険性を分散し，他に転嫁しようとする志向性が様々な経済主体の間に存在していたことを指摘している。請負を重ねひとつの経済的行為をいくつかの段階に区分し，それぞれの段階ごとの責任者を請負契約によって決めておけば，危険が生じた場合，すべての人が責任を負う必要はなくなるからである。地域的多様性に富んだ重層的な市場が幾重にも重なり，国民経済としての秩序が形成されていなかった前近代の中国において，経済活動が大きな危険をともなうものであったことは確かであり，そうした情況への対応策として，請負を主とする契約関係が張りめぐらされていた…いずれにせよ上記のような契約関係を基礎に，さまざまなレベルの市場圏に対応し，さまざまな経済主体間のネットワークが形成されていた」（加藤・上原，2011，27-28頁）と指摘されている[7]。

そして，1970年代に家電製品の本格的な生産がスタートした際，中国の地方政府が出資した国有企業は少額の投資で参入できて投資回収の早い最終製品の組み立てに飛びつき，一方で初期投資額の大きい基幹部品の生産は中央政府の分担という最初から分業を意識した政策をとった。こうして中国の電機メーカーは，基幹部品を外から調達するという方式で急成長したが，充分に資金力がついた後でも基幹部品を内製して垂直統合化する志向は低いという。基幹部品の差異化で製品の品質や機能を高めるよりも，基幹部品を複数メーカーから競争的に調達することによって製品価格を安く抑える戦略のほうが中国市場では利益を上げやすかったからである。そのため，各社の基幹部品を互換化し，どの会社の基幹部品でも使えるようにしていた。それは例えば，テレビ受像機における基幹部品であるブラウン管の場合，テレビメーカー側で各社のブラウン管に対応した回路を用意するという技術的な工夫のほか，無理やり使って多少画質が劣化しても目をつぶるという割り切りによって実現したものである。基幹部品によっては日系メーカーの技術を移転またはコピーすることによって中国の互換部品メーカーも登場した。こうして互換性のある基幹部品を外部の複数の専門メーカーに大量につくらせることによって規模の経済性が働き，より低コスト化が可能になったのである（藤堂，2007）。

また，丸川は中国の民営企業の誕生，発展，産業集積の形成を取り上げて「大衆資本主義モデル」と呼ぶ。というのは，「生計を立てる手段として創業の道を選ぶ人が多いのである。その理由の１つは，都市と農村，地元と外地の戸籍の別によって雇用機会が異なるという就業差別が存在することが挙げられる。農業戸籍を持った人が都市で仕事を得ようとしても労働条件と待遇が悪い仕事にしかありつけず，かといって故郷に戻ると仕事がないので，それならば自分で事業を興そうとするのである」（丸川，2013，216-217頁）。こうして「大部分の産業集積は改革開放以降の30年の間に忽然と出現した。その起源の物語はボタンやバルブ，スイッチ・ブレーカーの例で見たように，どこかからたまたま情報が伝わり，誰かが製造を始め，周りの人が真似をしたという話ばかりである。…以上のように第1号企業が生まれるのは偶然であるが，それが大きな産業集積に成長するのは，最初の成功者を見て周りの人々がその事業のやり方を臆面もなく真似するからである。まずは成功者の弟子や社員になって技術を覚える人もいるが，外から観察していていきなり同業の企業を創業してしまう人もいる。模倣によって短期間のうちに1つの業種の企業数が1社から数十社，数百社に拡大していくということが温州のあちこちで頻繁に繰り返された」（丸川，2013，32-33頁）。

④代表的な産業集積の例―浙江省―

表5-2には，具体的な浙江省の産業集積が示されている。膨大な中小企業数があり，多くの産業集積が形成されている。このうち，浙江省の雑貨工業の集積地である義烏（ギウ）では，**図5-10**にあるように「義烏商圏」という「『場』としては義烏市場を中心とし，客体としては『小商店』，つまり雑貨を扱い，主体としては多くの商人とメーカーを担い手とし，形態としては多くの産業集積と義烏市場が分業関係とネットワークを形成することで成り立つ，いわば義烏市

表5-2 浙江省上位25産業集積の概要（2009年）

類型	販売収入順位	地域と産業	企業数（社）	従業員数（万人）	販売収入（億元）	輸出額（億元）	平均従業員数（品）	1人当たり販売収入（万元）	輸出額比率（%）
消費財軽工業	1	蕭山・紡織	4,500	22.8	1,369.3	235.4	50.7	61.24	16.86
	2	紹興・紡織	2,666	19.5	1,066.3	280.4	73.1	54.69	26.29
	5	義烏・雑貨	20,884	40.8	822.2	133.9	19.5	20.15	16.28
	6	慈渓・家電	9,400	28.4	570.0	180.0	30.2	20.07	31.58
	9	鹿城・アパレル	3,000	2.7	445.1	80.4	9.0	164.86	18.05
	14	余姚・家電	2,300	9.2	400.0	93.0	40.0	43.48	23.25
	15	諸曁・靴下	11,080	7.8	373.6	291.4	7.0	47.90	78.00
	17	鄞州・紡織アパレル	725	14.8	324.7	158.8	204.1	21.94	48.91
機械金属工業	4	永康・金属関連	10,492	31.8	835.0	196.0	30.3	26.26	23.47
	7	蕭山・自動車部品	547	4.0	564.4	122.7	73.1	141.09	21.73
	8	楽清・工業電器	1,300	16.0	489.0	55.0	123.1	30.56	11.25
	10	諸曁・金属加工	3,597	6.9	432.4	54.0	19.2	62.67	12.48
	11	北侖・設備	2,460	11.8	427.5	24.0	48.0	36.23	5.61
	19	温嶺・オートバイ部品	3,000	5.5	305.0	30.0	18.3	55.45	9.84
	20	玉環・オートバイ部品	1,900	8.2	260.0	30.0	43.2	31.71	11.54
	16	余姚・機械加工	2,500	7.8	369.2	23.0	31.2	47.33	6.23
	3	鎮海・石油化学と新材料	84	1.8	1,058.9	143.1	214.3	588.25	13.51
	12	北侖・石油化学	127	1.7	412.5	7.2	133.9	242.64	1.75
	18	紹興・化学繊維	35	1.3	310.6	12.2	371.4	238.90	23.92
その他	13	寧波（保税区）・液晶	21	2.5	412.4	196.2	1,190.5	164.98	47.58

（出所）加藤・日置（2012），62頁。

図5-10●義烏市場と調達元・志向地の概念図（2005年）

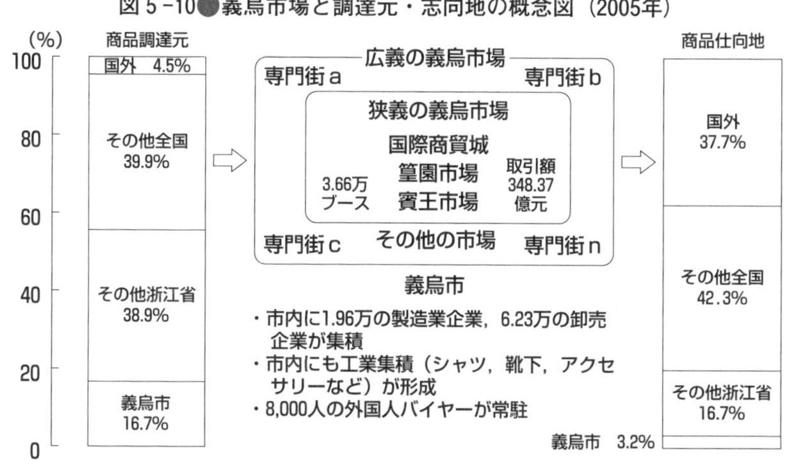

（出所）伊藤（2015），60頁。

場からみた『雑貨生産流通圏』」（伊藤，2015，60頁）を形成している。

つまり，第1に，買い付けロットの面からみると，義烏市場では小ロットから買い付けが可能となっている。第2に，義烏市場では継続的かつ激しい競争圧力のもと，開発・模倣・淘汰・参入が同時発生し，ダイナミックな新陳代謝が起きている。第3に，ものづくりとの関連では，雑貨をつくるための中間材，例えば紐や人造ダイヤメーカーなどが集積することによって外部経済性が発生し，企業はその集積を活用して雑貨の多様なマイナーチェンジ・開発が可能となっている。第4に，後述するように後背地農村の農家副業労働力を積極的に活用するシステムが2000年以降に急速に広まっており，外部経済環境の変化に対応しやすい伸縮的な，しかも低コストによる生産が可能となっているのである（伊藤，2015，66頁）。

「『オープンな産業集積構造のもとで，雑貨の超多品種大量安価柔軟供給が可能となった』こと，これが義烏の中核的な機能であると考えている。端的に言えば，買い手はあるレベルの品質までの極めて多様で，新たな製品を含む雑貨を，量的にも柔軟に，価格としても安価で調達可能なのである」（伊藤，2015，62頁）。

上述の浙江省の産業集積の形成に当たっては，「ボトムアップ型経済発展のダイナミズム」がかかわっている。ただし，そのあり方は「ボトムアップ型の企業家による盛んな創業と経済活動と，垂直的な行政関係のもとでより上層の政府から権限や優遇政策を獲得してくるという現地地方政府と企業家の行動が，地域における経済発展という同じ目標を目指して協働した」結果である（伊藤，2015，190頁）。

特に，浙江省義烏の雑貨産業集積の事例は，「末端における無数の商人・企業家が作り出した経済圏という意味で，『大衆資本主義』の特徴を多分に体現しているが，そこに国務院の政策といった意味での国家が顔を出している」（伊藤，2015，191頁）点を表しており，トップダウンとボトムアップとが見事に融合したものである点が示唆されている。

なお，この産業集積のレベルについては，浙江省のメーカーは「厳しい精度を求めず，耐用年数もそこそこでよい中国国内需要に対して適合的なものづくり」（伊藤，2015，90頁）によって低コストで製品を供給している[8]。

この点にかかわって，中国メーカーにおいては，販売面での競争が厳しいからか，新技術を開発するという指向を持ちえない。「中国のモノづくり産業の実力や可能性を挙げてきたが，いまだに不得手な面が残っている。新技術開発である。創造性が問われる製品開発ができておらず，自らの工夫や改良が必要な生産財も使いこなせていない。中国のモノづくりの現場では，マネと新技術開発のような創造の間にかくも大きなギャップがあるのかと驚くことが何度もある。確かな実績を残してきた技術者でも，創造性が問われる業務を与えられると頭の回転が止まってしまう姿を見てきた。マネの場合には，開発の目標も効果も見通せる。技術要素の根幹を十分知らないままで構わない場合も多い。つまり，マネと創造には取り組み方や，かかる時間・費用・リスクに雲泥の差がある。創造には無駄になるかもしれない投資が必要ともいえる。こうした無駄は中国で展開されているEMS事業にはほとんどない。中国資本で自社ブランド品を創造する企業も，手っ取り早く稼ぐことを重視している。これは，現時点で賢明な選択である。産業の歴史が浅く，技術者の経験が不足しているからだ」（中川，2007，154頁）[9]。

新製品開発への意欲は乏しいものの，中下級レベルの産業集積を形成する中国の民営企業は，「世界の工場」として高い競争力を有している点は否定できない[10]。

⑤国営企業の位置づけ

以上のような外資系企業，民営企業の動きに対して，国有企業は，国家安全にかかわる産業，自然独占の産業，公共商品とサービスを提供する産業および基幹産業とIT産業の点で存在している。主なものとしては，中国石油化工集団，中国石油天然ガス集団公司，国家電網公司，中国工商銀行，中国移動，中国建設銀行，中国人寿保険（集団公司）である。いずれも，中国という頭文字が企業名についている。「それは社会主義を堅持する共産党政権にとって公有制が必須というイデオロギーの要素もさることながら，経済資源を政府に集中させ，国家戦略の実現を目指そうという現実的な思惑もあるようだ」（加藤・上原，2011，96頁）。

上述したように，現在の中国企業は，郷鎮企業の民営化と外資企業の参入に伴い，「国有企業，私営企業と外資企業という三者鼎立の企業構造」（加藤・上原，2011，92頁）が成立している。

中国企業における労働者の状況

①農民工の動向

以上の中国企業で働く労働者，従業員はどのような存在であろうか。中国企業の発展には，特に農村出身の労働者の存在が深くかかわっていた。これには，農業の停滞と不安，農村の疲弊，農民の相対的貧困化という三農問題が影響している。中国建国以来，農家は集団労働に参加するかわりに，食糧等の実物または現金を生産隊から支給される，という単なる農業労働者でしかなかったものが，1970年代末から80年代はじめの農業改革以降，農業が集団所有の土地を請け負うかわりに，国への食糧供出を義務付けられる「農業生産責任制」が採られ，経営に関わる意思決定において農家が主体的に行うことができるようになった。農家は農業経営の基礎単位になった。その結果，第1に，農家と外部の市場をつなぐ，さまざまな中間組織が形成され，伝統的小農の持つ限界，つまり，自給自足を基本とする非効率的な経営体質が克服されつつある。例えば，果物，野菜などの青果物を集荷しそれを遠隔の市場へ搬送する業界組織，農家に対する技術指導や情報提供を行う専門協会，生産・集荷・加工・流通を統合する「龍頭企業」が各地で作られている。その結果，売るための生産が増え，総収入に占める実物の割合が下がり，現金の割合が上がった。第2に，1980年代半ば以降，郷鎮企業と呼ばれる農村工業等が急成長し，多くの雇用が創出された。沿海部の先進的農村，都市部の周辺地域を中心に，兼業農家が急増し，農家所得に占める兼業収入の割合も急上昇した。第3に，しかし都市との格差を一層縮小しようと，もう一方で，1990年代以降，中西部の農村を中心に，沿海部・都市への出稼ぎ現象が拡大し続けたのである（加藤・上原，2011，72-74頁）。

図5-11は，その出稼ぎ農民，つまり外出農民工の推移を示したものである。一貫して増加している。

図5-11●外出農民工の推移

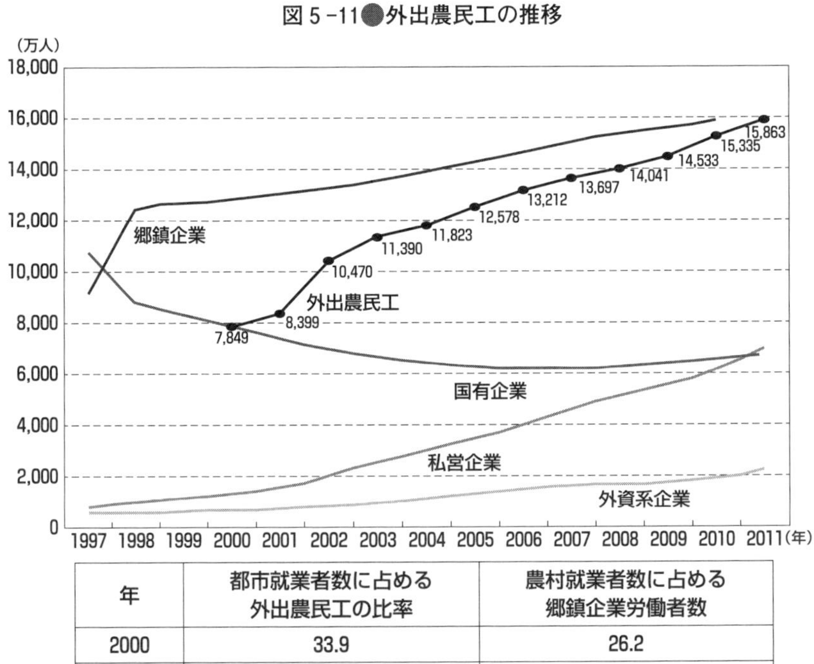

年	都市就業者数に占める外出農民工の比率	農村就業者数に占める郷鎮企業労働者数
2000	33.9	26.2
2010	44.2	33.9

注1）農民工は「外出農民工」（出稼労働者）の値であり，地元で働く農民工を含まない。
注2）郷鎮企業従業員は他地域からくる出稼ぎ労働者を含む。
注3）私営企業従業員は都市部のみで農村私営企業を含まない。
注4）外資系企業従業員は香港・マカオと台湾系企業を含む。
出所）李（2015），34頁。

②中国企業における非正規従業員数の増加

実は，中国経済の非正規就業生産額のGDPに占める割合は1990年の7.5%から1996年には15.2%，1998年にはGDPの約4分の1となり，2004年には34.2%へと増大している。その一方で，大方の先進国では50%を超えるGDPに対する労働者の総報酬の割合が，中国では1996年の53.4%から2005年には41.4%まで下がったこと，2009年には40%を割り込んだとみられることが報道されている。つまり，これまでの中国の「長期の経済発展は低賃金労働力に依拠するものであり，高成長の下で経営者と政府への富の集中が進み，社会の分裂が深まる可能性が強い」（加藤・上原，2011，307頁）と考えられるのである。

そして，上述の非正規従業者の増加とは，特に1998年以降，市場経済化の進展，とりわけWTO加盟条件の整備がかかわっている。

「3年前後」の時間をかけて，「大多数の国有大中型赤字企業を苦境から脱却させ，本世紀末までに大多数の国有大中型中核企業で初歩的に現代企業制度を確立する」ことが提起され，国有企業がこれまで担ってきた社会政策的役割（余剰人員の抱え込み），社会福祉的役割（学校，病院，老後保障など）などの“歴史的重荷”を切り離すことや，民間企業と太刀打ちできない国有企業の民間への売却，私有化や競争分野からの退出，破産などが具体的に進展されたことを要因としている。以上のような非正規就業者数の増大は，「1990年代後期からの就業と再就業問題解決の巨大な圧力のもとで，非正規就業の積極的役割が重視されはじめ，非正規就業に対する政策態度が，従来の排斥，制限から次第に黙認に変わり，さらには重視と積極的支援の方向に転換したことを背景にしている」だけでなく，こうした正規就業者の削減に代替するものでもあった。そして，「非正規就業の労働条件は，低賃金，きつく・苦しく・汚い・疲れる・危険な仕事への集中，長時間労働，低労働契約締結率，傷害保険，医療保険，養老保険への低加入率等きわめて劣悪である。就業者数のかなりの割合を占める農民工の労働条件については，国務院関連部門が総力を挙げて作成した調査報告が次のような問題点を明らかにしていた。①農民工は第2次産業従業員の58%，第3次産業52%，加工製造業68%，建築業80%を占めており，中国の産業労働者の重要な構成部分となっている。②農民工の賃金が低く，社会の平均賃金との格差が不断に拡大している。湖南，四川，河南の調査によると，農民工の実質労働時間は都市部の正規職員の50%超であるのに，月平均収入は彼らの平均賃金の60%に満たない。実質時間賃金は都市部正規職員の４分の１である。しかも賃金未払い問題はなお解決されていない。③都市民衆がやりたがらない，きつく，苦しい，汚い，疲れる，危険な仕事に集中している。④労働時間は１日11時間，月労働日数は26日を超えている。また76%の農民工は祝日・休日出勤の超勤手当を受け取っていない。⑤農民工の労働契約締結率は12.5%にすぎない。⑥傷害保険加入率は12.9%，医療保険は10%前後，養老保険は15%くらいである。⑦子女の教育困難等，都市政府が提供する公共サービスを受けていない。居住条件も悪く，宿舎がある場合でも，１部屋に数10人が詰め込まれている。上述した労働関係は，農民工以外の低技能非正規就業者も同様である。大多数の非正規就業者はそもそも安定的業務関係がなく，さらに仕事の分散性，臨時性，無組織性から安定的労働関係は打ちたてるのが難しい。また現行の各種社会保障制度等は伝統的就業形態に依拠して設計されているから，労働関係が不安定かつ労働保護と社会保障が整備されないままに置かれている。非正規就業者の大幅な増大は就業の確保・増大をもたらしたが，劣悪な労働条件におかれ労働者階級全体の底辺化をもたらしている」（加藤・上原，2011，305-306頁）という。

アメリカ，日本では，生産機能の海外移転によって現場そのものが消失したため，労働者の直接管理の必要性が薄らいで，非正規就業者数の増加，正規就業者の仕事の厳しさという不安定化が進んでいる。これに対して，中国には生産現場が存在しているものの，「事実として沿海部では雇用の流動化に伴う『競争的賃金』の形成およびそれに通じる人件費の低位抑制のメカニズムが創りあげられていた」（李，2015，38頁）ことから労働コストは低いものとなり，中国企業をして新製品開発に向かわせず，その技術レベルをも向上させないものであった。以上のように，中国の労働者，中国の企業の将来は懸念される[11]。

活発な企業活動が激化させた環境問題

①環境汚染への取り組み

中国の急激な経済発展は深刻な環境汚染を生み出した。そもそも，中国において環境問題に対する政策は1970年代はじめからと，かなり早くから取り組まれていた。というのは，当時深刻化していた日本の公害についての情報に接したからだった。

中国は1972年の第1回国連人間環境会議（ストックホルム会議）へ代表を送った際，水俣病患者の訴えに衝撃を受けたのである。この後，1973年の第1回「全国環境保護会議」において，「環境の保護と改善に関する若干の規定（試行)」を定め，環境保護に関わる組織と制度の基本方針は打ち出した。1978年には，改定憲法に環境保護に関する条文がはじめて盛り込まれ，1979年には，「環境保護法（試行)」が公布実施された。そして1984年には，独立した中央行政組織として「国家環境保護局」が設立されるとともに，各省・市・県レベルにおいても環境保護局が置かれた。こうして，80年代半ばには，環境保護に関する法律と行政組織の基本的な形ができ，1989年には第2回「全国環境保護会議」が開かれ，「環境保護法」が正式に施行された。

しかし，こうした環境に関する立法や政策が，実際に環境問題の防止や解決に有効に働いたわけではなかった。1960年代末から80年代初頭には，松花江の汚染により水俣病と同じような健康被害があったことが報告されているなど，一般の国民には知らされないまま，環境汚染は各地ですでに深刻化していた。さらに，前述のように，1980年代半ば以降になると，国有鉱工業の発展に続いて，郷鎮企業（農村企業）が爆発的に発展してきた。そうした郷鎮企業は一般に小規模で，環境対策をとる技術的あるいは資金的な余力に乏しい。広大な農村部に数多くの郷鎮企業が立地しているために，地方政府がそれらを管理するのは容易ではない。90年代になると，こうした郷鎮企業の活動が農村部においても環境汚染を引き起こした（加藤・上原，2011，223頁)。

中国政府は，こうした動きに対して，1996年の「環境保護の若干問題に関する国務院決定」において，鉱工業15業種について，一定規模以下の工場を地方政府（県レベル）の責任で閉鎖するように定め，1997年1月末時点で6万以上の小規模工場を閉鎖した。郷鎮企業の環境問題に対しては，こうした強制的な手段をとる一方で，環境対策のための技術改造や，排水・廃気の処理設備などの投資に優先的に融資を行うなどの政策も実施された。2000年には「循環経済促進法」を施行して，資源循環を進め，資源使用の節約と汚染排出の抑制を図ろうとし，2001年からはじまった「国家環境保護“十五”計画」（国家環境保護第

図５−12●主な国別エネルギー起源CO_2排出量の推移

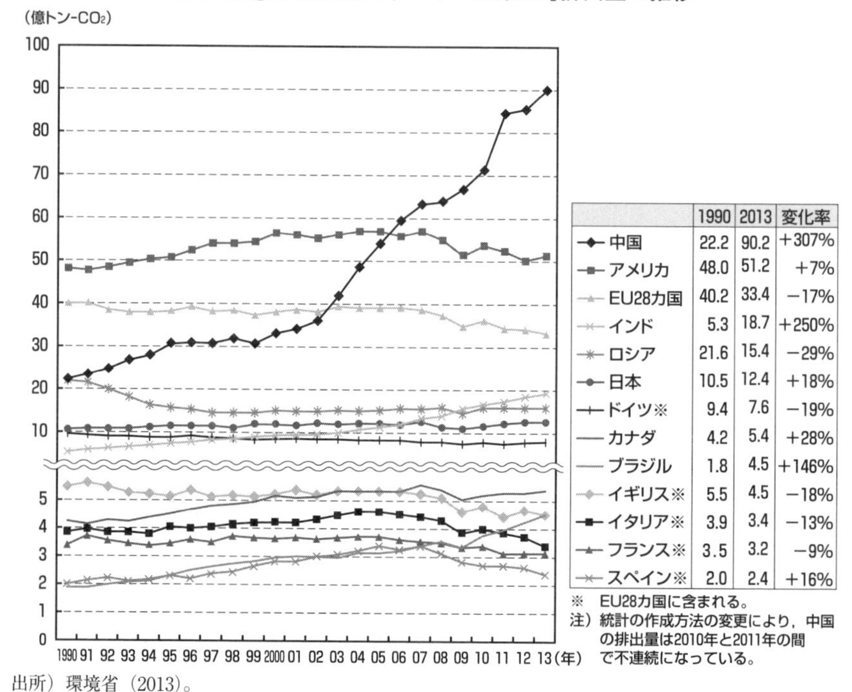

	1990	2013	変化率
中国	22.2	90.2	+307%
アメリカ	48.0	51.2	+7%
EU28カ国	40.2	33.4	−17%
インド	5.3	18.7	+250%
ロシア	21.6	15.4	−29%
日本	10.5	12.4	+18%
ドイツ※	9.4	7.6	−19%
カナダ	4.2	5.4	+28%
ブラジル	1.8	4.5	+146%
イギリス※	5.5	4.5	−18%
イタリア※	3.9	3.4	−13%
フランス※	3.5	3.2	−9%
スペイン※	2.0	2.4	+16%

出所）環境省（2013）。

10次５か年計画」では，2005年までに主な汚染物質の排出総量を2000年比で10％削減することを目標に掲げた。しかし現実には，2005年の排出量は2000年に比べてSOx（二酸化硫黄）で28％増，CODで２％減など，多くの目標が未達成な状況となった。これは，個々の企業での環境対策は多少進んだものの，排出源の増加がそれを上回ったことが主な原因といえる。それだけ中国経済の成長が速く，全体として環境政策が追いついていないのである（加藤・上原，2011，223-224頁）。

図５−12に明らかなように2000年以降の中国のCO_2排出量は急増している。効果は出ていない。

②河川の汚染

特に，環境汚染は河川の汚染で深刻なものとなっている。生活排水の増加や農業による汚染も増加しているものの，最大の原因は工場からの廃水が原因である。「とくに，農村にある製紙・製革・染色・メッキなどの中小工場では，廃水の処理を十分に行わないまま河川に排出する場合が少なくなく，こうした工場の増加と対策の遅れが汚染を深刻にしている。河南省・安徽省を主とする淮河流域では，1990年代から地表水および地下水の汚染がひどくなり，住民の健康被害も多数報告されている。政府もこの淮河流域に対して厳しい政策を実施し，1995年には約1,200の小規模な郷鎮企業が閉鎖された。しかし，それから15年以上を経た今も汚染はなくなっていない」（加藤・上原，2011，225頁）。

その結果，7大水系（長江・黄河・珠江・松花江・淮河・海河・遼河の各水系）にある200本の河川409カ所の断面の水質調査から，劣Ⅴ類が20.8％，ⅣからⅤ類が24.2％であることがわかった。なお，中国の地表水の水質基準は用途を目安に区分されており，Ⅳ類は工業用水，Ⅴ類は農業用水，劣Ⅴ類はそれらにも適さず，人体に直接触れることが適当でないというレベルである。従来から特に汚染が深刻な河川は，「三河」と呼ばれた淮河・海河・遼河である。劣Ⅴ類の断面は淮河22.1％，海河44.4％，遼河32.5％であった。これに対して，特に汚染が深刻な湖沼は，「三湖」と呼ばれる太湖・でん池・巣湖である。全体の水質は太湖とでん池で劣Ⅴ類，巣湖ではⅤ類とされており，農業用水にも使えない水が多くを占めている。その他，洞庭湖や白洋淀なども水質の悪化が著しい（加藤・上原，2011，225頁）。

中国における分散結合型（垂直分裂型）生産システムにおいて，活発な企業活動が大変な環境問題を引き起こしている。

思いもよらない資源問題

①中国におけるレアアース問題

前項で述べた環境問題と同様に，活発な企業活動は資源に関しても際立つ結果をもたらしている。

実は，中国が世界一のレアアース生産国になった理由は，第1に，中国国内に採掘が比較的容易な資源が豊富にあること，第2に，レアアースの採掘と精製に多数の民間資本が参入したこと，第3に，中国における環境コストが低いこと，である。

まず資源の存在について，中国の代表的なレアアース鉱山である内モンゴルのバヤンオボー鉱山はもともと鉄鉱山であり，その鉱石の中にランタン，セリウム，ネオジムなどのレアアースが含まれている。そのため，鉄鉱石を採取するついでにレアアースも採取できるので採掘コストが低いというメリットがある。資源が極めて豊富なため，採取した鉄鉱石に含まれているレアアースのうち10％だけが精製され，残りは鉱滓（残りカス）として野積みされているともいわれている。この地域の代表的な鉄鋼メーカーは国有企業の包頭鋼鉄で，レアアースの生産もその子会社の包鋼稀土が行っているが，1960年代にその周りでレアアースの抽出や精製を行う民間企業が100社以上も現れた。

また，中国独特のレアアース資源として江西省南部から広東省北部，福建省南部，さらに湖南省や広西自治区などの山間部にイオン吸着型鉱というものがある。これはレアアースを多く含む花崗岩が深層風化によって粘土鉱物層になっているもので，レアアースの抽出が簡単だという特徴がある。こうした状況のもと，1990年代前半に「原地浸鉱」という採掘法が開発された。この採掘方法は，レアアースを含む山に1～2メートルぐらいの間隔で穴をあけ，そこから硫酸アンモニウムという肥料としてよく使われるありふれた材料の溶液を注ぎ込むものである。すると，粘土鉱物層の底に沿ってあけた穴からレアアースのイオンを含む溶液が流れ出てくる。この溶液に炭酸水素アンモニアを加えると白い沈殿を生じ，これを乾燥させ，後は工場に持っていって精製するのである。以上のようにイオン吸着型鉱の採掘は特殊な技術も大がかりな設備も必要とせず，レアアースを多く含む山を借りれば簡単に始められ，初期投資額は100～200万元程度（約1,400－2,800万円）ですむという。それゆえ大勢の大衆資本家が投資して江西省南部や広西自治区の山間部に小規模なレアアース鉱山が乱立し，江西省の韓州市だけで多いときには1,000カ所を超える鉱山が出現した（丸川，2013，161-164頁）。

そして，日本のような環境規制が厳しい国に放射性元素などの難処理有害物を含むレアアースの鉱石を持ち込んで製錬することは，環境コストを考慮すれば商業的にそもそも不可能であるため，「中国がレアアースの生産シェアを97％近くまで増大できた理由は，きわめて低い環境コストでレアアースを生産して全世界に供給したため，他国の鉱山からの生産がコスト的に競争できなかったことに尽きる」（岡部，2015，3頁）のである[12]。中国は，「鉄やアルミが炭水化物やタンパク質ならレアメタルは，微量だがそれがなくなると生体のバランスを失い，場合によっては致命的な影響も受ける，まさに産業のビタミン」（原田・醍醐，2011，18頁）という点を重視している。

なお，「日本では中国が世界のレアアース生産を独占するために安値による輸出攻勢をかけて他国のレアアース鉱山を生産停止に追い込んだ，と見る向きもあるが，中国での報道を追う限りそのような戦略性を感じられず，むしろ民間資本の暴走を抑えられずに図らずも安値攻勢をしてしまった，というのが実態のようである」（丸川，2013，164-165頁）[13]。

「鉱石の発掘・精錬は，ほとんどの場合，環境破壊を伴い，鉱山開発や精錬活動による環境資源の損失は甚大であることも認識する必要がある。経済合理性を追求する現代の社会システムにおいては，天然資源の希少性やその本質的な価値（Value of Nature），さらには，環境破壊のデメリットは無視されている。しかし，現在のようなきわめて低い環境コストで天然資源を採掘して製錬する活動を続けることは，長期的には間違いなく困難になる」（岡部，2015，5-6頁）。**図5-13**にあるように，環境コストを勘案すると，天然資源を利用することは本来，大変高価なものとなる。

図5-13●金属素材の価値の考え方

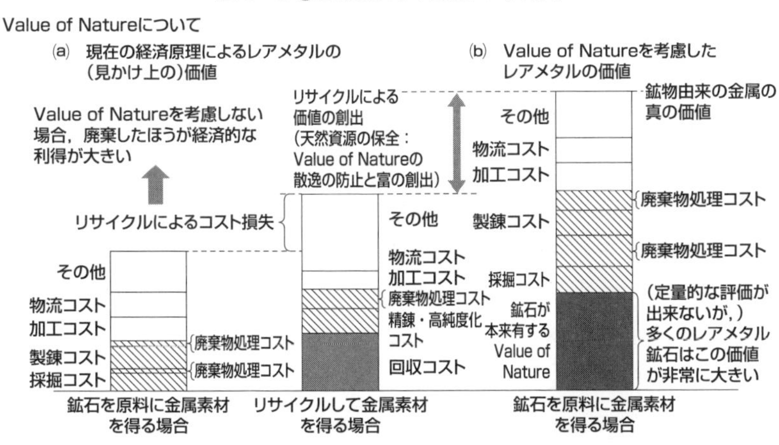

注）上記図中，斜線の部分は，海外で行われる処理・工程が多い。
出所）岡部（2015），6頁。

②廃棄物の廃棄コストの重要性

他方で，一連の廃棄物の廃棄システムを機能させるためにも本来の環境コストを勘案する必要がある。

原材料から製品を生産して販売する自動車産業，家電産業等動脈流産業は，生産・サプライヤーシステムにおいて生産された製品を市場取引を通じて最終消費者へと受け渡す。そして消費者はその製品を消費するが，その際，包装用紙，ペットボトル，消費期限切れ食品等の消費されずに排出されたものやそのものが消費されて，耐久限度を超えることによって排出されたものが廃棄物となる。その後，これらの廃棄物はそれを処理する廃棄過程へと移されるが，そうした廃棄過程を制御するのが廃棄システムであり，静脈流産業がその廃棄システムを運営する。

そこで，静脈流産業の役割とは，廃棄物を廃棄システムに回して自然循環に適合的な物質に変換することであり，経済循環に再投入できるように経済循環に適合的な有価物に変換することとなる。ところが，動脈流産業が，第3章で詳述したように，互換性部品の生産であったり，作業方法の標準化というように標準化を進めたことで大量生産が可能となり，コストを引き下げることができたのに対して，静脈流産業では「廃棄システムにおける原材料である廃棄物が標準化されたものとは言えない。たとえ同一製品であったとしても，その製品の使用頻度や年数，使われ方や生産年等によって，廃棄物として排出される際の品質は異なる。さらに，多様な製品を廃棄システムにおいて取り扱う場合は，この困難がさらに増す。このように原材料としての廃棄物に標準を求められない以上，作業の標準化も行うことができない。結果として，廃棄システムは人の熟練に頼らざるを得ない。熟練に頼る以上はその作業の機械化は難しいため，いつまでも生産性は人の能力を超え出ることができない。こうして，動脈流においては大量生産システムの構築がなされたのに対し，静脈流においてはいつまでも動脈流における産業革命以前と同様のシステム原理が維持されてしまう」（牧，2013，109-110頁）。

しかも，再生資源は，「需要に見合うよう生産されるのではなく，消費・生産活動の副産物として排出される」（道田，2010，20頁）ために，廃棄物は「平準化」されない。そのため，廃棄システムにかかるコストは相対的に高まってしまい，ひいては静脈流が機能しなくなる。

廃棄システムが機能すること，つまり静脈流産業が展開することによって，産業は循環しうる。それは，自然環境にとってプラスであり，資源の確保にもつながることで資源循環ともなり，最終的には人間そのものの生命循環を可能ならしめることになる（坂本，2009）。次代の生産システムの課題であろう。

第4節　分散型生産システムの功罪

アメリカを出発点とする分散統合型生産システムは，韓国では柔軟統合型と融合される形で活用され，中国では多種多様な参加者が加わって分散結合型（垂直分裂型）生産システムとして展開した。それらは，生産システムの一連のつながりをバリューチェーンとして把握してビジネスモデルを掲げ，参加者が多様に広がって活発に動くものだった。事実として，アメリカは再生しえたし，韓国，中国は大変に経済的に発展している。

しかし，その過程において，例外なく，生産現場を含めた職場には非正規就業者が増加して労働者，従業員の立場は不安定化した。また，経済成長を続ける中国は大変な環境問題を引き起こすとともに，資源リサイクルにかかわる問題を引き起こして，われわれにその解決を迫るものである。

以上の動きは，イギリスから始まって，アメリカ，日本，そして韓国，中国の新興国へと生産システムが歴史的に推移するなかで，「流動化」を促す「寛容性」の進展による多様化の広がりの流れと理解できる。この点については，Floridaのいう「都市や地域が選択肢を増やし，バランスの取れたアプローチを取ることで，さまざまな人々がさまざまなことを行おうとするエネルギーが解き放たれる」（Florida，2005，邦訳70頁）ように，特に寛容性が重要であるという点と一致する。イギリスでは，被支配階級である平民身分からジェントルマン階層への上向を伴う動き，アメリカにおいては，自由主義と共和主義によるヨーロッパ的伝統からの脱却，経済的自由の拡大という動き，日本においては，企業内部における工員と職員の区別ない従事と企業外部のサプライヤーの取り込みという動きを経て，そして，とりわけ中国では，日本の「窮屈さ」を解き放ち，バリューチェーンの一部を担う存在となれば参加しうるという動きである。その「寛容性」の進展による多様化の広がりで，経済活動に参加することとなった経済主体（郷鎮企業，民営企業）の活発な動きが，広い範囲で企業内部の労働者の構成上の問題，環境問題，資源問題を引き起こしたのである。

それでは，現時点において将来の生産システムとしては，どのようなあり方を展望しうるのであろうか。その際，生産システムにおいては，「寛容性」の進展を伴いつつ多様化の広がりを含み込んだあり方を実現するために，何を統合の主体とするのか，何のために統合するのかという新たな原理が求められよう。また，その際，日本の生産システムはどのように考えればいいのだろうか。章を改めて議論しよう。

◉注

1　なお，コンピュータ産業においては，インテルがプラットフォーム・リーダーとなった。というのは，1980年代後半頃のIBMの提供するISAバスの速度の遅さのため，インテルが同社のペンティアム・プロセッサの性能を活かせないことに業を煮やしてPCIバスを開発し，チップセット，マザーボードを提供したこと，「インテルは，占有的アプローチによって，各OEM企業―インテルの何人かのマネージャが『フラグメンテーション（分裂）』と呼ぶ状態につながる―から利益を上げるようなことはしなかった」(Gawer & Cusumano, 2002, 邦訳33頁）こと，が理由である。

2　例えば，淺羽（2013），延岡（2012）である。延岡（2012）では「今求められているのは，日本企業にしかできない擦り合わせ型を生かし，そこで余分にかかるコスト以上の顧客価値（機能的価値＋意味的価値）を創り出すことだ。それが世界への貢献となる」としている。なお，柴田（2013）は以下のように，珍しくモジュラー（組み合わせ）型の導入の必要を訴える。「従来の日本の製造業は，顧客の要望に応えるため細部に至るまで微調整する『すり合わせ型』に軸足を置いてきた。顧客の要望に対するきめ細やかな対応を得意にしてきたのである。例えば自動車メーカーは『適地適車』を合言葉にして地域最適な車づくりを行い，部品メーカーは自動車メーカーの要望に合わせて部品の素材や種類を変えてきた。このようなものづくり思想と設計手法が，日本の製造業の競争力につながってきた。しかし，先進国とは市場要件が違う新興国市場にも対応するにはこのようなやり方では限界がある。顧客志向は実現できてもコスト競争力に劣るために，収益性を圧迫するからだ。顧客志向とコスト競争力を両立するには『組み合わせ型』という視点を意識的に設計思想に導入することが有効だ。…すり合わせ型に軸足を置いてきた日本企業にとって，組み合わせ型の導入は，共通部品を使いつつも可変部品との柔軟な組み合わせによって顧客の要望に応えるという意味で，ものづくり思想の転換を意味する。もちろん組み合わせ型が，細部に至る全ての要望に完全に応えることができるわけではない。しかし，市場の成長に連れて，すり合わせ型でしか顧客の要望に応えられない状況は次第に少なくなり，組み合わせ型の合理性が相対的に高まる。にもかかわらず，すり合わせ型にこだわり続けると市場の成長に連れて急速にコスト競争力を失ってゆく。薄型テレビなどはこのような経路をたどった。組み合わせ型で最も重要なのは，共通部品と可変部品をどのように分割し，それをどのようなルールで連結するのかという設計ルールを決めることだ。多数の組み合わせがありうる中で，優れた設計ルールを見いだすことが何よりも重要だ。共通部品が多すぎると製品の多様性が失われ，ブランドの独自性が薄れてしまう。一方で少なすぎると，量産効果を享受できない。多様な市場要求とコスト競争力を両立させるためには，共通領域と可変領域をどう分割するかという問題を解かなければならない」としている。

3　その後，アップル社はEMS最大手の鴻海精密工業に生産を委託した。そのように，アップル社がアメリカ国外で生産する理由として以下が考えられる。「米国でiPhoneを製造した場合の1台当たりの追加コストは4ドルである。iPhoneの利益率の高さを考えると，4ドルという追加コストはわずかなものであり，その気になればアップルは米国でiPhoneを製造することができるかもしれない。米国での生産に回帰した場合の追加人件費は6億ドルだ。では，なぜアップルは米国でiPhoneを製造しないのか。それは税金が高いからである。アップルが米国で生産した場合に課せられる利益への課税率は35%であり，現行の2%に比べるとはるかに高い。この税制の違いがあるため，iPhoneを米国で製造する場合の追加コストは最終的に7倍の42億ドルにまで膨れ上がってしまう。以上のような事情から，アップルは米国での生産を行わず，製品が少なくとも（ペーパー上はアイルランドなどの）租税回避国を巡ってから最終消費地に着くようにグローバルサプライチェーンを展開しているわけだ」。そして「iPhone 5sの85%は中国で製造されているが，中国でiPhoneを製造する理由を，スティーブ・ジョブズは『コストではなく規模とスピードの問題。アジアの工場は米国よりも大規模，柔軟かつ迅速に生産できる』と語っていた。iPhone 5は発売初日に900万台を売り上げたが，それだけの数を短期間で出荷できるメーカーは鴻海精密工業（中国の関連企業含め）くらいしかない」（大前，2013）のである。

4　現在では，全国を西部・東北部・中部・東部の4大ブロックに分割した上で，それぞれに「西部大開発の推進」・「東北地区との旧工業基地の進行」・「中部地区の勃興促進」・「東部地区の先行発展の奨励」という地域発展のための全体的戦略を定めることで，地方間の競争を促している。そのなかでも，特に内陸地域の発展が目指されている（加藤・上原，2011，104頁）。

5　なお，鴻海はあまりに急速な規模の拡大を行ってしまったため，作業手順や不具合が生じた際に的確な指示を出す管理職クラスの人材育成が追いついておらず，その結果，利益率が低迷しているという（沼上幹+一橋MBA戦略ワークショップ，2013）。

6　「分散」という用語を使用するならば，分散結合型生産システムと呼べるだろう。

7　渡辺（2016）はこの議論に対しては反論している。

8　中間財も義烏市場に集まること，また農村委託加工の利用で「街の工場に集めると1人当たり1日40-50元かかる賃金も，こうして自宅で好きなときに加工できるようにすれば20-30元となる」（伊藤，2015，77頁）ことでコストを引き下げている。分散型生産システムの技術的基盤はこうしたレベルのものからICTを活用したものまで幅広いといえよう。

9　ただし，Shenkar（2010）では，イノベーションとイミテーションが融合したイモベーションの重要性を強調している。

10　新宅他（2014）では，藤本隆宏のものづくり論に立脚して日中の工場を比較して，すでに日中間の工場でコストの逆転が起こっており，実は，「日本の生産優位はずっとつづいてきたことである」（新宅他，2014，379頁）とする。しかし，これはあくまでも日本的なものづくりの次元の議論である。それに対して，新興国市場では，本文で展開している中下級レベルでの次元の生産体制が進行しており，そういう意味で中国は「世界の工場」なのである。とすると，藤本ものづくり論は「ずれている」と言えよう。

11　なお，中国政府は，2008年に労働契約法を成立させて，労働基準と雇用契約の不備による雇用関係の乱れを一括して改善しようとしたり，2011年より発行する社会保険法の導入で農村住民の保障を厚くしようとするなど労働者の権利を保障しようとしている（李，2015）。これにより，これまで以上に中国における資本循環，価値循環の充実に向かい，中国国内市場が拡大する可能性がある。日本など主要先進国は「官から民へ」という新自由主義的な考え方で動いているのに対して，対照的な政府の姿勢だといえよう。

12　製品は筐体部のような支持材と部品で構成されて，その部品も壊れたりばらばらにならないための構造材部分と，部品の特有の機能を持つ機能材部分からなっている。構造材というのは，アルミや鉄，さらには金属以外のプラスチックなど，世界に比較的流通している素材で作ることもできるが，機能材は電子や原子の特殊な働きを引き出して光や磁気，電気などの特殊機能を得ることから，特定の元素でなければそれに応えることはできない。そこで，レアメタルがハイテクに必須の材料として用いられる（原田・醍醐，2011，16頁）。レアメタルは大変重要な物質である。

13　なお，中国の急速な経済発展は，インフラ建設や生産活動に伴う各種資源・資材の需要を高め世界から新原材料だけでなく再生資源の輸入をも促している。他方で，先進諸国では第2次世界大戦後の大量消費社会がもたらした大量廃棄によって各国のごみ処分場の枯渇の恐れと市民の環境意識の高まりで，国内リサイクル体制の構築を進めたものの，リサイクル産業は生産拠点を，中国をはじめとする東アジア諸国に移転した。その結果，中国を中心とした国際的な資源リサイクル構造が生まれた。中国は多くの再生資源分野（古紙，廃プラ，鉄くず，銅くず，アルミくず）における最大の輸入国となっている（藤井，2010）。

第6章 今後の日本の生産システムの方向

本章の目標

本章では，第２章から第５章まで展開してきた生産システムの歴史的な分析を踏まえて，今後の日本の生産システムの方向を検討する。第１に，これまでの章で取り扱った生産システムの歴史的分析の成果を確認し，第２に，その歴史的分析から明らかとなった３つの視点から日本の現在の生産システムを検討し，第３に，長野県飯田市の取り組みを踏まえて今後のあり方を検討する。

第1節　生産システムの歴史的分析の成果

歴史的な分析から明らかとなった３つの視点

筆者は，第１章において，経営史とは，「現在の企業経営に関わる課題を意識して，企業の経営行動を歴史的に検証，検討する」ものだと述べた。

また，「特に後者のエレクトロニクスメーカーの場合，前者の電力会社とは異なって，グローバル競争に打ち勝つために積極的に活動していたにもかかわらず，事業成績を落とすこととなったことから，その要因を歴史的に分析することは重要である。そこで，企業の経営活動を歴史的に分析するに当たり，新たな価値を創造することから生産活動を取り上げる」とした。

この点で，藤本（2015）は興味深いものの，「ただし，藤本の議論では，たかだか，第２次世界大戦後から70年間というスパンで日本の現場のみを取り上げている。こうした分析で問題点を明らかにすることはできるのだろうか」と疑問を呈した。

というのは，日本の生産システム（「ものづくりのあり方」との言い回しがなされているが）が取り上げられて10数年経つものの，あまり状況が好転してはいないように思えること，日本だけを，しかも第２次世界大戦以降のみをみて，本当に日本の生産システムの問題点を明らかにできるのかと考えたこと，が理由である。

「そこで，生産活動は，その構造が複雑化し，大規模化し，グローバルに展開するとともに，歴史的に諸要因の有機的連関性として理解するべき対象ともなっていることから，生産システムとして捉えて（坂本，1998），第２章から第５章まで，システムとしての生産活動が，産業革命から現在に至るまでにどのように歴史的に推移してきて，現在に至っているのか，どのような課題を持っているのかを議論する。それらの叙述を受けて，第６章では，今後の日本の生産システムを展望する議論を展開したい」とした。

以上の問題意識に従って，第２章でイギリスを取り上げ，以下，第３章ではアメリカを，第４章では日本を，第５章では韓国，中国の新興国における生産システムを取り上げて，歴史的に分析してきた。第５章の最後でもまとめたように，生産システムは自立分散型，垂直統合型，柔軟統合型，分散統合型というように，「寛容性」の進展による多様性の広がりのなか，現在は分散結合（垂直分裂）型に到達していることを明らかにした[1]。

以上の推移のなか，①正規就業者数の増加により，生産現場における労働者，従業員の位置づけは不安定化してしまったこと，なお，柔軟統合型生産システムにおいては労働者，従業員の「主体性の回復」がなされたものの[2]，現在のシステムでは逆方向に流れていること，②特に中国では，企業経営に対する自由放任主義によって環境問題が激化していること，③環境制約問題があるにもかかわらず，中国経済の急激な発展，中国における環境コストの低さが廃棄システムの機能を鈍らせ，資源リサイクルを混沌とさせていること，を明らかにした。

第２節　生産システムの歴史的分析からみた日本の現状

生産システムの歴史的分析から，①生産現場における労働者，従業員，②環境問題，③資源リサイクル，という３つのあり方に対する視点の重要性が明らかとなった。そこでその３点から日本の現状を検討してみよう。

現在の日本の生産現場からの視点

①労働者の不安定な位置づけ

現在の日本では，上述のように非正規就業者（請負，派遣，職業紹介）が増加しており，それからの圧力による正規就業者の拘束性が強まっている。

というのは，「非正規雇用の肥大化は正規労働者の雇用と働き方にも影響することは避けられない。職場の中で正社員の数が縮小し，これまで正社員が担ってきた仕事を派遣社員や契約社員，パートがするようになると，当然，残された正社員には大きなプレッシャーになることは明らかだ。正社員だから成果を上げなければならないという周囲の要請と責任感は長時間労働に追い込むようになる。成果主義的人事管理はそうした圧力をよりいっそう強くしてきた。職場における非正規雇用の拡大は正規労働者を超過労働に追い込む圧力になっている」。つまり，「非正規・不安定就業が増加することで正社員の精鋭的働き方に拍車がかかり，そのことが正社員のポストを縮小する効果を生み，非正規の人々の正規雇用への転換を妨げるという悪循環が進んでいる。…こうして，相対的に高所得の正規労働者も，細切れ的雇用を強いられている非正規雇用も，『雇用と働き方・働かせ方』の視点から見るならば共に困難な状況に置かれている。両者は対立的関係ではなく，『メダルの表と裏の関係』にある。正規雇用と非正規雇用の単純な所得格差論はこうした相互規定関係を見失うおそれがある」（伍賀，2014，57頁）。

それで，まず留意すべきは，「働き方・働かせ方から見た派遣労働，とりわけ登録型派遣労働が抱える最大の問題は雇用の細切れ化であろう。常用パートのようにさしあたりは雇用の継続が期待できた低賃金労働から，細切れ化した低賃金労働にシフトしている。日雇い労働に象徴されるように，『明日の仕事があるかどうかわからない』という日々のために，仕事に就けたとしても技能と経験を蓄積し，キャリアアップにつなげる確かな見通しをもつことは困難である。それはまた職場に顔の見える仲間がいないという貧しさである」（伍賀，2014，135-136頁）。

そして，この動きは以下につながる。「単に派遣労働者の『労働』だけなく，『Just-In-Timeによる労働提供』が商品となっている。派遣先に対する『Just-In-Timeによる労働提供』とは，派遣先が必要とする時に，必要な種類の労働

図６－１●雇用と働き方・働かせ方の現状

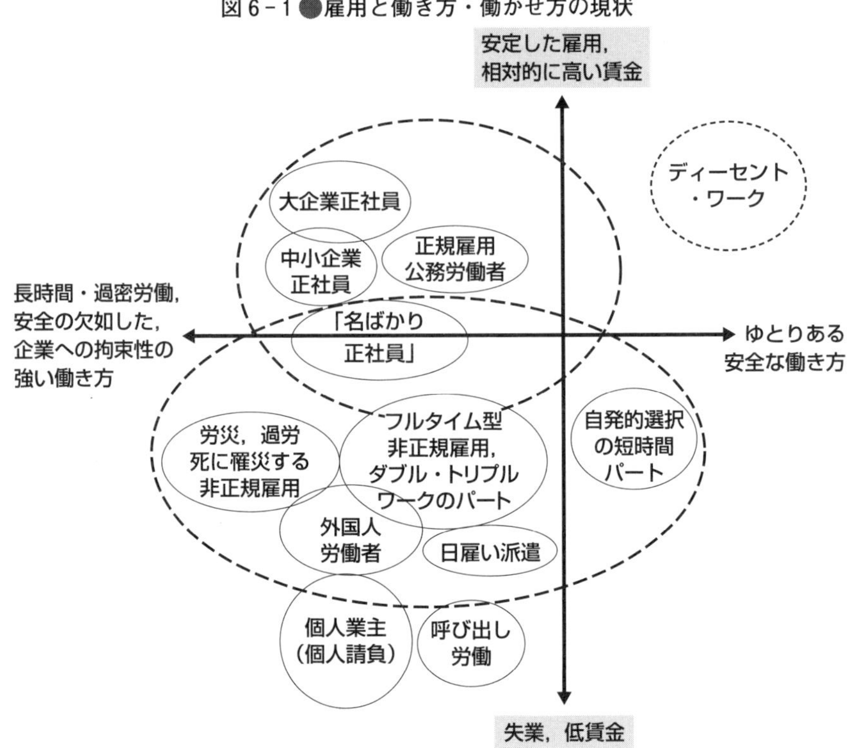

出所）伍賀（2014），46頁。

者を必要な人数だけを送り込み，労働者は派遣先の事業の機構に組み込まれ，そこでの指揮命令を受けながら就労することである」（伍賀，2014，114頁）。

その結果，「派遣労働は英語では臨時的・一時的な仕事という意味で『テンポラリー・ワーク』といわれる。派遣の惨めな働き方を表すときに『テンプ・スレイブ』（temp slave，派遣奴隷）という言葉が使われるときもある」（森岡，2015，78頁）という状態である[3]。

図６－１にあるように，現在の雇用と働き方・働かせ方はこのような状況になっている。非正規就業者が多く存在する職場のレベルをどのように考えればいいだろうか。

②アーキテクチャ論の死角

第１章で取り上げた藤本（2015），藤本と同じ研究グループの新宅（例えば，新宅他（2014），中沢・藤本・新宅（2016））では，さほど，非正規就業者が多く存在する現状について悲観していない。

むしろ，「日本の貿易財産業の現場は実証的にも明らかに良い方向に向かっています。いわば予想どおりというか，学者流にいえばものづくり理論の予想どおりといえるでしょう」（中沢・藤本・新宅，2016，17頁）と楽観している。だから，「今後の課題は，貿易財を中心とするこうした『良い現場』が長い奮戦の中で学んだ『良い設計の良い流れ』作りの能力構築能力を，いかにしてサービス業や農業などに普及させていくかである」（中沢・藤本・新宅，2016，234頁）とする。「現場」に対する視点という指摘はあるものの，その「現場」で働く労働者，従業員に対する視点は等閑なのである。

例えば，新宅他（2014）では，調査対象企業の雇用状況を調査しており，「全従業員数は平均で約100名減少（約10％減）しており，そこで減少した分の多くは派遣社員であった。さらに派遣社員の直接雇用化もあまり多くなかった。また，2013年10月末時点において当該拠点の生産工程における作業のうち，正規従業員が行っている割合について訊ねた結果（N=86），正規従業員の作業比率は約66％であった」（新宅他，2014，392頁）として現場で働く労働者，従業員の現実に目を向けようとしつつも，正社員の年齢構成のゆがみとして捉える。

そして，まとめにおいて，「最後に，次世代育成については，研究課題として残された。現時点では，暫定的であるが，われわれは次のように考えている。次世代育成は重要であるが，そのための教育コストは現時点では重荷となるので現在の競争力には寄与しないこともある。しかし，今後，日本の強い職場を維持し，将来の競争力を強化・維持していくためには次世代育成が重要である。年齢構成のゆがんだ日本の多くの現場にとって，今後の５-10年後が次世代育成の正念場であろう。将来のために，いま，コストと労力をかけられるか，経営者と現場の判断が問われている」（新宅他，2014，404頁）として，正規従業員の減少という事態を次世代育成の課題として捉えてしまうのである。

以上のような藤本や新宅の理解には，日本では，1990年代後半から，「移動式組立ラインに内在する問題点を相殺して余りある少品種大量需要の市場が，多品種化，需要量の変動，製品寿命の短縮化を特徴とする『現代的市場』へと移行し」（那須野，2009，147頁）て，コンベアーラインを撤去して，いわゆるセル生産方式へと展開したことが影響していよう（中沢・藤本・新宅，2016）。

というのも，第4章で述べたように，セル生産方式は生産性上昇，品質向上，柔軟性増大，フロアー面積削減，作業者の労働意欲向上などの成果があるからである。

しかし，こちらもすでに述べたように，セル生産方式は，作業方法の標準化と催促時間の結合，作業内容の単純化とその組み合わせとしての職務拡大，コンベア労働を超える作業疲労，作業成果による作業刺激などを通じて生産性向上を図るシステム[4]であることから，「セル生産方式の形態の大半は分業セルである…こうした標準作業の性格は，分業セルの組立作業に多くの業務請負労働者が従事していることと適合している。彼らの多くは，1つの工場に長く勤務しないからである」（浅生他，2014，37頁）。

その際，ICTの発展を背景としたデジタル・マニュアルの支援を受けて，つまり，例えば三菱重工業ではiPadを活用した電子マニュアルをセルに備えたり（日経情報ストラテジー，2011）。帝人はスマートフォンを活用した工程管理，作業指示を可能にするシステムを開発する（日経ビッグデータ，2015）などの支援を実現していた。

また，IDECが「ロボットセルの開発によって，人手依存に伴う諸々の制約を免れつつ，現代的市場条件へのセル生産方式の強みを維持することに成功し」（鈴木良始，2009b，144頁）ていたり，ファナックが2015年秋に組立工程の9割を自動化することを目指している（日経ものづくり，2015）[5]。

このように，セル生産方式の「成功」をみて，藤本や新宅は「現場」への視点を持っていても，その現場で働く労働者，従業員の置かれた立場への視点は等閑となるのである[6]。

以上の流れにあるからこそ，ブラック企業は跋扈（ばっこ）しうる。「彼らにとって，新卒，若者の価値は極端に低い。『代わりはいくらでもいる』，取り換えのきく『在庫』に過ぎない。大量に採用し，大量に辞めていく。ベルトコンベアーに乗せるかのように，心身を破壊する。これら大量の『資源』があってはじめてブラック企業の労務管理は成立する。『代わりのいる若者』は，ブラック企業の存立基盤なのである」（今野，2012，62頁）。

正規従業員の雇用を守ることは生産現場における技能，ノウハウの継承と発展にもつながること，それによって消費者に対してもサービス向上となること，一定水準の給与が支給されて地域経済を潤し，一定水準の価値循環を保証することとなるのである。

③モラル・エコノミーの消滅の危機

なお，第4章で若干触れたゴードン（2012）では，2008年から2009年にかけて実施された，「派遣切り」から生まれた「年越し派遣村」について，その「年越し派遣村」の設営，マスコミによる報道，好意的に見つめる世論の様子を，日本の有する「モラル・エコノミー」の健全性だと捉えている。

しかし，残念ながら，2016年現在，日本の労働法制は緩和の一途である。例えば，労働者派遣法改定で，改正前の，いわゆる「26業務」（通訳や秘書，プログラマーなど専門性の高い職業）も含めて，派遣先の同一の事業所に対し派遣できる期間（派遣可能期間）を原則として「3年」を限度とした。

つまり，「改正案の最大のポイントは，派遣期間を一律最長3年にする一方で，同じ職場でも人を代えるなどすれば企業が派遣労働者を使い続けられるように緩和した点だ。現行は同じ職場で3年を超えて派遣を使うことはできない。派遣は『臨時的，一時的な仕事』を原則とし，3年を超えて続く仕事なら正社員などで対応すべきだとの考え方に基づく。この原則が崩れれば，企業は正社員を雇わず，派遣の利用が進む恐れがある。正社員を望む労働者にとっては『正社員への道』が遠のくことを意味する」（毎日新聞，2015）。

また，ホワイト・エグゼンプションという，働いた時間ではなく，仕事の成果に対して賃金を支払う仕組みにして，残業代の支払いを免除しようとする制度を検討したり，不当解雇にかかわる「解決金」制度，つまり，裁判で不当解雇と判決された場合，労働者の泣き寝入りを防ぐ意味があるものの，一定の「解決金」を支払えば再雇用しなくてもいいという制度を検討している。ゴードンの期待した「モラル・エコノミー」は消滅する方向にあるのではないだろうか。

④従業員の身分保障による安心，安全のものづくりの実例

前述したように，現在の日本の労働法制には問題が多い。森岡（2015）が指摘するように，労働法制を見直す必要はある。そして，企業として，正規就業者を核とした経営を行うことで，消費者に対して安心，安全の財，サービスの

提供となって事業としても成功している例がある。例えば，大阪に本社を置いている株式会社蓬莱である。

同社は，1945年10月創業のフードサービス（食品の製造販売および，チャイニーズレストラン経営で，豚まん，アイスキャンデーで有名）を営んでいる。以下の**図6－2**にあるように，同社の主力商品の「豚まん」の売上数は増加し続け，売上高全体でも上昇しつづけている。

外食産業一般では，「従業者に占めるパート・アルバイトの割合では，全業態トータルで91.1％と9割を超えている」（日本フードサービス協会，2005），つまり正社員比率は8.9％であるのに対して，株式会社蓬莱のそれは58.9％，8時間換算では75％の比率を示しているように，基本的に正社員を中心に事業を経営している。

図6－2●株式会社蓬莱の売上の推移

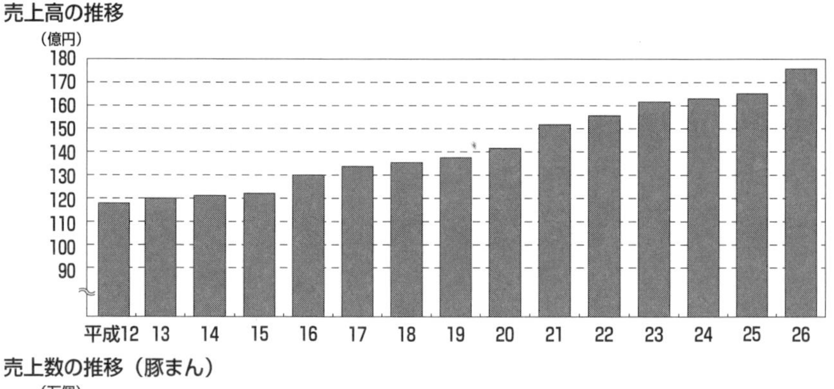

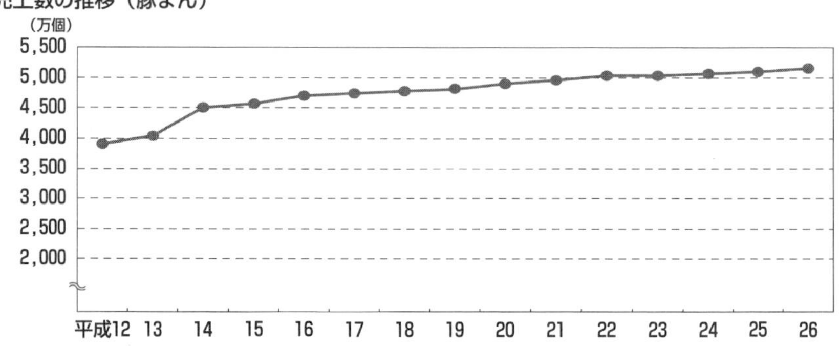

出所）株式会社蓬莱（2015），201頁。

そして，社内行事の実施，毎月の社内報の発行，対象となる当該従業員のためだけに作成された表彰状の贈呈[7]，ボーナスの手渡しなどで従業員を包摂して経営理念を浸透させる[8]。そのためか，厚労省による平成27年上半期調査「宿泊業，飲食サービス業」の離職率15.3％に対して（厚労省，2016），同社の離職率は2015年実績で7.4％となっており（中瀬，2016a），平均値よりも半分ほどの低さとなっている。

その上で，セントラル・キッチン方式で，豚まんなどの具材を集中的に生産し，「先入れ先出し」を行い，「原材料のカットもなるべく仕込みの直前にと『加工する工程にも鮮度』を求め，また『原材料も可能な限り在庫・滞留させず』加工や在庫においても『鮮度最優先』を意識する」（株式会社蓬莱，2015，107頁）。

しかも，551蓬莱テイクアウト店では実演販売を実現して，「作りたての商品をお客様に提供するために店内厨房で豚まんを1個ずつ手包みして蒸し上げ，出来たての商品を販売してい」る。その際，「特に重要なのがネタ（皮の生地）の発酵状態です。最適な発酵の状態のネタを届けるために，テイクアウト店はセントラルキッチンから『150分圏内』にあります。セントラルキッチンで作られたネタは物流時間を通じて適度に発酵し，551蓬莱独特の甘味があり，モチモチ感のある皮に成長します。季節により，気温・湿度で発酵具合が様々であるため，実演担当者は二次発酵の時間，蒸し上げるタイミングを変えて行きます。551蓬莱では豚まんを生鮮食品と考え，その日に販売する量だけ作り，その日のうちに召し上がっていただく。だから防腐剤や保存料のような添加物は一切使用していませんので常温での消費期限は当日中になってい」る。なお，551蓬莱での実演販売は毎日行われる劇場公演のようなライブと捉えている（株式会社蓬莱，2015，108頁）。

また，株式会社蓬莱は顧客，従業員だけではなく，取引先とも誠実に対応している。その一例は，5年に一度，同社は記念祝賀会を開催しており，その記念祝賀会の第1部（お昼前後の時間）には，250組を超える取引先を招待して歓談する場を設けている。ちなみに，その記念祝賀会第1部終了後，夕方からの第2部には従業員の家族をも招待して従業員，そしてその家族ともどもお祝いする。

以上のように，株式会社蓬莱は，まずは正規従業員を中心とした人事システムを構築し，大阪市浪速区にあるセントラルキッチンから「150分圏内」を超えてまで事業活動をしないという地域密着のビジネスモデルを実践している。その結果，安心，安全のモノづくりを行うとともに，関西地域において価値循環を実現している。だからこそ，関西の消費者に支持され，売上げているのである。

環境経営からの視点

①日本の環境経営の危うさ

日本においては，悲惨な公害問題に取り組んできたという歴史から，厳しい環境規制が存在している。しかし，先進国たる日本でも，東日本大震災以後の原子力発電の制限，電力コストへの懸念から石炭火力発電の増加，CO_2排出量の増加という事態となって環境問題が再燃しつつある。

図6－3にあるとおり，1990年代以降，コスト削減を目的として，原子力発電の陰で，石炭火力発電を推進してきた。大島（2014）が指摘したとおり，再生可能エネルギーよりも原子力発電に傾斜した結果，地球環境問題に対する取り組みは限定的なものとなっている。しかも，**図6－4**にみられるとおり，東北，

図6－3 ●1990年代以降の9電力合計の火力発電燃料種別発電量と原子力発電量の推移

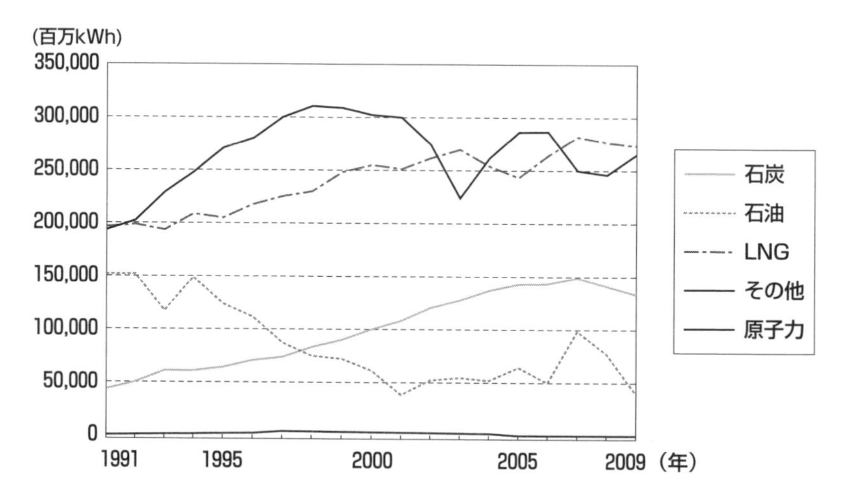

図6-4 ● 9電力別石炭火力発電量の推移

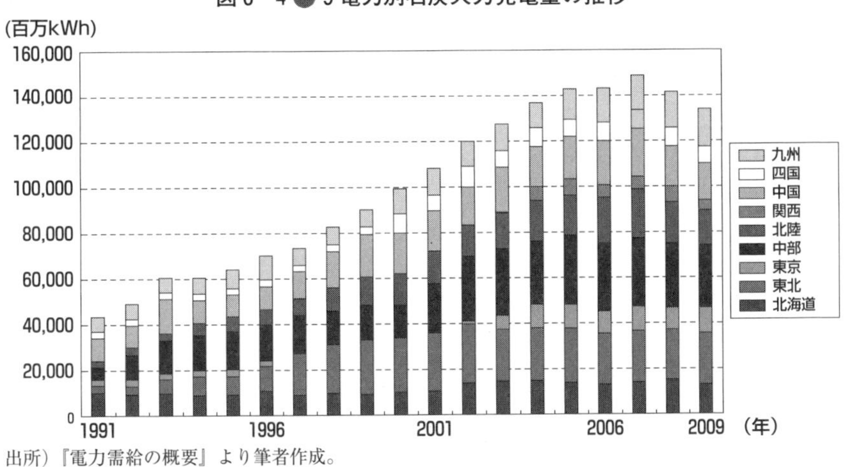

出所）『電力需給の概要』より筆者作成。

図6-5 ● 1kWh発電時のCO_2排出量

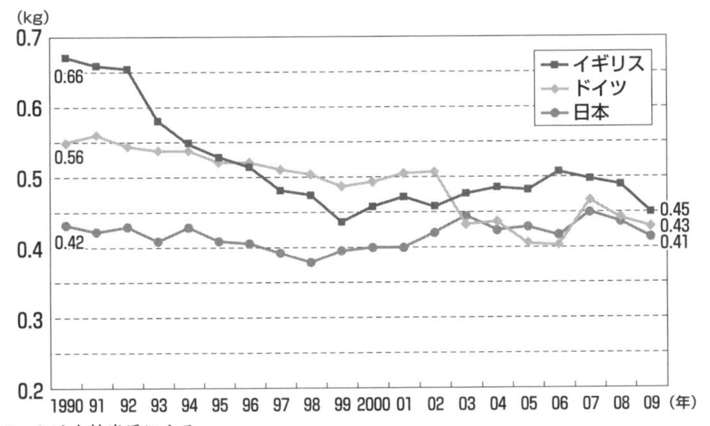

注）データは小林光氏による。
出所）竹内（2013），159頁。

中部，北陸，中国の各電力会社において石炭火力発電が推進され，その結果，**図6-5**にあるとおり，英独がCO_2排出量を減らしているのに対して，日本は逆に増加させている。

その上，2016年2月，環境省は電力自由化に向けて，「簡単に」石炭火力発電の建設を容認した結果，これまでは石炭火力発電に積極的ではなかった関電が宮城県，千葉県に石炭火力発電を設置することを表明している。また，東京ガスによる千葉県における石炭火力の建設，神鋼による兵庫県での石炭火力の建設と，軒並み，石炭火力発電が建設される方向にある。

イギリスでは石炭火力発電からガスタービンコンバインドサイクル発電（CCGT）へと転換しており，後発国における老朽化した石炭火力の代替ならばともかく，日本において石炭火力発電を増設するのは，時代を逆行していると言えないだろうか。このままでは，日本でもコスト問題から環境保全がないがしろにされる恐れがあろう。原子力発電の運転が滞っている日本では，エネルギー分野において環境経営を目指すのは難しいのだろうか[9]。

②街づくりに伴うCEMSとしての対応の実例

2010年４月，経済産業省による日本型スマートグリッドの構築，海外展開のため「次世代エネルギー・社会システム実証地域」として，全国で４カ所（横浜市，豊田市，けいはんな学研都市，北九州市）が指定されている。

これに対して，東急電鉄で「次世代まちづくり」に取り組む東浦亮典は，「選定された４つの地区では地域特性等を考慮しながら，それぞれ特徴のある先進的な技術・社会実証実験中であり，国の新たな成長戦略実現の観点からも，早い段階での成果の『見える化』，具体的事業や社会システムへの応用が待たれるところである。ただ，これらの４地域での実証実験は，電力系統の効率的な制御等が主なテーマであり，大手メーカーや設備会社，IT企業などが主役であり，生活者にとってスマート・シティを推進するとどのような素晴らしい生活が待っているのかについて具体的生活イメージが示しきれていない。『次世代郊外まちづくり』で目指す将来像としては，前述の通り，あくまでも既存住宅地において生活者視点をもっていかにスマート・コミュニティ化させていくかを第１の視点として考えている。お金をかければ，新開地にスマート・シティはいくらでもつくることは可能だと思うが，日本のおかれている社会状況から考えると，そうした行為はあまり有効な解決策を示しているとは言えない」（東浦，2013，249頁）として取り組まれている。

そもそも，2011年に東急電鉄都市創造本部で統括部長を務める東浦が，その後横浜市副市長となる，当時鈴木伸哉建築局長を表見訪問した際，鈴木局長より，「横浜市と東急電鉄が手を組んで老朽化，高齢化する郊外住宅地の建て替えや再生事業に取り組むことはできないか」と声をかけられてから，「次世代郊外まちづくり」に向けた横浜市と東急電鉄の取り組みが開始された（東浦，2013，233頁）。

そこでは，**図６－６**にあるようなワイズ・シティ（WISE City）が目指される。「まずなによりも尊重されるべきは地域住民の健康的で明るく快活な日常生活を送るための〈Wellness〉の実現であり，それを支える情報技術としての〈Intelligence & ICT〉，街中サービスの統合的な連携と持続可能性を重視する〈Smart & Sustainable〉，環境とエネルギーについて考える〈Ecology & Energy〉というこれからのまちづくりをする上での重要なキーワードの頭文字をとってWISE，つまり『賢者のまちづくり』を目指すというものである」（東浦，2013，250頁）。

こうした計画が生まれた背景とは，横浜市美しが丘地域も計画停電エリアに指定され，計画停電の発動が，住民にとって「無計画」に実施されたため，かなりのストレスが与えられた。

そこで，東急電鉄は，首都直下型地震などの有事に備えて，平素より街の防災性能を高め，防犯とともに安全安心のまちづくりを推進しようと，「今後の

図６－６●「ワイズ・シティ」のイメージ

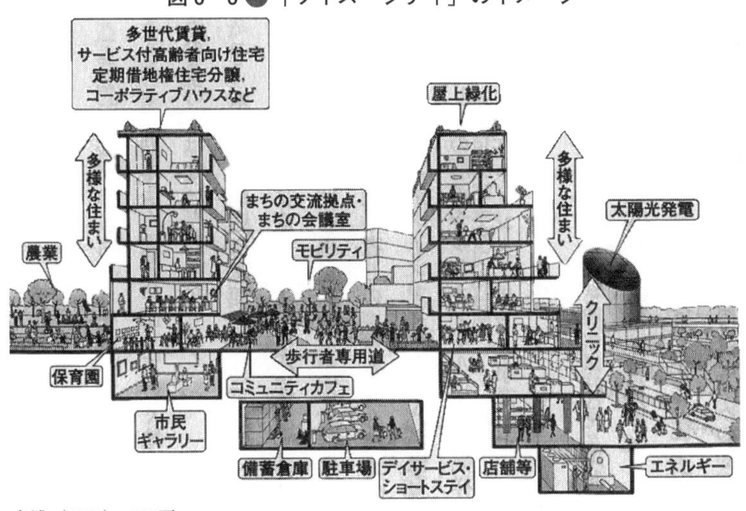

出所）東浦（2013），251頁。

社宅の建て替え，団地再生事業などにおいて諸条件に応じた再生可能エネルギーを含めた地産地消，自律分散型エネルギーシステムを導入し，地域全体でエネルギーの『見える化』を図りながら，地域内のエネルギー総需要を把握，制御していくCEMS（Community Energy Management System）を装備して低炭素社会の実現を目指していきたい。また，まだ課題が多いとは言え，将来的には地域の各世帯からの理解，協力をえながら，日々の電力の需要と供給にあわせて弾力的に使用量と価格を調整していく，いわゆる『デマンド・レスポンス』，『ダイナミック・プライシング』といった取り組みまでできることが理想である。『発電』『蓄電』『節電』『売電』『廃熱利用』などを地域ぐるみで相互調整，融通し合いながらエネルギーを効率よく大切に使っていく地域社会の実現ができると，国内外に誇れる素晴らしい事例となるのではないだろうか。エネルギーの問題も重要だが，『WISE』というコンセプトのなかで中枢に置くべきなのは生活者の日々の暮らしに直結する生活情報サービスでの連携である。この部分が一般的なスマート・シティには欠けている視点なのだが，『次世代郊外まちづくり』では地域のネットワーク・インフラとして，すでに生活者との接点をもって事業活動を展開している地元ケーブルテレビ会社であるイッツ・コミュニケーションズ社がハブ役を担うことを構想している。テレビ電波の届きにくい難視聴エリアの解消や多チャンネル化から発祥した日本のケーブルテレビ業界だが，最近は地上波デジタル化対応やインターネット事業，Wi-Fi（公衆無線LAN）サービス提供等，その業務幅を広げている」（東浦，2013，251-252頁）のである。

なお，以上のWISE Cityの中心的な考え方として「コミュニティ・リビング」が示されている。これは，東京大学高齢社会総合研究機構（IOG）に所属する大方潤一郎教授らが提唱したコンセプトのことで，「歩いて移動可能な狭域生活圏に，医・食・住あるいは遊・職といった，コミュニティ形成と地域経済に必要とされる最小限の諸機能をコンパクトにまとめあげた居住空間」（東浦，2013，239頁）を指すという。

このように横浜市と東急電鉄は具体的に「次世代郊外まちづくり」を，地域に根ざした生活空間のレベルでつくろうと取り組んでいるのである。以上のWISE City構想からすると，石炭火力発電による供給力整備という選択が，いかに後ろ向きなものかが明らかであろう。

資源問題からの視点

①資源ナショナリズム化と国際的な再生資源貿易がもたらす問題

現在，資源を有するインドネシアやフィリピンでは外資規制，課税強化，高付加価値化という資源ナショナリズムを打ち出している。これは，未加工鉱石を禁輸措置し，鉱石を地金あるいは加工品まで加工度を上げなければ輸出できないように義務づけるという高付加価値化である（廣川，2015，８頁）。

具体的には，2014年１月にインドネシアはほとんどの鉱石について輸出を禁止し，精錬所での地金等に精錬することを義務づけ，高付加価値化を政策としている。フィリピンにおいても，環境を前面に出して鉱業規制を行おうとしている（廣川，2015，11頁）。以上のように，資源小国である日本はこうした資源ナショナリズムに直面している。

また，他方では，前述したように，中国における経済発展と先進国国内におけるリサイクルの停滞により，再生資源貿易の拡大を伴いながら，中国をして再生資源の最大の輸入国たらしめている。**図６－７**にあるとおり，廃プラが50％，古紙は46％，銅くずは62％，アルミくずは29％で，いずれも世界シェア１位となっている。

これに対して輸出国としては,アメリカが大きな割合を占めている。アメリ

図６－７●世界の再生資源輸入に占める中国のシェアの推移

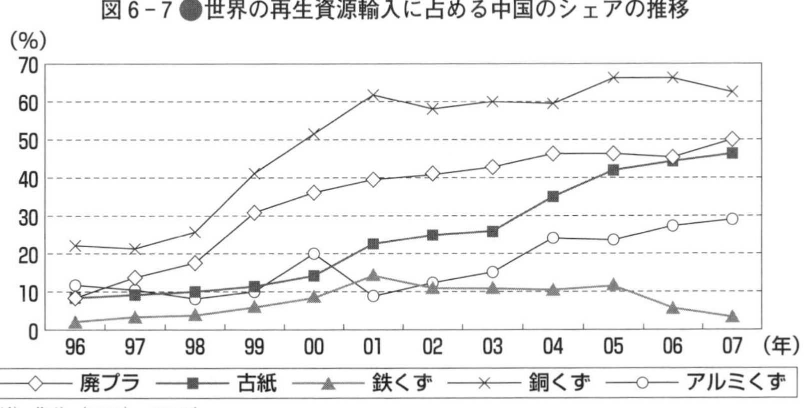

出所）藤井（2010），118頁。

カの再生資源の輸出は鉄くずを除いて，対中輸出シェアが非常に高くて，古紙，廃プラ，銅くずでは50％以上が中国向けとなっている。いわば，「世界最大の製品輸入（消費）国であるアメリカと『世界の工場（製品生産=輸出国）』である中国の両国が，再生資源の供給国，需要国として当該分野の世界貿易を牽引していることに加え，両国の相互依存関係が深まっている」（藤井，2010，118頁）。そして，日本も対中輸出を中心として再生資源の輸出を増やしている。

そこで，「古紙や廃プラ輸出により輸出先で環境汚染が引き起こされたわけでもなく，経済原理で動く国際資源循環はそれなりに合理性があると結論付けてよいと思われる。静脈流のグローバリゼーションとして扱われるべきであ」（小泉，2009，148頁）り，廃家電についても，「家電リサイクルルートとそれ以外の流れに分けて考える必要がある。コンプレッサーやモータなど難分解性部品は，低賃金の農民工の手分解によるリサイクル率の方が，機械力に頼る日本のリサイクル工場より高く（冷蔵庫で18％高い），基本法制定の資源消費抑制の趣旨からは，中国でリサイクルする方が良いと考えられる。家電リサイクル工場で分解し取り外された難分解性部品について，中国の公営リサイクル団地内のリサイクル工場などを利用した垂直分業体制を構築することにより，環境汚染の恐れがない資源生産性の高い国際資源循環体制が構築できることを提唱したい」（小泉，2009，149頁）という考えもありうる。

しかし，2004年の青島事件の結果，つまり日本から山東省青島に輸出された廃プラスチックのなかに，家庭系廃棄物が混入していたことが発見されて，同年5月から2005年9月まで日本から中国への廃プラ輸出が事実上禁止されたことがあった。そしてその後も停滞してしまい，香港経由でないと廃プラ輸出が実施できないことがあった。こうなると，輸出対象であった再生資源は日本国内に滞留してしまう。そもそも海外をも含み込んだリサイクルのサークルは不確実性が高いといえよう。また，後発国に中古品として輸出され，実際に使われた後にリサイクルや処分の過程で汚染の問題を引き起こすこともある（小島・鄭，2010）。

中古品という名目で有害物質を含む再生資源が「見えないフロー」として非合法に輸出され，中古品として使われず再資源化の処理が行われるという事例もある。その端的なものは，いわゆるE-waste（電気・電子廃棄物）の最終的な集積地となっている広東省汕頭市貴嶼鎮（きしょちん）における事例である。

同地は2002年に有害廃棄物問題に取り組む国際環境団体バーゼル・アクション・ネットワーク（BAN）が中国での廃棄物リサイクルの実態を暴くドキュメンタリービデオを公開したことで知られたところである。そこでは，「つまり，防護服もマスクも着けずに，手作業で分別・分解する。貴金属を取り出すための電子回路基盤の燃焼や，酸を使った洗浄があるわけですが，その廃液は川にそのままたれ流す。電線ケーブルから銅を取り出すために，塩化ビニール外皮を燃やす。電線を覆っているビニールを焼くと，すごい煙が出るのですが，それがそのまま空気中に拡散していく。それらでも処理できなかったゴミが，川辺や道路に無造作に置かれている。プラスチックを含めて，少したまったら燃やされる」（加藤，2014，16頁）という状態なのである。そして，そこにはアメリカや日本の著名な企業の廃棄製品があったという。

とすれば，加藤が言うように，国際的に資源循環を考えることは明らかにグローバルなNIMBY（Not In My Back Yard=うちの裏庭にだけは来ないで）問題であり，「これをNIABYに，つまりNot In Anybody's Back Yardにするためには，それぞれの国で，例えば日本なら日本で，電子廃棄物を外に出さない，国内で完全に処理できる施設や設備がなくてはいけません。当事者原則の厳格な適用」（加藤，2014，27頁）が必要であろう。

②日本で進む静脈流産業のリサイクル

それでは，日本1国内でのリサイクルシステムは構築できるのだろうか。これについては，家電リサイクル法が導入されて機能している点をあげることができよう。それとともに，民間会社である株式会社リーテムが実現しているリサイクルシステムがあげられる。

株式会社リーテムは，本社を東京都千代田区に，廃棄物処理工場を大田区城南島の東京スーパーエコタウン内（東京工場）と茨城県東茨城郡茨城町（茨城工場）に置く廃棄物処理会社である。同社の資本金は1億円，売上高は2010年7月期で約28億円，従業員数は，2011年3月末現在123名で，受け入れ品目は，OA機器類，什器類，機械類，小型家電類，電気機器類，店舗（商業）設備類，家電類などとなっている。

同社は，1998年7月に自らが主幹事となり，全国の廃棄物処理会社をネットワーク化して全国同一水準の廃棄物処理サービスを実施する広域リサイクルマネジメントシステム「J・RIC（Japan Recycle Improvement Committee）」を構築している。現在，全国8ブロック，32社，52拠点以上で構成して廃棄物の受け入れを行っている。システムとしては，まず，廃棄物処理を依頼する顧客は，リーテム内にあるJ・RIC事務局に見積もりを依頼する。事務局が見積もりを提示し，それに納得すれば廃棄物処理の依頼を行い，それに対して事務局が代金請求を行う。その後，顧客が立地するブロックの幹事会社に事務局より廃棄処理の依頼がなされ，その依頼に応じて幹事会社がメンバー会社に依頼をする。こうして，顧客企業は最も近い廃棄物処理業者に廃棄物を納入し，実際の廃棄過程が始まる。このネットワークの顧客にとっての便利さは，事務手続きはすべて事務局ワンストップで行われながら，実際の廃棄物処理は近くの処理業者にて行われることにある（牧，2013）。

以上のようなネットワークが構築されたのは，「廃棄物処理に対する社会の目の厳しさがある。J・RICが誕生した1990年代は，香川県豊島における産業廃棄物の不法投棄や，ごみ焼却過程に発生するダイオキシン問題など，廃棄過程に対する社会的批判が高まった時期である。こうした時代背景の中，適切な廃棄物処理業者をできる限り低コストで探索することの重要性が各企業によって強く認識されるようになった。しかしながら，廃棄過程は外部から見えにくいということもあり，この課題の克服は困難なものであった。こうした中で，ワンストップで，かつ全国規模で適正処理を行う廃棄物処理業者を探索できるシステムは，顧客企業にとっては，低コスト業者を見つけられる点で有用性が高かった。一方の廃棄物処理業者にとって，とりわけ適正処理を行う廃棄物処理業者にとってはこうした社会の変化は追い風であったことは間違いがない。しかしながら，廃棄物処理に対する社会の目が厳しくなる中で，いかに，自社が適正処理を行う企業であるかをアピールするかは難しい問題であった。こうした企業にとって，J・RICに入り，そのネットワークに入ることは，自社企業の信頼性を担保するのに好都合であった」（牧，2013，114頁）。

そして，J・RICの中心企業であるリーテムは，顧客企業に対して高品質処理を施し，その処理過程を明示する再資源化完了報告書発行サービスを行うことや顧客企業自身が自製品を自社で廃棄物として処理する際の支援を行うコンサルティング事業を行うことによって信頼を勝ち得た。他方で，リーテムは自らの経営効率化のために考案したRISM（Re-Tem Integrated System of Management）というリスクマネジメントシステム[10]をJ・RIC参加企業にも公開して利用させることで，その参加企業のレベルを上げるとともに，それら企業の管理，監視を可能にした。

こうして，株式会社リーテムは，日本という範囲で，民間企業レベルにおいて，一定のリサイクルシステムを構築している[11]。日本国内でのリサイクルサークルの完成は決して不可能ではないだろう。

第3節　日本の生産システムの今後のあり方について

消滅可能性都市と極点社会の現実

前述したように，日本の生産システムの3つの課題それぞれには解決策は存在する。それでは，これらの3つの課題の解決すべてに対応しうるものはないのだろうか。改めて，前述の3つの課題の解決に共通していたものを検討すると，それは労働者のレベルであれば地域経済，環境であればエネルギー，リサイクルであれば資源，の各々が適切に機能する範囲としての「地域」において循環するというものだった。

企業は原材料を購入し，生産活動を通じて製品化して付加価値を加え，その製品を商品として販売しその利益を回収して，次の生産活動を行う際の原資として活用するという資本循環を行う。

これに対して，価値という視点からは，地域経済という範囲で価値が循環し，地域経済が再生産される。エネルギーであれば，現在は9電力会社が各地域において化石エネルギーを中心として供給しているだけで，エネルギー循環はほぼなされていないことから，再生可能エネルギーをも積極的に活用するなかで一定の経済圏を範囲とする地域での循環を目指すものである。リサイクルについては，日本という1国レベルにおいて資源循環を実現しようというものである。

すでに議論したように，相対的に分散，分化の流れにあるなか，改めて統合の原理が求められてもいる点で，日本の生産システムの課題解決には，上述の「地域」を主体とした，あるいは「地域」において循環することを新たな統合

図6－8●「消滅可能性都市」の可能性

人口移動が収束しないケースにおいて
「20～39歳の女性人口」が5割以上減少する市区町村

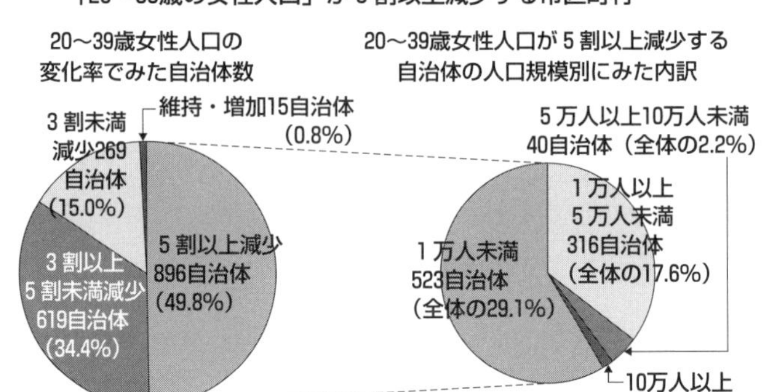

注1）国立社会保障・人口問題研究所「日本の地域別将来推計人口（平成25年3月推計）」およびその関連データより作成。

注2）人口移動が収束しないと仮定した場合の推計は，2010年から2015年にかけての人口の社会純増数（純移動率がプラスとなっている項の合計）と社会純減数（純移動率がマイナスとなっている項の合計）とがその後もほぼ同じ水準で推移するよう，年次別・性別・年齢階級別（85歳未満まで）の純移動率について，プラスの純移動率，マイナスの純移動率別に一定の調整率を乗じて推計したもの。

注3）政令指定都市のうち2003年より前に移行した12市は区別に推計している。また福島県の自治体は含まない。

出所）増田（2014），30頁。

原理とする地域循環統合型と言うべき生産システムが望ましいと考えるのである。

他方で，現在の日本では，生産機能の海外移転を軸として地域の生産力は落ち込んでいる。その結果，地方の地域社会の疲弊となって，**図6－8**にあるように，昨今「消滅可能性都市」が取り沙汰されている。これは，2010年から40年までの間には20～39歳の女性人口が5割以下に減少する市区町村数は現在の推計に比べて大幅に増加して896自治体，全体の49.8％にものぼることから，自治体の約5割がこのままいくと将来急激な人口減少に遭遇する「消滅可能性都市」になるという議論である。反対に東京圏をはじめとする大都市圏という限られた地域に人びとが凝集し，高密度の中で生活している「極点社会」が登場するという（増田，2014）。いわば，消滅可能性都市と極点社会はコインの裏表だという。1つの可能性を示した議論である。

とすれば，地域循環統合型生産システムを次代の生産システムだとすれば，その構築はそのまま現在の日本の課題の解決にもつながりうるものである。果たしてそうしたことは可能なのだろうか。

そこで，特に，地域共同社会というレベルでの地域で検討したい。すでに里山資本主義という考え方も提示されているからである（藻谷・NHK広島取材班，2013）。

地域経済の発展を支える飯田市の実例

①航空宇宙産業クラスターの取り組み

実は，長野県飯田市には不完全ながらも，地域循環統合型生産システムを想起させるあり方を示している。これまでにも飯田市のあり方には注目が集まってきた。例えば，諸富（2015）は，同市において日本でも先駆的に進められてきた市民共同発電事業「おひさま進歩エネルギー」を嚆矢とする，タウンエコエネルギーシステムの構築に注目して，同市のあり方を「地域住民や地元企業がお互い協力して事業体を創出し，地域資源をエネルギーに変換して売電事業を始めることで，地域の経済循環をつくり出して持続可能な地域発展を目指す」（諸富，2015，14頁）エネルギー自治の実践の代表的事例として捉えている。しかし，ここでは飯田市において，地域経済の浮揚と環境経営の進展の双方を進めようと実践している点を重視している[12]。

まず，地域経済の浮揚については，飯田航空宇宙産業クラスターの構築による生産現場の維持，発展の試みである。これには，飯田市の有力企業多摩川精機が重要な役割を果たしてきた。その多摩川精機は以下のように展開してきた（中瀬，2015）。

同社の創業者萩本博市は1906年長野県下伊那郡泰阜村に誕生し，東京に出て小学校の教師になるものの，突如辞職して東京高等工業学校（現在の東京工業大学）に入学し直して卒業後北辰電機製作所[13]に入社した。北辰電機製作所は中島飛行機向けの部品生産を取りやめることにしたため，萩本は北辰電機より株式を購入して当該部門を獲得し，1938年に，東京蒲田に多摩川精機株式会社として独立した。中島飛行機向けの航空計器（燃料系），航空機を生産したのである。そして1942年に萩本は，かねてから念願だった故郷飯田市での工場建設を，同社工場の疎開先としてではあったが，同社の現在地で実現した。

同社は，前述のように，もともと航空関係の仕事を行っていたが，第２次世界大戦後にはすぐにそうした航空関係はできず，船舶関係のセルシンというシンクロ電機（機械的に連結できない２つの軸を同期的に回転させる装置のことでその結果角度を補正できるもの），サーボモータを生産してしのいだ。

現在，同社は，航空･宇宙･防衛関連，工場設備関連，自動車や鉄道関連製品等輸送機関関連，パチンコ台などアミューズメント関連，バイオ，メディカル関連等の多事業に携わっている。特に注目される事業としては，バブル経済崩壊後に受注したトヨタ自動車のハイブリッド自動車用角度センサーと，三菱電機名古屋製作所から移管した航空機電装品関係である。少量生産，高コスト，高性能の航空機部品と大量生産，低コストの自動車部品という対照的な性格の部品を扱っている。

現在では，**図６－９**にあるように，ボーイング社に操舵用センサーを提供している。そして，以上の航空宇宙産業関連を飯田市を中心とする地域に発展させることで，同市の地域経済の発展を意図しているのである。

ここまで多摩川精機が飯田地域の経済発展にこだわるのは以下の理由からだった。「1930（昭和５）年の昭和恐慌は，飯田市・下伊那のみならず，長野県全域の養蚕・製糸業地帯に壊滅的な打撃を与えます。そのなかで，農村経済更生

図６－９●ボーイング787に部品・部材を供給する日本企業

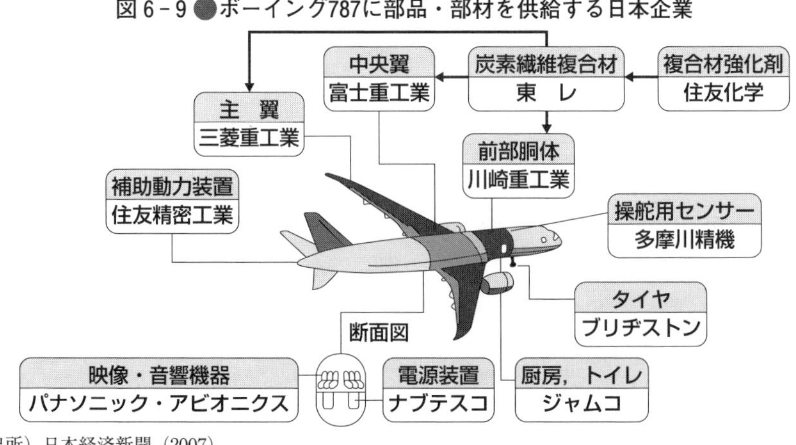

出所）日本経済新聞（2007）。

運動のように窮乏する農村の『自力更生』が叫ばれ，また満州移民の動きも現れます。養蚕危機，満州移民の動きのなかで，萩本博市の多摩川精機の郷土への移転定着の動きは，恐慌からの地域立て直し運動でもありました。もちろん，それが軍需生産への邁進という戦争協力を前提とするものであったことは忘れることはできません」（飯田市歴史研究所，2013，219頁）というものだった。

もともと長野県は出稼ぎの多い地域でもあったこと，その上で飯田市での製糸業は，地域を基盤に農民が共同経営する「産業組合」による製糸工場「組合製糸」が中心となっていて昭和恐慌による製糸業への大打撃は養蚕農家を直撃したこと，から，飯田下伊那地域は長野県下でも最も多く満州移民を送り出したのである（飯田市歴史研究所，2007）。そして満州移民となった人々が第2次世界大戦後に中国残留孤児と関連するのである。

地域経済の崩壊，そして地域コミュニティの崩壊を目にしていた多摩川精機は，その企業DNAの働きによって，飯田地域の経済発展を意図して航空宇宙産業の勃興をリードするのである[14]。**図6-10**は，多摩川精機と飯田市役所が描く飯田地域の産業ピラミッド図である。

現在，飯田航空宇宙産業プロジェクトでは，航空機部品の共同受注を行うエアロスペース飯田（2013年秋の段階で参加企業11社，A・Iと称されることが多

図6-10●業界における地域内企業の位置づけと将来像

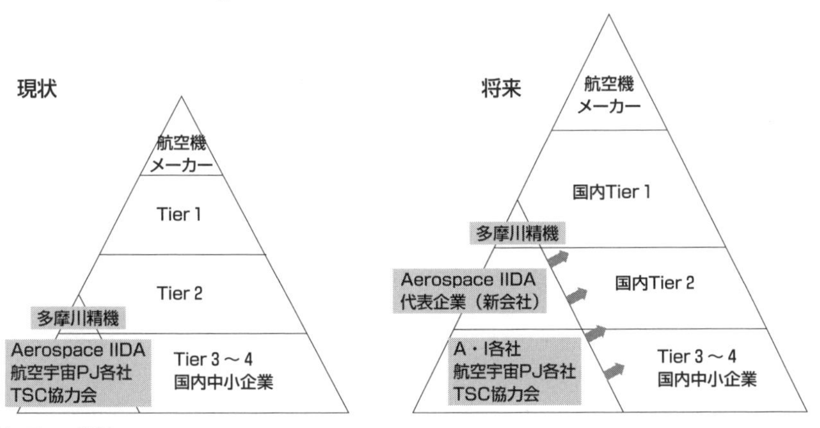

注）Tier＝階層。
出所）飯田市役所（2013）。

い）を中心に36社が参加し，共同受注体制の構築や展示会等の販路開拓，技術向上のための人材育成に取り組んでいる。着々と計画は進み，長野県は2013年11月に愛知県，岐阜県が中心で推進してきた「アジア№1航空宇宙産業クラスター形成特区」に静岡県とともに参加（すでに三重県が参加）することになった。2014年７月には多摩川精機は多摩川パーツマニュファクチャリング（TPM）を分社化することで，熱処理，表面処理能力を６割向上させて短納期，低コスト化を実現した（日本経済新聞，2014）。

以上のような航空宇宙産業プロジェクトについて，本プロジェクトマネージャーを務める松島氏は「何より『協力風土』ができたのが大きい。下伊那は下請け企業が多く，ライバル同士の社長は普段は手の内を明かさない。それが変わった。A・Iでは受注があると図面をまず共有し，対応できる企業すべてに見積もりを出してもらう。それを皆で検討し『うちよりおたくの方が３割安いな』などと話し合う。ここまでの関係を築いた共同受注組織は珍しいだろう」（日本経済新聞，2016）という。地域を地盤としてフラットな共同受注組織をつくり出そうとするものであり，東大阪などで進められている有志企業による異業種交流グループの共同受注のレベルをはるかに越えるスケールである[15]。

②地域ぐるみ環境ISO研究会という取り組み

そして，多摩川精機と飯田市役所は協力し合って，地域ぐるみで環境経営を進めようとしてきた（中瀬，2015）。まずは，多摩川精機は，製品輸出にあたってISO14001シリーズの取得が重要であると考え，1996年に全社でのISO9001認証を取得し，1998年に本社工場のISO14001認証を取得した。同じ時期に，国においてもエコタウン事業が検討されていたことから，飯田市に働きかけて1997年に飯田市に，全国で３番目のエコタウン事業としての承認を得てもらい，飯田地域における地域ぐるみの「環境経営」の推進を呼びかけたのである。そして，同年，旭松食品飯田工場，オムロン飯田，多摩川精機，三菱電機中津川製作所飯田工場，平和時計製作所，飯田市役所の６社で，「地域ぐるみでISOへ挑戦しよう」研究会を立ち上げて，その後「地域ぐるみ環境ISO研究会」へと発展させた。こうした進め方について，多摩川精機は「環境問題は，点でなく面でやる地域活動。１事業者がそのサイト内で取り組んでも，本来の環境問題の解決にはならない。地域の事業所，自治体がその枠を超え，連携して“ぐるみ運動"を展開することによって地域全体がレベルアップする。ISOの考え方が家庭に伝われば，その取り組みは万を超える草の根運動になる。結果として環境意識の高い街として全国にアピールすることができれば，人やモノをこの谷に呼び，地域の活性化にもつながる」（多摩川精機，2013）と考えたからだった。2013年秋の時点で，31事業所，うちISO取得済みは26事業所となっている。

その後，「地域ぐるみ環境ISO研究会」を進めるうちに，ISO認証の取得，その維持にはかなりの費用がかかること，取得してからの相互チェックの必要性から，2001年10月に，飯田版ISO=南信州いいむす21（Environmental Management System; EMS（いいむす））を設定して，透明性，客観性を有した，身の丈のあった環境経営のあり方を飯田地域に広めようとしてきた。その歩みにおいて，「生活と環境まつり」，エコドライブ，エコキャップ運動などという環境経営とまでは言えないものが含まれているものの，飯田地域に環境への意識を高めようとするものである[16]。

第5章で述べたように，中国では活発な企業活動が影響して，激烈な環境汚染を引き起こした。それゆえ，地域を基盤として環境経営を進めるあり方は，たいへん有意義なものであろう。

日本の生産システムの行方

そもそも，第4章でも詳述したように，これまでの日本では生産現場の存在を前提にして，労働者の直接管理，労働者の取り込みが進められて経営側は労働現場を掌握するものの，労働者の「主体性」は回復された。これに対して，現在は「逆回転」している。

つまり，生産現場の海外移転のために雇用現場そのものが減少して，労働の直接管理は後退し，非正規就業者は増加して労働現場は不安定化している。その結果，生産現場のレベル向上も限界がある。だからこそ，多摩川精機を中心とした飯田航空宇宙産業プロジェクトの実践は，生産現場を回復し，発展させていこうとするものであり，労働現場の安定化の第1歩となるものであろう。

その上で，その地域を基盤として，地域を巻き込んだ「地域ぐるみ」で環境経営を進めていこうとしている。第5章で議論したように，中国では同一地域の郷鎮企業が，自然環境に構わずに競い合って企業活動を推進していることから環境問題が起こっていた。だからこそ，まさに「地域ぐるみ」でなくては環境経営は進展せず，環境問題の解決にはつながらないのである。

ここでの基本的なスタンスは，地域を巻き込んだ，地域に開かれた「寛容性」の進展に伴う多様性の拡大である。いわば，地域共同社会の再生につながるものである。

以上のように，飯田市の取り組みは，地域循環統合型生産システムを進め，地域共同社会の構築を目ざすあり方だと捉えられる。それゆえ，こうした地域循環統合型生産システムの成立は夢物語ではないのである。

◉注

1　坂本は「すなわち，分化は統合によって初めて意味を持つが，その統合のあり方が問題なのである」（坂本，2005，8頁）と，分化と統合はメダルの表裏関係で離れることはないとする。「寛容性」の進展による多様化の広がりのもと，歴史性と地域性を帯びて，その分化と統合のあり方が変化してきたのである。

2　もちろん，第4章でも述べたように，この柔軟統合型生産システムは企業内部への労働者，従業員を強烈に拘束したことから過労死を生み出すという問題点を有している。

3　また，非正規雇用者の未婚者の比率は上昇している。「労働力調査［詳細集計］」2002年，12年によると，2012年時点での男性の非正規労働者では25～34歳層で79.3％が，35～44歳層で55.7％が，さらに45～54歳でも36.7％が未婚である。これに対して，女性においては25～34歳層46.2％が未婚であるものの，35～44歳層になると未婚者比率は14.3％，45～54歳層では5.9％にまで低下する。これらの数値について，「女性の既婚者の多くは，家事・育児などの負担が集中しているため非正規雇用を選択することを余儀なくされ，他方，男性は『正社員でなければ結婚できない』という社会的通念（『男性稼ぎ主モデル』）によって緊縛されている。男性正社員賃金の低下によって妻の収入が不可欠な世帯の増加にともない，男性稼ぎ主モデルは客観的基盤を失いつつあるが，社会通念としては強固に残存し，男性，女性ともに拘束している。さらに単身女性のなかでの非正規雇用の増加は主婦願望を復権させる力となって作用しているとの指摘がある。だが，男性の非正規化の増大は未婚化を加速し，それは女性の未婚率をも引き上げており，その願望はしだいに困難となる」（伍賀，2014，91頁）と理解される。

4　那須野も，セル生産方式によって，付随的に「労働の人間化」を実現したものの，そもそもが「徹底的なムダの排除を追求するトヨタ生産システムを応用する形での取り組みであって，かつ必ずしも労働の人間化を正面に据えたものではなかったため，『余裕率』を考慮しない超過密労働や立ち作業に伴う過重負担といった問題は，依然手つかずのまま残され」（那須野，2009，162頁）ているとする。

5　しかし，自動化はプラス面だけではない。「ただし，多額の資金を投入しても自動生産ラインを構築したものの，コスト競争力強化に結び付かなかった事例は，過去にも数多く存在する。その理由は多くあるが，一番は全自動化がフル稼働するまでの期間が長すぎることが挙げられる。全自動化が完成した時点で，その製品の生産性は現状維持となり，向上することはない。全自動化設備が競争力相手を凌駕する期間は意外と短いのである」（坂巻，2014，94頁）という限界を有している。

6　なお，すでに鈴木（2009a）において，藤本のアークテクチャ論が生産現場全体を説明しうることはできない点を明らかにしている。なお，単純に正規就業者を増やせばいいということではない。伊藤（2013）が明らかにしたように，請負労働であったにしても，そこで仕事を任されて仕事の進め方を段取りしつつ，自ら技能を磨くことで生産現場をリードする労働者集団の主体性こそが，労働者をして生産現場の「主役」たらしめ，生産性を上昇させて顧客の満足度を上げ得るのである。

7　これは，表彰対象の従業員の直接の上司から情報を得てから表彰状を作成するので，その表彰理由の文言は当該従業員のためだけのもので，「以下同文」という表彰方法はないという意味である。

8　同社の田中一昭常務によると，同社の経営理念とは，創業者羅邦強が示した，「551は，自分が食べる身になってつくる。買う身になって販売する。お客様の立場になって仕事に取り組む」（株式会社蓬莱，2015，9頁）ことだという。

9　電気新聞（2016）には，「電力会社の高コスト体質を是正すべきだ―。東日本大震災後，電力各社は経営正常化に向けて電気料金の値上げに踏み切った。顧客や社会の目は極めて厳しく，経済産業省による審査など様々な場面で『総括原価方式，地域独占に守られて努力を怠ってきた』と糾弾された。消費者庁，自治体首長らも“参戦”して『電力業界は高コスト体質』のイメージを増幅させた」と報じている。電力会社の高コスト体質を是正するための措置の1つが，石炭火力の活発な利用傾向であり，原子力発電の再稼働への取り組みだと言わんばかりの記事である。社会的には脱原発に対してはコンセンサスがあると思われることから，省エネルギーのさらなる推進，再生可能エネルギーのさらなる利用，他のエネルギー源の活用を進めるなどして，すぐに「原子力ゼロ」社会は難しくとも将来的には脱原発を果たすための方策に取り組んでいる方向性を示すことができれば，上述の記事のいう「高コスト体質だ」との批判が，いかに将来の日本を見据えていないものかを示しうるのではないだろうか。厳しい社会の目という状況，そうした状況に対する受身的な捉え方のいずれも後ろ向きである。

10　静脈流産業で展開する企業は，動脈流産業の企業以上に，あるいはそれとは異なったリスク，例えば，環境リスク，法規制遵守に関するリスク，情報管理リスク，事故や災害のリスク，委託先・売却先の行為によるリスクを抱えている。そこで，環境マネジメントシステム：ISO14001，情報セキュリティマネジメントシステム：ISO27001，労働安全衛生マネジメントシステム：OHASAS18001，リスクマネジメントシステム：JISQ31000の４つのリスクマネジメントシステムに類似した管理手順を統合し，また，リーテムの実際の業務内容を反映し，効率化したシステムとして，2006年にRISMを開発した。RISMによって，管理の煩雑さと社員の過剰負担という問題点を解決すると同時に，紙資源の節約にも一役買ったという（牧，2013）。

11　株式会社近江物産は，汎用樹脂リサイクルの分野において，廃棄された汎用樹脂の物性をほぼ落とさないリサイクルという「高品位」のマテリアルリサイクルを実現している。これには，回収システムの構築，物性把握に基づくブレンド技術の開発，検査・測定技術の構築，研究開発人材の育成によって，廃棄物処理ビジネスではなく，素材供給ビジネスとして位置づけていることが重要である（中村，2013）。次代の生産システムの技術的基盤にはこうしたリサイクルシステムを可能にさせる循環性技術とも言うべきものをも含んでいるといえよう。

12　この点で大変憂慮すべきことがある。それはJR東海のリニア新幹線が飯田地域を走る予定となっていることである。現在の議論でも，相当の環境問題が提起されており（松島，2014，糸魚川，2014），せっかくの環境経営を志向する点が失われる恐れがあるからである。リニア新幹線については，相当慎重になるべきであろう。

13　北辰電機製作所は1983年に同業の横河電機に合併された。

14　多摩川精機がいかにして「地域に拘る」企業であったかは平沢（2014）に詳しい。

15　飯田航空宇宙産業プロジェクトでは，「下請け型の垂直分業構造ではなく，アントレプレナーシップの発揮されうる水平分業型の構造を目指している」（中瀬，2016c）という。第４章で述べたように，フレキシブル同期化のもとで構築された緊密な企業間関係では，参加企業の自由闊達さが発揮されないことが予想されるため，上述のプロジェクトの目指す，水平分業型は望ましいといえよう。

16　この点で，すでに飯田市で実現されている「おひさま進歩エネルギー」を核としたタウンエコエネルギーシステムによってエネルギー循環を志向することは重要である。

あとがき

本書の完成には，いくつかの出来事と出会いが関わっている。まずは，筆者の最初の単著（中瀬哲史（2005）『日本電気事業経営史―9電力体制の時代』日本経済評論社）の出版に関わるものである。中瀬（2005）を出版した際，筆者は大変な喜びに浸った。というのは，日本の電気事業に関する歴史を何とかまとめることができたと考えたからだった。それまでは，第2次世界大戦前の日本の電気事業史については，渡哲郎先生，橘川武郎先生，梅本哲世先生といった，仰ぎ見る存在の歴史家の先生方がいらっしゃるものの，第2次世界大戦後をも視野に入れたものは，橘川先生のご労作しかなく，しかも，電気事業史を具体的に，真正面から扱ったものは拙著だけではないかと自負したからだった。

ただし，本のタイトルを検討する際，若干の躊躇をしながら，電気事業「経営史」と銘打った。というのは，電気事業経営の歴史としては，もっと議論すべきではなかったかと考えたからである。そして，橘川武郎先生は筆者の躊躇を鮮やかに見抜かれ，『経営史学』誌上における拙著に対する書評において，「これは経営史なのか」と明確に論じられた（橘川，2005）。また，日本経営学会関西部会例会で機会をいただいてご報告したところ，敬愛する亀田速穂先生（当時は同僚で，現在は奈良大学にご勤務されている）から，「“経営史”といえるほど十分に議論されているのか」とご指摘いただいた。しかも筆者に対する亀田先生のご配慮だったのか，例会後の懇親会の，亀田先生，筆者がかなりお酒がまわってからの苦言だった。目標とすべきお2人の先生から，相次いで，拙著は経営史なのかとのご指摘は単著出版の喜びを吹き飛ばした。

だからといって，本論でも展開しているように，筆者には「これが経営史だ」と確信できる先行研究は見いだせなかった。悶々としているなか，たまたま2007年3月から，勤務先のご配慮で初めての長期の海外出張でイギリス・オクスフォードへ行く機会に恵まれた。文字通り，オクスフォードでの4か月間の海外出張は，「精神的なリハビリ」+今後の研究方向を模索する期間となった。

しかし，そうした精神状態だったことが，逆にオクスフォードでの「遊学」

生活に幸いした。じっくりと「経営史とは何か」に取り組むことができた。オクスフォード大学ボードリアン・ライブラリーの利用が可能となるまでのおよそ1か月間に，次の，またとない出会いに恵まれた。オクスフォードの中心地にあるBlackwell書店にふらっと立ち寄った際に山積み状態だった1991年刊行のカー（Carr, E. H.）の“*What Is History?,*” Penguin UKのペーパーバックを手にしたのである。もちろんその存在は知ってはいたものの，実物はみていなかった。その“What Is History?”というタイトルはすぐに筆者の眼に飛び込んできた。すぐに同書を購入し，電子辞書を片手に，大学の宿舎において貪るように読み込んだ。薄暗かった部屋に一筋の光が差し込み，その光の筋がしだいに太くなり，部屋は大変な明るさに包まれるがごときだった。

日本に帰国してから1962年出版の清水幾多郎訳『歴史とは何か』岩波新書にもあたるとともに，他方で，渓内謙（1995）『現代史を学ぶ』岩波新書をも改めて読み直した。「歴史とは何か」の世界を参考にして，「経営史とは何か」What is Business History?の世界を具体的に検討したのである。

そして，実は，急逝された神戸大学名誉教授桑原哲也先生も，経営学における経営史の役割について意識されていたと伺って，とても意を強くしたのである。

経営史とは何か，企業経営の歴史をどのように扱えばいいのか。本務校である大阪市立大学商学部における主担当の専門科目「経営史」の講義準備の過程で本書のもとになるストーリーを作り込んでいった。

その際，一般論的な，総論的なものではなく，具体的なテーマを設定したいと考えていたところ，前述の拙著出版前後から，大阪市立大学名誉教授坂本清先生，現在の同僚の田口直樹先生，関西大学橋本理先生らととともに「（第3次）生産システム研究会」を設けることができて，その研究会の議論を通じて日本の生産システムを扱いたいとの思いを強めた。こうして筆者の「経営史とは何か」の方向が決まった。

そして，中央経済社の酒井隆氏との出会いが，具体的に筆者を本書執筆へと導いた。

「経営史とは何か」について，本書のような捉え方は適切なのかどうか。日本の生産システムについて，本書のように考えるのは興味深いものなのかどうか。カーのいう「歴史とは過去と未来との対話である」という対象に本書が成りうることができれば，そして，本書が活発な議論の種となれば望外の喜びである。

なお，本書の完成にあたって，文部科学省科学研究費補助金基盤研究（B）（平成25-27年度）「環境統合型生産システムの構築に関する国際比較研究(25285119)」の助成が大変重要だった。また，大阪市立大学大学院経営学研究科より出版助成を受けた。末尾ながらお礼を申し上げる。

2016年8月

大好きな大阪府羽曳野市の自宅にて

中瀬 哲史

参考文献

【洋文献】

Allen, R. C.（2011）*Global Economic History : A Very Short Introduction,* Oxford,: Oxford University Press（グローバル経済史研究会訳『なぜ豊かな国と貧しい国が生まれたのか』NTT出版，2012年）

Baldwin, C. Y. & Clark, K. B.（2000）*DESIGN RULES Vol.1 : The Power of Modularity,* Massachusetts ; Massachusetts Institute of Technology（安藤晴彦訳『デザイン・ルール』東洋経済新報社，2004年）

Bernstein, W. J.（2004）*The Birth of Plenty,* Columbus : The McGraw-Hill（徳川家広訳『「豊かさ」の誕生　上』日経ビジネス文庫，2015年）

Bettmann, O. L.（1974）*The Good Days : They Were Terrible!,* New York ; Random House, Inc.（山越邦夫・斎藤美加他『目で見る金ピカ時代の民衆生活』草風館，1999年）

Blackford, M. G. & Karr, K. A.（1986）*Business Enterprise in American History,* Boston ; Houghton Mifflin（川辺信雄監訳『アメリカ経営史』ミネルヴァ書房，1988年）

Borrus, M.（1997）Left for Dead : Asian Production Networks and the Revival of U.S. Electrics, in Naughton B.（Ed）*The China Circle : Economics and Electronics in the PRC, Taiwan, and Hong Kong* : 139-163, Washington, Brookings Institution Press.

Carr, E. H.（1961）*What Is History?* , London : Macmillan（清水幾多郎訳『歴史とは何か』岩波新書，1962年）

Carr, E. H.（1939）*Twenty Years' Crisis, 1919-1939* : New York : HARPER PERENNIAL（原彬久訳『危機の二十年―理想と現実』岩波文庫，2011年）

Chandler, A. D. Jr.（1969）*Strategy and Structure,* Cambridge, Mass. ; The MIT Press（有賀裕子訳『組織は戦略に従う』ダイヤモンド社，2004年）

Chandler, A. D. Jr.（1977）*THE VISIBLE HAND : The Managerial Revolution in American Business,* Cambridge : The Belknap Press of Harvard University Press（鳥羽欽一郎・小林袈裟治訳『経営者の時代』東洋経済新報社，1979年）

Chandler, A. D. Jr.（1990）*Scale and Scope : The Dynamics of Industrial Capitalism* : Belknap Press（安部悦生・工藤章・日高千景・川辺信雄・西牟田祐二・山口一臣『スケールアンドスコープ―経営力発展の国際比較』有斐閣、1993年）

Crossley, P. K.（2008）*WHAT IS GLOBAL HISTORY?,* Cambridge : Polity Press（佐藤彰一訳『グローバル・ヒストリーとは何か』岩波書店，2012年）

Dertouzos, M. L., Solow R. M. & Lester, R. K.（1989）*Made in America : Regaining the Productive Edge,* The MIT Press.（依田直也訳『Made in America―アメリカ

再生のための米日欧産業比較』草思社，1990年）

Ernst, D.(1997) Partners for the China Circle? The East Asian Production Networks of Japanese Electrics Firms, in Naughton B.（Ed）*The China Circle : Economics and Electronics in the PRC, Taiwan, and Hong Kong* : 210-253, Washington, Brookings Institution Press.

Florida, R.（2005）*The Flight of the Creative Class : The New Global Competition for Talent* : HarperBusiness（井口典夫訳『クリエイティブ・クラスの世紀』ダイヤモンド社，2007年）

Frank, A. G.(1998) *Reorient : global economy in the Asian age,* Berkeley ; University of California Press（山下範久訳『リオリエント：アジア時代のグローバル』藤原書店，2000年）

Galambos, L.（2003）Identity and the Boundaries of Business History : An Essay on Consensus and Creativity, in Amatori, F. & Jones, G.（Eds.）*Business History around the World* : 11-30. Cambridge : Cambridge University Press.

Gawer, A. & Cusumano, M. A.（2002）*PLATFORM LEADERSHIP*, Boston ; Harvard Business School Press（小林敏男監訳『プラットフォーム・リーダーシップ』有斐閣，2005年）

Gordon, D. M.(1996) *Fat and mean : the corporate squeeze of working Americans and the myth of managerial "downsizing"*, Simon & Shuster Inc.（佐藤良一・芳賀健一『分断されるアメリカ―「ダウンサイジング」の神話』シュプリンガー・フェアラーク東京，1998年）

Griffin, E.（2010）*A SHORT STORY OF THE BRITISH INDUSTRIAL REVOLUTION*, London : Palgrave Macmillan.

Hessler, H. L.（1950）Presentation of the dupont Chart System, in Davis, T. C.（Ed.）How the Dupont organization appraises its performance : A Chart System for Forecasting, Measuring and Reporting the Financial Results of Operations, *Financial management series,* no. 94 ; 8-19, New York, American Management Association.

Hobsbawm, E. J.（1997）*On History*, London ; Weidenfeld & Nicolson（原剛訳『ホブズボーム歴史論』ミネルヴァ書房，2001年）

Hounshell, D. A.（1984）*From the American System to Mass Production*, Baltimore ; The Johns Hopkins University Press（和田一夫・金井光太朗・藤原道夫訳『アメリカン・システムから大量生産へ 1800-1932』名古屋大学出版会，1998年）

Langlois, R. N.(2007) *The Dynamics of Industrial Capitalism : Shumpeter, Chandler, and the New Economy*, New York ; Routledge（谷口和弘訳『消えゆく手』慶応義塾大学出版会，2011年）

Lemire, B.（2011）*Cotton*（ *Textiles That Changed the World*）, Oxford : Berg.

Naughton, B.（1997）The Emergence of the China Circle, in Naughton, B.（Ed）*The*

China Circle : Economics and Electronics in the PRC, Taiwan, and Hong Kong : 3-37, Washington, Brookings Institution Press.

Parker, M. & Slaughter, J.（1988）*Choosing Sides : Unions and the Team Concept* ; the Labor Education & Research Project（戸塚秀夫監訳『米国自動車工場の変貌―「ストレスによる管理」と労働者』緑風出版，1995年）

Pollard, S.（1974）*European Economic Integration 1815-1970*, London : Thames and Hudson（鈴木良隆・春見とし子訳『ヨーロッパの選択』有斐閣選書，1990年）

Pomeranz, K.（2000）*The Great Divergence, Princeton* ; Princeton University Press（川北稔訳『大分岐』名古屋大学出版会，2015）

Rolt, L.T.C.（1965）*Tools for the Job*, Batsford ; London　（磯田浩訳『工作機械の歴史』平凡社，1989年）

Shenkar, O.（2010）*Copycats : How Smart Companies Use Imitation to Gain a Strategic Edge*, Massachusetts ; Harvard Business School Publishing Corporation（井上達彦監訳『コピーキャット』東洋経済新報社，2013年）

Smith, A.（1791）*An Inquiry into The Nature and Causes of The Wealth of Nations*, London ; Printed for W. Strahan ; and T. Cadell, in the Strand（山岡洋一訳『国富論』日本経済新聞出版社，2007年）

Sturgeon, T. J. & Lee, J.（2001）*Industry Co-Evolution and the Rise of a Shared Supply-Base for Electric Manufacturing*. Globalization Study Working Paper 001-002, Industry Performance Center, Massachusetts Institute of Technology.

Sturgeon, T. J.（2006）Modular production's impact on Japan's electronics industry, in Whittaker D. H. & Cole R. E.（Eds.）*Recovering from success*, New York, Oxford University Press Inc.

The New York Times Company（1996）*THE DOWNSIZING OF AMERICA*, The New York Times Company Inc.（矢作弘訳『ダウンサイジングオブアメリカ』日本経済新聞社，1996年）

Williamson, O. E.（1981）"The Economics of Organization : The Transaction Cost Approach," *American Journal of Sociology*, 87（3）, pp. 548-577

Womack, J. P., Jones, D. T. & Roos, D.（1990）*The Machine That Changed the World*, New York ; Scribner（沢田博訳『リーン生産方式が、世界の自動車産業をこう変える』経済界，1990年）

Wrigley, E. A.（2010）*Energy and the English Industrial Revolution*, Cambridge, Cambridge University Press.

【和文献】

相田洋（1996）『電子立国　日本の自叙伝5』NHK出版。

青島矢一・武石彰・マイケル・A・クスマノ（2010）『メイド・イン・ジャパンは終わるのか』東洋経済新報社。

秋田茂（2013）「序章 『長期の18世紀』から『東アジアの経済的再興』へ」秋田茂『アジアからみたグローバルヒストリー』ミネルヴァ書房，1-22頁。
浅生卯一・猿田正機・野原光・藤田栄史（2014）「コンベアライン生産からセル生産へ」愛知東邦大学『東邦学誌』第43巻第1号，71-105頁。
浅生卯一・猿田正機・野原光・藤田栄史（2015）「セル生産方式の特質とその社会的・技術的諸条件」愛知東邦大学『東邦学誌』第44巻第1号，33-41頁。
淺羽茂（2013）「企業活動と経済学（3）モジュラー化でシャープ失速（経営学はいま）」『日本経済新聞』2013年10月28日朝刊。
アシュトン，T. S.（1972）『産業革命』岩波文庫。
安部悦生（1997）「イギリス企業の戦略と組織」安部・岡山・岩内・湯沢『イギリス企業経営の歴史的展開』勁草書房，1-122頁。
安部悦生（2012）「企業の境界（市場と組織の相互浸透）」『明治大学社会科学研究所紀要』第51巻第１号，61-84頁。
阿部武司（1995）「第２章　近代経営の形成」宮本又郎・阿部武司・宇田川勝・沢井実・橘川武郎『日本経営史』有斐閣，81-148頁。
有賀夏紀・油井大三郎（2003）『アメリカの歴史』有斐閣アルマ。
飯田市役所（2013）「飯田市役所ヒアリング時の配布資料（2013年11月1日）」。
飯田市歴史研究所（2007）『満州移民　飯田下伊那からのメッセージ』現代資料出版。
飯田市歴史研究所（2013）『飯田・上飯田の歴史　下』飯田市教育委員会。
石井真一（2003）『企業間提携の戦略と組織』中央経済社。
石井真一（2013）『国際協働のマネジメント』千倉書房。
石田賢（2013）『サムスン式国際戦略』文眞堂。
伊丹敬之（2015）「経営史と経営学」経営史学会『経営史学の50年』日本経済評論社，42-51頁。
糸魚川淳二（2014）「環境保全から見た『リニア新幹線』」『日本の科学者』第49巻第10号，20-25頁。
伊藤亜聖（2015）『現代中国の産業集積』名古屋大学出版会。
伊藤太一（2013）『非正規雇用と労働運動』法律文化社。
井野瀬久美恵（2007）『大英帝国という経験』講談社。
今西伸二（1988）『事業部制の解明』マネジメント社。
岩井正和（1992）『日立・東芝・松下[CIM]の最前線』ダイヤモンド社。
宇田川勝（1995）「第3章　近代経営の展開」宮本又郎・阿部武司・宇田川勝・沢井実・橘川武郎『日本経営史』有斐閣，149-201頁。
NHKプロジェクトX製作班（2008）「窓際族が世界規格を作った　VHS・執念の逆転劇」『プロジェクトX 挑戦者たちⅠ　ビクター窓際族が世界規格を作った』幻冬舎文庫，69-122頁。
遠藤公嗣（1996）「人事査定制度の日本化」橋本寿朗『日本企業システムの戦後史』東京大学出版会，109-157頁。

岡山礼子（1997）「産業企業と人的資源管理」『安部・岡山・岩内・湯沢イギリス企業経営の歴史的展開』勁草書房，123-174頁。
岡部徹（2015）「レアアースをはじめとするレアメタルの資源戦略と環境制約」『環境情報科学』第43巻第4号，1-6頁。
大河内暁男（1978）『産業革命期経営史研究』岩波書店。
大河内暁男（1979）『経営構想力』東京大学出版会。
大河内暁男（2001）『経営史講義』（第2版）東京大学出版会。
大貝威芳（1998）「競争戦略におけるアライアンス形成」龍谷大学『経営学論集』第38巻第3号，1-16頁。
大沼保昭（2015）『「歴史認識」とは何か』中公新書。
大前研一（2013）「アップルのグローバルサプライチェーンから読み解く『真実』」『日経BPnet 2013年11月20日』http://www.nikkeibp.co.jp/article/column/20131119/374130/, 2016/01/11。
大島堅一（2014）『再生可能エネルギーの政治経済学』東洋経済新報社。
大野耐一（1978）『トヨタ生産方式』ダイヤモンド社。
小川秀樹（1998）『イタリアの中小企業』日本貿易振興会。
小澤勝之（1986）『デュポン経営史』日本評論社。
ガーシェンクロン，A.（2005）（絵所秀紀・峯陽一・雨宮昭彦・鈴木義一訳）『後発工業国の経済史―キャッチアップ型工業化論』ミネルヴァ書房。
郭洋春（1999）『韓国経済の実相』つげ書房新社。
梶原勝美（2011）「ケーススタディ：台湾のブランド『エイサー』」『専修大学社会科学年報第45号』37-46頁。
加藤弘之・上原一慶（2011）『現代中国経済論』ミネルヴァ書房。
加藤弘之・日置史郎（2012）『NIHU現代中国早稲田大学拠点WICCS研究シリーズ6中国長江デルタ産業集積地図』http://www.china-waseda.jp/wiccs/docs/wiccs_s6all.pdf, 2016/03/20。
加藤哲郎（2014）『（信州ブックレット・シリーズ3）汕頭市（貴嶼村）の現状からみる中国の経済発展と循環型社会構築への課題～』信州大学イノベーション研究・支援センター・信州大学経営大学院，http://www.shinshu-u.ac.jp/institution/im-center/electronicbooks/temp/sbookret003/book.pdf, 2016/02/20。
株式会社蓬莱（2015）『株式会社蓬莱創業70年史』。
川北稔（1998）『イギリス史』山川出版社。
川北稔（2014）『イギリス　繁栄のあとさき』講談社学術文庫。
環境省（2013）「世界のエネルギー起源CO_2排出量」http://www.env.go.jp/earth/ondanka/shiryo.html#06, 2016/02/19。
環境省（2016）「電気事業分野における地球温暖化対策について（閣議後記者会見における丸川環境大臣発言要旨）平成28年2月9日」http://www.env.go.jp/annai/kaiken/h28/s0209.html, 2016/02/11。

橘川武郎（2005）「書評 中瀬哲史著『日本電気事業経営史― 9電力体制の時代』」『経営史学』第40巻第2号，82-86頁。
橘川武郎（2010）「歴史は役に立つ」『書斎の窓』2010年1-2月号，33-36頁。
橘川武郎（2012）『歴史学者　経営の難問を解く』日本経済新聞出版社。
橘川武郎（2013）『日本のエネルギー問題』NTT出版。
木下幹彌（2012）『モノづくりの経営思想』東洋経済新報社。
クロスリー，パミラ・カイル（2012）『グローバル・ヒストリーとは何か』（佐藤彰一訳）岩波書店。
小泉國茂（2009）「第8章　循環型社会と国際資源循環」浅野宗克・坂本清編『環境新時代と循環型社会』学文社，133-52頁。
KOA（2016）「『改善』と『ものづくり』」http://www.koaglobal.com/recruit/kps.aspx，2016/02/05。
厚生労働省（2016）「平成27年上半期雇用動向調査結果の概要　『付属統計表1-1。常用労働者の移動状況』」http://www.mhlw.go.jp/toukei/itiran/roudou/koyou/doukou/16-1/dl/kekka_gaiyo-05.pdf，2016/03/23。
ゴードン，アンドルー（二村一夫訳）（2012）『日本労使関係史　1853-2010』岩波書店。
伍賀一道（2014）『「非正規大国」日本の雇用と労働』新日本出版社。
小島道一・鄭城尤（2010）「第10章　国際リユースの課題」小島道一編『国際リサイクルをめぐる制度変容』日本貿易振興機構アジア経済研究所，257-279頁。
今野晴貴（2012）『ブラック企業』文春新書。
斎藤修（1985）『プロト工業化の時代』日本評論社。
斎藤修（2008）『比較経済発展論』岩波書店。
坂巻久（2014）「マネジメントの風を読む第21回　全自動化工場工場の功罪　変化への対応力を失うな」『日経情報ストラテジー』2014年12月号，94頁。
坂本清（1998）「生産システムの日本的展開と現代企業」『日本企業の生産システム』中央経済社，1-39頁。
坂本清（2005）「生産システムの進化とモジュール型生産システム」『日本企業の生産システム革新』ミネルヴァ書房，1-32頁。
坂本清（2009）「第4章　循環統合型生産システムの模索」浅野宗克・坂本清編『環境新時代と循環型社会』学文社，58-74頁。
坂本清（2016）『フォードシステムともの作りの原理』学文社。
佐竹弘章（1998）『トヨタ生産方式の生成・発展・変容』東洋経済新報社。
沢井実（1995）「第4章　戦前から戦後へ」宮本又郎・阿部武司・宇田川勝・沢井実・橘川武郎『日本経営史』有斐閣，203-262頁。
ジェレミー，デビッド J.（2000）「経営学専攻の学生向けの経営史―なぜ，何を，どう教えるか?―国際比較の視点からのイギリス人の見解―」『経営史学』第35巻第1号，30-54頁。
篠原勲（2003）『NPS革命―工場が変わり経営が変わる』東洋経済新報社。

信夫千佳子（2003）『ポスト・リーン生産システムの探求』文眞堂。
柴田友厚（2013）「製造業復活への課題（下）開発プロセスの変革を，戦略的に部品共通化（経済教室）」『日本経済新聞』2013年12月31日朝刊。
下川浩一（1972）『フォード：大量生産・管理と労働・組織と戦略』東洋経済新報社。
ジョンストン，ボブ（伊浦志津訳）（2006）『松下流起業家精神』東洋経済新報社。
新宅純二郎・稲水伸行・福澤光啓・鈴木信貴・横澤公道（2014）「電機産業の現場力調査：日本の現場を支える職場」『赤門マネジメント・レビュー』13巻10号，371-406頁。
杉原薫（2013）「戦後アジアにおける工業化型国際経済秩序の形成」秋田茂『アジアからみたグローバルヒストリー』ミネルヴァ書房，283-307頁。
鈴木良始（2009a）「ものづくり論とアーキクテチャ論」鈴木良始・那須野公人『日本のものづくりと経営学』ミネルヴァ書房，1-26頁。
鈴木良始（2009b）「セル生産方式と市場，技術，生産組織」鈴木良始・那須野公人『日本のものづくりと経営学』ミネルヴァ書房，121-146頁。
鈴木良隆・安部悦生・米倉誠一郎（1987）『経営史』有斐閣Ｓシリーズ。
鈴木良隆・大東英祐・武田晴人（2004）『ビジネスの歴史』有斐閣アルマ。
鈴木良隆（2015）「経営史の方法」経営史学会『経営史学の50年』日本経済評論社，3-11頁。
生産システム研究会（2011）「循環統合型生産システムに関する国際比較研究　北九州調査報告書（2011年12月４日）」OCU-GSB Working Paper No. 201509。
生産システム研究会（2015）「環境統合型生産システムの構築に関する国際比較研究　長野県飯田市調査報告書」OCU GSB Working Paper Series No. 201509。
関満博（1993）『フルセット型産業構造を超えて』中公新書。
曹斗燮・尹鍾彦（2005）『三星（サムスン）の技術能力構築戦略―グローバル企業への技術学習プロセス』有斐閣。
ソニー（2015）「企業情報　第２章　規格戦争に巻き込まれた秘蔵っ子〈8ミリビデオ〉第５話　夢の８ミリビデオ」http://www.sony.co.jp/SonyInfo/CorporateInfo/History/SonyHistory/2-02.html#block6，2015/02/22。
竹内啓二（2013）『電力の社会史』朝日新聞出版。
立石泰則（2011）『さよなら！僕らのソニー』文春新書。
田中隆雄（1982）『管理会計発達史』森山書店。
田中史人（2011）「第７章 ベンチャービジネスの本質」石嶋芳臣・岡田行正『経営学の定点』同文舘出版，173-201頁。
渓内謙（1995）『現代史を学ぶ』岩波新書。
谷本雅之（2015）「小経営の展開」経営史学会『経営史学の50年』日本経済評論社，23-32頁。
田端博邦（1991）「第５章　現代日本社会と労使関係」東京大学社会科学研究所編『現代日本社会５　構造』東京大学出版会，217-270頁。

多摩川精機株式会社（2013）「多摩川精機ヒアリング時の配布資料（2013年11月1日）」。
テーラー，F. W.（1969）『科学的管理法』（上野陽一訳）産業能率短期大学出版部。
電気新聞（2016）「電力新世紀　第9部変容・震災後のエネルギー⑫　工事業界「調達革命」の波　施工力確保の道　確立を」『電気新聞』2016年3月31日。
電波新聞社（1962）『電子工業年鑑1962版』。
電波新聞社（1984）『電子工業年鑑1984年版』。
電波新聞社（1990）『電子工業年鑑1990年版』。
外池正治（1959）「英国産業化過程と小工業」一橋大学『経済学研究』第3巻，153-222頁。
東浦亮典（2013）『現在知vol.1　郊外その危機と再生』NHKブックス，219-256頁。
東北大学経営学グループ（2008）『ケースに学ぶ経営学（新版）』有斐閣ブックス。
藤堂安人（2007）「『垂直分裂』とは何か―『現代中国の産業』を読んで」『日経テクノロジーオンライン』2007年5月28日号，http://techon.nikkeibp.co.jp/article/COLUMN/20070528/133213/?P=1，2016/01/21。
トヨタ自動車販売株式会社社史編集委員会（1970），『モータリゼーションとともに』。
長尾克子（2003）『工作機械技術の変遷』日刊工業新聞社。
中川敬一郎（1981）『比較経営史序説』東京大学出版会。
中川威雄（2007）「中国のモノづくり産業から日本の先行きを考える」『日経エレクトロニクス』2007年10月8日号，150-154頁。
中沢孝夫・藤本隆宏・新宅純二郎（2016）『ものづくりの反撃』ちくま新書。
中沢護人（1987）『ヨーロッパ鋼の世紀』東洋経済新報社。
中瀬哲史（2003）「現代の企業経営組織の成立」大阪市立大学商学部『ビジネスエッセンシャルズ1　経営』有斐閣。
中瀬哲史（2005）『現代日本電気事業経営史』日本経済評論社。
中瀬哲史（2007）「中小零細企業の一生」『経営研究』第58巻第1号，27-46頁。
中瀬哲史（2011）「経営史の役割」『経営研究』第62巻第1号，125-142頁。
中瀬哲史（2013）「東電福島原発事故が問いかけたエネルギーベストミックスと環境適合性」『公営企業』第44巻第10号，13-25頁。
中瀬哲史（2014）「現在は『危機の時代』か」日本経営学会『経営学の学問性を問う（経営学論集第84集）』，2014年9月，41-51頁。
中瀬哲史（2015）『KOA取材ノート』。
中瀬哲史（2016a）『株式会社蓬莱取材ノート』。
中瀬哲史（2016b）「東京電力の経営史と原子力発電所事故」『經營研究』第66巻第4号，153-184号。
中瀬哲史（2016c）「第4章 企業調査編　第4節　第4節 多摩川精機株式会社」生産システム研究会『環境統合型生産システムの構築に関する国際比較研究　長野県飯田市調査報告書』OCU GSB Working Paper Series No. 201509，60-69頁。
中村真悟（2013）「第9章　汎用樹脂の高品位マテリアルリサイクルの諸条件」生産

システム研究会『循環統合型生産システムの構築に向けた理論的・実践的課題』（科学研究費補助金・基盤研究（B）（課題番号22330119）最終成果報告書），153-167頁。
那須野公人（2009）「セル生産方式と労働」鈴木良始・那須野公人『日本のものづくりと経営学』ミネルヴァ書房，147-174頁。
西村吉雄（2014）「Appleにも鴻海にもなれなかった日本メーカー」『日経テクノロジーオンライン2014年３月20日』http://techon.nikkeibp.co.jp/article/COLUMN/20140124/329764/?P=1，2016/01/11。
日経エレクトロニクス（2005）「小型モジュール技術『LTCC』ケータイRFから飛び出す日」『日経エレクトロニクス』2005年8月29日号）51-58頁。
日経情報ストラテジー(2011）「三菱重工業　電子マニュアルでセル生産支援　不具合ゼロで150品目組み立て」『日経情報ストラテジー』2011年11月号，33-34頁。
日経ビジネス（2005）「ITマネジメント　第１回松下電器産業　中村改革は『軽くて速い』」『日経ビジネス』2005年11月14日号，118-120頁。
日経ビッグデータ（2015「セル生産方式の効率化システム　帝人が従来の半分のコストで実現」『日経ビッグデータ』2015年12月号，12頁。
日経ものづくり（2004）「特集技術者発　儲かるものづくり」『日経ものづくり』2004年10月，41-65頁。
日経ものづくり（2015）「ニュースの深層　ロボットがセルで働くファナックの工場2015年秋には組立工程の９割を自動化」『日経ものづくり』2015年７月号，22-23頁。
日本経済新聞（2007）「新・産業連関図　ヒットは部品で創れ　新型旅客機『ボーイング787』」『日本経済新聞』2007年８月11日朝刊。
日本経済新聞（2014）「多摩川精機，熱・表面処理の新工場，航空機部品，飯田で後工程――県外への発注不要，短納期・低コストに。」『日本経済新聞』2014年７月９日地方経済面（長野）。
日本経済新聞（2016）「飯田航空宇宙プロジェクトマネージャー松島信雄氏――航空宇宙，下伊那で参入10年に（ずくだせ信州私の視点）」『日本経済新聞』2016年2月3日地方経済面（長野）。
日本フードサービス協会（2005）「外食産業の雇用状況について（JFアンケート調査結果より）平成18年9月5日」http://www.jfnet.or.jp/files/question_koyou.pdf，2016/02/11。
沼上幹+一橋MBA戦略ワークショップ（2013）「第４章　急拡大した巨大企業の利益率低迷の要因　EMS業際最大手・鴻海が直面する課題」『戦略分析ケースブックNo.３』101-132頁。
延岡健太郎（2012）「ものづくり再生の視点（上）」『日本経済新聞』2012年5月28日朝刊。
野村達朗（1992）『「民族」で読むアメリカ』講談社。
野村正実（1993）『トヨティズム』ミネルヴァ書房。

長谷川貴彦（2012）『産業革命（世界史リブレット）』山川出版社。
畑村洋太郎・吉川良三（2009）『危機の経営』講談社。
林拓也（2000）「家庭用VTR」宇田川勝・橘川武郎・新宅純二郎『日本の企業間競争』有斐閣。
原田幸明・醍醐市朗（2011）『図解よくわかる「都市鉱山」開発―レアメタルリサイクルが拓く資源大国への道』日刊工業新聞社。
一橋大学商学部経営学部門（1999）『経営学概論』税務経理協会。
人見勝人（1990）『生産システム論』同文舘出版。
平沢照雄（2014）「『地域に拘る企業』の創業理念と経営改革」『経営史学』第49巻第2号，28-50頁
平本厚（1994）『日本のテレビ産業』ミネルヴァ書房。
廣川満哉（2015）「レアメタル資源政策動向と課題」『環境情報科学』第43巻第4号，7-12頁。
フォード，ヘンリー（2000）（豊土栄訳）『ヘンリー・フォードの軌跡』創英社。
福島香織（2013）『中国絶望工場の若者たち』PHP研究所。
藤井洋次（2010）「世界の再生資源貿易の現状―中国の再生資源輸入を中心に」『関東学院大学経済経営研究所年報』第32号，113-137頁。
藤本隆宏（1997）『生産システムの進化論』有斐閣。
藤本隆宏（2002）「製品アーキテクチャの概念・測定・戦略に関するノート」RIETI Discussion Paper Series 02-J-008，http://www.rieti.go.jp/jp/publications/dp/02j008.pdf，2009/07/21。
藤本隆宏（2015）「戦後70年の歴史から考える日本のものづくり」藤本隆宏・新宅純一郎・青島矢一編『日本のものづくりの底力』東洋経済新報社，2-26頁。
藤本隆宏・東京大学21世紀COEものづくり経営研究センター（2007）『ものづくり経営学』光文社新書。
法政大学産業情報センター（1995）『日本企業の品質管理』有斐閣。
毎日新聞（2015）「クローズアップ2015：派遣法改正案，衆院通過　見えない長期雇用」『毎日新聞』2015年６月20日朝刊。
増田寛也（2014）『地方消滅』中公新書。
牧良明（2013）「静脈産業におけるネットワーク形成の意義と限界―動脈流における生産システム進化への対応―」生産システム研究会『循環統合型生産システムの構築に向けた理論的・実践的課題』（科学研究費補助金・基盤研究（B）（課題番号22330119）最終成果報告書），107-119頁。
松下電器産業株式会社テレビ事業部門（1978）「テレビ事業部門25年史」。
松下電器産業株式会社技術本部（1968）『松下電器の技術50年史』。
松下電器産業株式会社生産技術本部精機事業部（1988）『生産技術の歩み』。
松島信幸（2014）「南アルプスをリニア新幹線が貫くと」『日本の科学者』第43巻第10号，12・19頁。

松本健編（2012）『キーワードで学ぶ現場改善の進め方』日科議連。
丸川知雄（2013）『チャイニーズ・ドリーム』ちくま新書。
三島康雄（1965）「第１章アメリカにおける経営史学の発展」三島康雄・藤井光男・丸山恵也・池田正孝（1965）『経営史』世界書院。
宗像正幸（1989）『技術の理論』同文舘出版。
水島司（2010）『グローバル・ヒストリー入門』山川出版社。
道田悦代（2010）「第２章　再生資源循環の国際化と政策課題」小島道一編『国際リサイクルをめぐる制度変容』日本貿易振興機構アジア経済研究所，19-41頁。
宮本又郎（1995）「第１章　日本型企業経営の起源」宮本又郎・阿部武司・宇田川勝・沢井実・橘川武郎『日本経営史』有斐閣，1-79頁。
村岡健次・川北稔編著（1986）『イギリス近代史』ミネルヴァ書房。
藻谷浩介・NHK広島取材班（2013）『里山資本主義―日本経済は「安心の原理」で動く』角川oneテーマ21。
森岡孝二（2015）『雇用身分社会』岩波新書。
諸富徹（2015）『「エネルギー自治」で地域再生！』岩波ブックレット。
山根徹也（2010）「第４章　産業革命とブルジョワ革命」上杉忍・山根徹也（2010）『大学生のための世界史講義　歴史から今を知る』山川出版社，55-69頁。
山本潔（1991）「第４章　大企業の労使関係」東京大学社会科学研究所編『現代日本社会５　構造』東京大学出版会，169-216頁。
湯沢威（2014）『鉄道の誕生』創元社。
米川伸一（1973）『経営史』東洋経済新報社。
米倉誠一郎（1998）「経営史学の方法論・逸脱・不規則性・主観性」『一橋論叢』第120巻第５号，678-692頁。
李捷生（2000）『中国「国有企業」の経営と労使関係』御茶ノ水書房。
李捷生（2015）「第1章　中国経済の構造変化と雇用改革」SCCIME『グローバル資本主義と新興経済』日本経済新報社，27-56頁。
渡辺幸男（1997）『日本機械工業の社会的分業構造』有斐閣。
渡辺幸男（2016）『現代中国産業発展の研究』慶應義塾大学出版会。
和田一夫（2009）『ものづくりの寓話―フォードからトヨタへ―』名古屋大学出版会。

索　引

英数

あ

か

さ

た

な

は

ま

や

【著者紹介】

中瀬 哲史（なかせ・あきふみ）
1963年東大阪市（旧布施市）生まれ。
1995年大阪市立大学大学院経営学研究科後期博士課程終了。博士（商学）。
現職：大阪市立大学大学院経営学研究科教授
職歴：高知大学人文学部助教授。
研究分野：経営史，公益事業論，産業集積史。
主著：単著『日本電気事業経営史—9電力体制の時代—』（日本経済評論社，2005年），共著に，『産業の再生と大都市』（ミネルヴァ書房，2003年），『産業集積と中小企業』（創風社，2000年），『近代大阪の行政・社会・経済』（青木書店，1998年）。

エッセンシャル経営史
生産システムの歴史的分析

2016年10月25日　第1版第1刷発行

著者　中瀬哲史
発行者　山本継
発行所　㈱中央経済社
発売元　㈱中央経済グループパブリッシング

〒101-0051　東京都千代田区神田神保町1-31-2
電話　03(3293)3371（編集代表）
03(3293)3381（営業代表）
http://www.chuokeizai.co.jp
印刷／文唱堂印刷㈱
製本／㈱関川製本所

ISBN978-4-502-19951-6　C3034